国际安全研究丛书
INTERNATIONAL SECURITY STUDIES

国家安全情报

[美] 洛克·约翰逊（Loch K. Johnson）| 著　　李　岩 | 译

National Security Intelligence

金城出版社
GOLD WALL PRESS
北京 · 2020

图书在版编目（CIP）数据

国家安全情报 /（美）洛克 · 约翰逊（Loch K. Johnson）著；李岩译 . —北京：金城出版社有限公司，2020.11
书名原文：National Security Intelligence
ISBN 978-7-5155-2007-0

Ⅰ . ①国… Ⅱ . ①洛… ②李… Ⅲ . ①国家安全—关系—信息工作—研究 Ⅳ . ① D035.3 ② G25

中国版本图书馆 CIP 数据核字（2020）第 114114 号

国家安全情报

著　　者　[美] 洛克 · 约翰逊
译　　者　李　岩
责任编辑　李　涛
责任校对　李凯丽
责任印制　李仕杰
开　　本　710 毫米 × 1000 毫米　1/16
印　　张　17
字　　数　280 千字
版　　次　2020 年 11 月第 1 版
印　　次　2020 年 11 月第 1 次印刷
印　　刷　天津旭丰源印刷有限公司
书　　号　ISBN 978-7-5155-2007-0
定　　价　70.00 元

出版发行　**金城出版社有限公司**　北京市朝阳区利泽东二路 3 号（100102）
发 行 部　（010）84254364
编 辑 部　（010）84250838
投稿邮箱　balimist0213@163.com
总 编 室　（010）64228516
网　　址　http://www.jccb.com.cn
电子邮箱　jinchengchuban@163.com
法律顾问　北京市安理律师事务所　18911105819

献给皇家空军飞行员

洛克·洛蒙德·本特利

（Loch Lomond Bentley，1913—1941）

目　录

中文版序

无论是悠久而独特的历史，还是近几十年来奇迹般的经济增长，都令我对中国怀有深深的敬意。很荣幸本书能够被译成中文。我希望中国读者能够觉得本书内容翔实、富有洞察力。

近来的中美关系十分动荡，这种情况很不幸，因为两个大国都有理由保持友好和建设性的双边关系。我对于两国领导人有办法改善这一重要的双边关系——尤其是通过达成令人满意的、体现出两国市场开放性和通过合资企业共享技术意愿的贸易安排——保持乐观。中国和美国在某些重要的裁军措施上达成合作，尤其是在远程导弹和核武器领域，对此也将有所帮助。超音速导弹的问世和中东地区潜在核国家的崛起令人不安，削弱了针对有意或无意核战争的全球威慑。此外，世界范围内常规武器销售量的激增也令人担心，美国为了追逐利润常常不顾国际和平与稳定。

国际间谍活动和其他情报活动也令人感到担忧，这也是本书的主题。只要主导国家事务的还是人类，而不是天使，此类活动就不太可能消失。来自国外的威胁和内部的犯罪行为令中国、美国和其他国家都感到害怕，这是可以理解的。外部威胁包括恐怖主义、先进武器扩散和国际贸易失衡等问题，也包括全球气候变暖、难民危机和发展中国家人口激增等长期来看甚至更加重要的问题。内部威胁包括国内枪支泛滥的局面和贫富差距史无前例的扩大。

作为抵御这些威胁的手段，各国早就设立了情报机构来提供针对潜在灾难的预警。换句话说就是，它们通过间谍活动来抵御危险和促进本国利益。较贫穷的国家只是向国外派出几名特工，即人力情报手段；较富裕的国家动用的人手更多；更加富裕的国家还会动用大规模的技术手段，例如遍布全球的监听设备和装有高清摄像头的卫星。这些硬件平台被情报专业人员称为技术情报手段。技术情报、人力情报，再加上外交人员和军事人员搜集的公开情报，帮助各国紧密地关注着敌人乃至朋友。无论对于技术情报还是人力情报，中国和美国都花费甚大。

此外，更具争议的是针对彼此，试图影响其军事、经济和内政的秘密行动。如果说间谍活动是干涉他国内政的原始形式，那么更具侵略性的秘密行动就相当于令人猝不及防的一记重拳。美国怀疑中国窃取知识产权并入侵大学、公司和政府的电脑。如果入侵电脑的目的不在于搜集信息，而在于破坏其社会，就构成了秘密行动。俄罗斯对 2016 年美国总统大选的干涉就是此类行为的一个例子。中美两国都怀疑对方对自己采取了类似行动。总之，情报行动也是导致两国关系恶化的一大因素。

人们希望有朝一日在情报问题上中国和美国能够成为伙伴，而非敌人，此时政治和贸易的分歧早已通过外交手段和平解决，两国都没有必要窃取信息或是扰乱对方的社会。毕竟，中美两国有许多共同利益，可以将各自庞大的情报机构用于合作，将人力情报和技术情报资源用于应对共同挑战，例如阻止核武器扩散和应对恐怖主义威胁。

人们设想有朝一日中国和美国的情报官员会宣布停止针对彼此的情报活动，携手共同应对打击毒贩、人口贩子、武器贩子，以及其他有损美国和中国人民利益的行为。两国情报机构甚至能够分享先进的监听技术，以打击珍稀动物偷猎者、环境破坏者和滥杀无辜者。要想做到这一点，第一步就是了解情报行动，这也是我写作这本书的目的。

最后，我要感谢李岩先生翻译、金城出版社出版本书中文版。

洛克·约翰逊

2020 年 7 月 15 日

前　言[1]

国家安全情报是一个庞大、复杂和重要的话题，既具有技术维度，又具有人文维度。由于笼罩着每个国家情报机构的那一层浓雾，使得研究和理解它变得更加困难。幸运的是，从民主开放性和学术研究规范的视角来看，在过去四十年间，部分浓雾已经消散。政府对于情报机构失职和错误的调查（尤其是 1975 年对美国国内的非法间谍行为指控的调查），以及学术界一系列坚决的探究政府阴暗面的行动，导致了信息的披露。本书的脚注就是方兴未艾且极具价值的对于国家安全情报的研究的见证，这些研究是经由对于情报机构及其行为的研究稳步积累起来的。

还有许多任务有待完成，国家安全这一迫切性也决定了这一敏感的领域永远不会是完全透明的。不过，在西方国家，民众对于所有政府机构必须至少有着基本的了解，即使是处于阴影中的情报界也不例外。在维护经适当方式被列为机密的信息的神圣不可侵犯性这一界限之内，学者、记者和官员有责任帮助公民理解统治机构的隐蔽一面。

冷战在很大程度上是西方阵营和共产主义阵营之间情报机构的较量，这表明了国家情报机构的重要性。[2] 有时候情报机构会导致西方国家遭受巨大的尴尬，例如美国 1961 年的猪湾事件，以及中央情报局在艾森豪威尔和肯尼迪含糊不清的授权下针对外国领导人那些

1　此篇“前言”为英文第 2 版序，标题为《通往隐秘世界的路线图》（Roadmap to a Hidden World）。——编注（以下除标有“编注”外，均为原注）

2　阿尔德里奇（Richard W. Aldrich）：《隐秘之手：英国、美国和冷战秘密情报》（*The Hidden Hand: Britain, America and Cold War Secret Intelligence*），伦敦：约翰·默里出版社，2001 年，第 5 页；赫尔曼（Michael Herman）：《战争与和平中的情报力量》（*Intelligence Power in Peace and War*），剑桥：剑桥大学出版社，1996 年。

可疑的暗杀企图。同样有损美国民主声誉的还有20世纪70年代中期国内的间谍丑闻，十年之后的伊朗门丑闻，近来对于酷刑折磨及用其他方式虐囚行为的揭露，以及受雇于中央情报局和军事部门，为打击全球恐怖主义，国家安全局天罗地网般对美国公民元数据的搜集。情报分析的错误还可能造成严重的后果，例如英国和美国部分由于错误地认为萨达姆的大规模杀伤性武器很快就能打击到伦敦和华盛顿而在2003年入侵了伊拉克。此外，情报机构还是纳税人沉重的负担。美国国家情报总监曾在2010年表示，每年花费达到了800亿美元。出于这些原因，国家情报机构值得引起公众的注意、受到学术界的仔细研究，并改善其在民主机构内部的可问责性。

挑战是严峻的。在一定程度上，一个国家的情报机构及相关学者处于针锋相对的状态：政府喜爱秘密，学者则希望接触到信息——开放性。不过，近来的经验突显了这一点：一个国家可以在鼓励情报学术发展的同时，保持秘密服务的有效性。当然，公众对情报越了解，公民也就越有可能支持这些机构采取合法的——当然也是至关重要的——保护性行动，只要这些行动处于合法和合乎道德的界限之内。

2009年，对于美国情报专业学术状况的调查得出了这样的结论：

> 情报研究的跨学科领域方兴未艾，经受了历史学、国际关系和政治学训练的学者们正在考察诸如冷战、越南战争和水门事件期间美国及外国情报对于本国决策的影响；间谍技术是如何塑造了共产主义阵营的改革努力；情报搜集与“9·11”事件的关系；反恐行动中情报工作的滥用和草率行事等课题。随着这一研究领域的发展，它正在吸引大批学生。[1]

1 2009年的调查，见莫纳汉（Peter Monaghan）：“情报研究”（Intelligence Studies），《高等教育纪事》（*Chronicle of Higher Education*），2009年3月20日，第B4至B5页。近来发现这一学科自从此次调查以来有着显著增长，见约翰逊：“情报研究的发展”（The Development of Intelligence Studies），多佛（Robert Dover）、古德曼（Michael S. Goodman）、希勒布兰（Claudia Hillebrand）主编：《劳特利奇情报研究指南》（*Routledge Companion to Intel-*

最近，对于情报研究文献的一项研究发现了“路径突破”式的新研究方法，即把来自不同学科的学者汇集起来，以及吸引更多女性研究人员的注意。[1]

如今，数百所英国、加拿大和美国的大学都开设了有关国家安全情报的正式课程，而且对这些课程的需求量总是很大。对这些课程的兴趣在很大程度上来自受到广泛报道的与 2001 年“9·11”事件相关的情报工作不力以及 2003 年第二次海湾战争爆发前有关伊拉克大规模杀伤性武器的错误预测。学者们希望知道为什么会出现这些错误，以及如何在未来避免再度犯下此类错误。他们中的许多人都希望以某种形式加入政府，例如作为外交官、立法者、幕僚人员、情报人员或士兵，从而参与那些能够保护西方国家免受袭击并支援国际和平这一事业的行动。其他人则意识到了，政府的决策过程是以信息为基础的，他们希望将了解信息与决策之间的关系作为自己的终身追求，无论是在学术圈内，还是加入某个智库。还有一些人是看着詹姆斯·邦德系列电影长大的，他们之所以对国家安全情报研究感兴趣，是因为这是一个极具吸引力的课题——尽管他们很快就会发现，关于现实中的情报机构，社会学家马克斯·韦伯（Max

---

（接上页）*ligence Studies*），伦敦、纽约：劳特利奇出版社，2014 年，第 3 至 22 页。

1 吉尔（Peter Gill）、马林（Stephen Marrin）、菲锡恩（Mark Phythian）主编：《情报理论：重大问题与争论》（*Intelligence Theory: Key Questions and Debates*），纽约：劳特利奇出版社，2009 年；吉尔、菲锡恩：“什么是情报研究？”（What Is Intelligence Studies?），《国际情报、安全与公共事务杂志》（*International Journal of Intelligence, Security and Public Affairs*），2016 年 18 卷 /1 期，第 5 至 19 页；约翰逊、谢尔顿（Allison M. Shelton）：“关于情报研究状况的思想：调查报告”（Thoughts on the State of Intelligence Studies: A Survey Report），《情报与国家安全》（*Intelligence and National Security*），28 卷 /1 期，2013 年 2 月，第 109 至 120 页；马林：“改善情报研究学科”（Imporving Intelligence Studies as an Academic Discipline），《情报与国家安全》，31 卷 /2 期，2016 年 3 月，第 266 至 279 页；范佩费尔德（Damien Van Puyvelde）、柯蒂斯（Sean Curtis）：“站在巨人的肩膀上：情报研究的多样性和学术性”（Standing on the Shoulders of Giants: Diversity and Scholarship in Intelligence Studies），《情报与国家安全》，31 卷 /7 期，2016 年 5 月，第 1040—1054 页。

Weber）——他是研究官僚体系的专家——的著作要比间谍小说家伊恩·弗莱明（Ian Flemming）笔下跌宕起伏的情节提供了更多洞见。

近年来，国家安全情报研究方面最重要的进展在于，学者们努力超出间谍回忆录的范围，通过严格地执行研究标准，探讨诸如各国如何搜集与分析有关在国内外面临的威胁和机遇的信息，他们如何以及为何要展开秘密行动[1]和反情报行动等问题。至少对于西方国家而言，这一问题是同样重要的：如何才能筑起防止情报机构在国内外滥用权力的防卫措施。此外，对情报的研究提供了越来越多的经验数据、可检验的假说，以及理论框架——这正是严格的学术研究的支柱。[2]

此外，该领域的学者还对情报从业者进行了深度访谈，并且从政府近几十年来发布的大量情报档案中获益颇丰。例如，美国发布的此类档案就包括：1975 至 1976 年的彻奇委员会报告（关于国内的间谍行为、秘密行动和刺杀企图）；1996 年的阿斯平–布朗委员会报告（关于反情报行动及更加普遍的冷战之后美国情报界的状况）；2004 年的基恩委员会报告（关于“9·11”事件中的情报不力）；2005 年的西尔弗曼–罗布委员会报告（关于伊拉克的大规模杀伤性武器）。在英国，富有价值的政府报告包括：下院外交事务专门委员会报告、情报与安全委员会报告（这两份报告均发布于 2003 年）；巴特勒报告和赫顿报告（均发布于 2004 年）；奇尔科特报告（伊拉克战争调查委员会成立于 2010 年，报告发布于 2016 年）。这些报告都审视了 2003 年伊拉克战争爆发前英国情报机构在伊拉克大规模杀伤性武器这一问题上犯下的错误。在加拿大，关于情报机构在国内滥用职权情况的麦克唐纳委员会报告（发布于 1981 年）成为情报研究者的又一有价值的资料来源。

1　也称“隐蔽行动”或“特别行动”。——编注

2　休斯（Gerald Hughes）、杰克逊（Peter Jackson）、斯科特（Len Scott）主编：《探索情报档案：探访秘密国家》（*Exploring Intelligence Archives: Enquiries into the Secret State*），纽约：劳特利奇出版社，2008 年；约翰逊主编：《战略情报：理解政府的隐秘一面》（*Strategic Intelligence, Vol. I: Understanding the Hidden Side of Government*），韦斯特波特：普雷格出版社，2007 年。

前言

当国家领导人做出决定时，摆在他们面前的信息的质量能够成为其决策成功与否的重要决定因素。情报领域的研究者试图对这种信息了解得更多：信息来自何处；其准确性如何；它是如何被利用的（或者说是如何被错误利用的）；怎样做才能改善其可信度和时效性。情报研究这一学科还试图对秘密行动了解得更多。秘密行动曾引发了世界事务中的诸多争议，例如1961年的猪湾事件。近来，针对巴基斯坦西北部和阿富汗山区的塔利班与“基地”组织圣战者，美国利用“收割者”和“掠夺者”无人机发射“地狱火”及其他导弹的做法，是全新形式且高度致命的秘密行动。这种做法有时候会意外地造成非战斗人员的伤亡。此外，针对非洲之角、西北非马格里布地区，以及叙利亚和伊拉克——只要是反对西方国家的极端主义、恐怖主义派别安营扎寨或是施展其“黑暗艺术”的地方——的恐怖分子，五角大楼和中央情报局也发动过无人机轰炸。情报研究者还探讨了“谋反”这一问题：这种情况为何会发生，采取何种反情报措施能够降低这种情况发生的可能性。此外，他们还探讨了西方国家如何才能在情报机构的秘密行动与自由、西方国家的特权之间保持最好的平衡这一问题。西方国家仍在寻找国家安全与公民自由之间可行的平衡点。

对所有西方国家的研究者、决策者、政府改革者、情报从业者、学者以及对此感兴趣的公民而言，国家安全情报是一个内容丰富、引人入胜的研究领域。本书将以介绍性的方式展示这一主题，希望能够鼓励无论什么年纪的学者展开进一步的研究，并促使政府官员和公民行动者再度致力于情报机构改革。

本书的第2版和第1版一样，第一章是对情报工作的三大使命——情报搜集与分析、秘密行动、反情报——的概述。这三大使命都充满了挑战和争议。第一章还审视了情报的多个维度，包括作为一系列组织、一种产品和一系列行为的情报概念。此外，第一章还介绍了构成美国情报界（Intelligence Community，简称IC）的十七个机构，提出了可问责性对于确保这些秘密组织遵循西方国家基本原则（现实中这些原则并未一直得到遵守）的重要性，并探讨了美国情报工作为何会受困于缺少结构性整合和朝着为总统与其他决策官员提供及时、准确的信息这一目标亲密协作的文化。

接下来的三章更加详细地逐一审视了这三大使命。第二章的主题是情报搜集与分析。为了说明美国是如何从全世界搜集信息并据此为白宫和其他高级政府部门提供有益的分析报告的，提出了“情报周期”这一有用的概念。这一章将要揭示，情报在从世界各地抵达椭圆形办公室的过程中，容易发生许多错误与扭曲。

第三章的主题是三大使命中最具争议的一个，即类似于在巴基斯坦进行的无人机轰炸这样的秘密行动。美国能够而且应该通过将海外干涉掩盖起来——这正是秘密行动的本质——的方式，让历史走势变得对自己有利吗？

第四章探讨了遮盖着重重迷雾的反情报与反恐怖主义这一主题。这一行为的目的在于保护美国免受敌对势力间谍和恐怖分子伤害。美国未能挫败 2001 年针对纽约和华盛顿特区的“9·11”事件以及此后本国及其盟国遭受的许多恐怖袭击，这令人痛苦地提醒着人们，对于保护西方国家而言，这项职责是多么重要，又是多么困难。

最后，第六章考察了只要这个世界依旧是支离破碎、不确定、危险的，国家安全情报为何将继续成为国际事务中引发关切的中心主题。这一章的最后将讨论美国及其他国家的情报活动能够进行何种改革以提高其为西方国家保障安全的效率，确保这些情报机构遵守自由和隐私等这些国家中的核心原则。

自从政体出版社在 2012 年出版了本书的第 1 版以来，世界上发生了许多事情。本书的第 2 版深入地探讨了网络安全这一话题。外国专制政府、恐怖组织和使用这一新式“撬保险箱”工具的老式犯罪分子针对西方国家发动的不间断的黑客行动，令美国及其盟国感受到了这一愈发严峻的威胁。俄罗斯甚至还被美国指控为通过入侵民主党全国委员会的电脑及多个州（例如亚利桑那州）的竞选委员会的电脑，干涉了 2016 年的美国总统选举。

在本书的第 2 版中，有意思的内容当然还包括：国家安全局进行未经许可的窃听行动，以及搜集由西方国家公民的电话号码和社交媒体通信信息构成的“元数据”所引发的争议——无论这些公民是多么清白。美国、英国和其他西方国家的情报机构在“9·11”事件后采取了这一“撒网式”的情报搜集方式。美国政府的一名外包工作人员爱德华·斯诺登（Edward Snowden）在2013年泄漏了一份机密的内部文件，从而披露了这一事实。

自本书的第1版出版以来遭到曝光的事实还包括：在“9·11”事件后，中央情报局将酷刑折磨当作反恐行动中的审讯手段；将恐怖主义嫌疑人引渡至美国，而这些人是从其所在国的街头大批逮捕而来，并且被绑架至外国监狱，接受严厉审讯。这些行动的批评者质问称，在与恐怖主义作战的过程中，美国是否迷失了方向，变得更像是西方国家反对的那些恐怖主义派别，玷污了西方国家在世界许多地方曾享有的良好声誉。伴随着这些令人震惊的披露，人们提出了更加深刻的道德问题，这包括对甚至在西方国家内部出现“监控国家机器”感到担忧。正如本书所强调的，情报关乎的不只是安全，还关系到捍卫公正这一传统的民主价值观及遵守道德原则。

本书的第2版额外关注了情报机构在支持美国最漫长的两场战争——“9·11”事件之后的伊拉克战争、阿富汗战争——方面发挥的作用。势力范围集中于叙利亚、利比亚和伊拉克，渴望在中东建立一个新的“哈里发国”——这将是一个以诸如对妇女接受教育和从事职业乃至开车的权利等任何现代事物不加容忍的狭隘形式的伊斯兰极端主义为基础的帝国——的恐怖组织“伊斯兰国”令人不安的兴起也是新增添的内容。“伊斯兰国”领导人激发了对西方的“独狼式”恐怖袭击，包括近年在法国巴黎、比利时布鲁塞尔、美国加州圣贝纳迪诺、法国尼斯和美国佛罗里达州奥兰多的大规模杀戮。

本书的第2版加以更加细致审视的其他主题还包括：情报机构人员与他们为之服务的决策者之间的复杂关系，以及围绕着使用无人机杀死恐怖主义嫌疑人——其中有些人是西方国家的公民——这一行为展开的至关重要的法律和道德辩论。

此外，本书的第2版还扩充了关于存在于美国情报界内部，尤其是在国防部和中央情报局之间的组织性张力的内容，关于中央情报局准军事行动的扩大，关于搜集情报的技术手段，以及关于情报如何可能被某些人“政治化”以推动自己的政策动议——即使这样意味着为了适应自己的政治目的要扭曲信息，这是情报界最大的罪过——的内容。

本书的第 2 版要比第 1 版的篇幅稍长，但我决定不要把这本书变成一本百科全书。从一开始，我的目标就是提供一本关于“国家安全情报”这一主题的初级读物，避免令读者陷入过多细节之中。一旦读者理解了本书所呈现的关于情报工作的基本知识，随后就可以转向本书最后“延伸阅读”中那些更加详尽的作品了。

情报研究是一项令人兴奋且富有意义的追求，它涵盖了诸多主题和学科。它闪耀着只有秘密行动、与外国特工的秘密接头、通过闪闪发光的卫星进行的远距离间谍活动、追捕卧底的行动和无人机战争才具有的火花。

欢迎阅读本书的第 2 版，欢迎进入神秘且引人入胜的现代间谍世界。

第一章　国家安全情报
——第一道防线

2001年9月11日，这个周二早晨的七点五十九分，当美国航空公司第11号航班准备从波士顿洛根国际机场起飞时，湛蓝的天空上仅有几片白云。它的目的地是洛杉矶。个子不高、神情严峻的乘客穆罕默德·阿塔（Mohamed Atta）坐在商务舱的8D位置上。另外四个来自中东的乘客和阿塔一样态度不友善，坐在商务舱和头等舱靠近他的位置。

在这架波音767飞机的驾驶舱里，机长约翰·奥戈诺夫斯基（John Ogonowski）和副驾驶托马斯·麦吉尼斯（Thomas McGuinness）正在执行起飞前的例行检查程序。一切井井有条。机长启动了飞机，开始沿着跑道滑行。他拉动驾驶杆，朝着26000英尺[1]的高空飞去。81名乘客准备度过这段五个小时的行程，九名机组成员在厨房里忙碌开来，准备提供客舱服务。八点十四分，在起飞15分钟之后，波士顿的空管部门发出了例行的广播信息，要求机长将飞行高度提升至35000英尺。但与惯常情况不同，机长未能对这一要求做出响应。驾驶舱外的一阵骚动分散了他的注意力。

就在空管部门的信息到达驾驶舱的同时，两个和阿塔一同登机的男子离开了头等舱的座位。他们用匕首刺伤了两名正在沿着过道分发饮料的空乘人员。其中一人受了致命伤，倒在了地上；另外一人尖叫着，捂住了手臂上的伤口。袭击者迅速向驾驶舱走去，并强行进到了里面。

在他们身后，阿塔也冲了出来，夺走了飞机的控制权。在客舱内，他们的另外一个同伙刺中了一名男性乘客的喉咙，并且开始向商务舱和头等舱喷洒梅斯（Mace）毒气。有毒气体导致许多想从飞

1　1英尺 = 0.3048米。——编注

机前部逃走的乘客倒在过道上，其他人则蜷缩在座位上。肌肉发达、来势汹汹的这个凶手挥舞着刀具，准备再度发起袭击，他以浓重的中东口音警告称，自己携带了一枚炸弹。他的一个同伙用完美的英语补充道："所有人都不许动。一切都会好起来的。如果你们乱动，就会导致自己和飞机陷入险境。老老实实地待着吧！"经济舱的乘客仍未觉察到危险，还以为头等舱出现了紧急医疗状况。

客舱前部的空气中弥漫着梅斯毒气，令人无法呼吸。一名空乘人员躲在头等舱和经济舱分隔处的帷幕里，试图通过机上电话向机长报告。当这一尝试失败后，她又打电话给位于得克萨斯州沃思堡的美国航空公司运营中心，并且出奇镇静地低声解释称，第 11 号航班上发生了暴力劫机事件。沃思堡的工作人员反复呼叫驾驶舱，但未能获得回应。

距离起飞已经过去 25 分钟。这架飞机如今处于剧烈颠簸之中。它先是向南倾斜，然后绕了一个大圈，最后开始急剧下降。或许它是想要降落在纽约的肯尼迪机场，然后在停机坪上展开谈判：用赎金来交换被劫持的飞机和乘客。

然而，飞机飞得过低了。八点四十六分，第 11 号航班撞上了曼哈顿下城区世贸中心北楼的第 96 层。

现场立刻成为一片火海。气温上升到了钢铁的熔点之上。金属相互扭结到了一起。机上人员和办公楼内数目不清的工作人员当即死去——这些人还算是幸运的，他们至少躲过了很快就将吞噬世贸大厦内其他人的悲惨命运。身在比撞击点更高位置的人无法下行，有些人便选择纵身跃下，而不是葬身火海。

另一架飞机——联合航空公司第 175 号航班——同样是从波士顿洛根国际机场起飞，飞往洛杉矶。它像第 11 号航班一样遭到了劫持，并立刻转往南飞。随后，这架飞机又转向东方，朝着纽约市的摩天大楼撞去。这些大楼的窗户在晨光中闪闪发亮。九点零三分，大约在第 11 号航班撞上世贸中心北楼的 17 分钟后，这架飞机撞上了世贸中心的南楼。

参与劫机阴谋的还有另外两个团伙。后来发现他们都和受到阿富汗塔利班政权庇护的"基地"组织有联系。他们的目标不是纽约，而是将劫持来的飞机对准了美国的首都。九点二十七分，原定从华盛顿杜勒斯机场飞往洛杉矶的美国航空公司第 77 号航班像一枚巨型导弹一样，以 530 英里 / 小时的速度[1]，撞上了五角大楼。

当恐怖分子劫持了第四架飞机时——飞往旧金山的联合航空公司第 93 号航班——这架飞机上的乘客已经通过与至爱亲朋那令人揪心的手机通话，得知了第 11 号航班和第 175 号航班的命运。九点五十七分时，几名乘客决定集体向劫机者发起冲击，绝望地试图避免飞机撞上它的目标——也许是国会山或白宫。他们勇敢地搏斗了好几分钟，驾驶飞机的恐怖分子试图通过上下左右剧烈地操纵方向杆，来使他们失去平衡。但这样的做法并未奏效，这几名乘客冲进了驾驶舱。眼看就要被制服，驾驶飞机的恐怖分子选择摧毁飞机，而不是投降。他剧烈地将驾驶杆推向右方，导致飞机底朝天翻转了过来。数秒之内，这架飞机从空中坠落到宾夕法尼亚州的旷野上，化作了一团火球。如果再飞行 20 分钟，这架飞机就会抵达华盛顿。

在纽约，悲剧还未结束。载满了易燃的飞行燃油的大型飞机高速地撞上世贸大厦，这引发的极端高温导致世贸双塔的整个架构都开始崩塌，办公室里的工作人员、观景平台上的游客，以及前来救援的消防员和警察都纷纷坠向地面。钢铁、玻璃、家具和人体从天而降。浓重的灰烟、黑烟和金属粉末笼罩了整个曼哈顿下城区，街道上的数千人飞奔着从正在倒塌的这两幢125层高的建筑周围逃开。黑色遮蔽了天空，就好像在那个早晨，太阳和众多无辜的生命一同死去了一样。

当烟雾渐渐消散，在纽约、华盛顿和宾夕法尼亚州尚克斯维尔一处慢慢燃烧的农场，已经有近 3000 名美国公民死亡。美国遭受了自英国在 1812 年的战争中焚烧华盛顿以来最为严重的袭击，甚至超越了 1941 年的珍珠港事件。[2]

1　1 英里 = 1.609344 千米（公里）。——编注

2　根据《“9・11”委员会报告》（*The 9/11 Commission Report: Final Report of the National Commission on Terrorist Attacks upon the United States*，纽约：诺顿出版社，2004 年）提供的证据重建事情经过。

一、国家安全情报的重要性

“基地”组织在2001年9月11日这一天对美国发动的恐怖袭击，残酷地提醒人们注意到国家安全情报的重要性，即由秘密的政府机构为保护公民免受本国或外国威胁而向领导人提供的信息。只要美国最著名的情报机构中央情报局（CIA）能够在“基地”组织高层安插一个卧底，他就可以向美国当局就劫机企图通风报信；只要美国最重要的国内情报机构联邦调查局（FBI）能够在2001年早些时候就成功追踪到身处加利福尼亚的这一群劫机者；只要美国最大的情报机构国家安全局（NSA）能够更加迅速地将拦截下来的“基地”组织高层人物之间提及将从空中对美国发动袭击的电话信息从波斯语翻译成英语；只要机场安保人员和美国飞行员能够收到关于可能发生劫机事件的警告，并获得至少数名恐怖分子的档案信息和照片——中央情报局和联邦调查局已经拥有这些信息，那么“9·11”事件就不会发生了。情报界人员和政治领导人犯了错误，否则这场夺取了如此多无辜生命的空中恐怖主义事件或许就能够得到制止。

在袭击发生的几小时和几天后，在美国没有人知道“9·11”事件是否会成为即将发生的一系列袭击中的第一起。这些袭击或许将把化学、生物，乃至核设备，而不是飞机，作为武器。幸运的是，在此后不久，在美国并没有再发生袭击，但针对国内和国外的美国公民可能遭遇暴力事件的紧张情绪一直存在。在“9·11”事件后，“基地”组织以及与其有着松散关联的各个派别将全世界的其他地方作为袭击目标，例如伦敦、马德里和巴厘岛。这一恐怖组织的领导人［以本·拉登（Osama bin Laden）为首］被认为躲藏在巴基斯坦北瓦济里斯坦崎岖的山区里。近年来，针对美军、英军和驻扎在伊拉克与阿富汗的其他军队的袭击，背后都有该组织的身影。“基地”组织公然宣称自己在索马里、也门和巴基斯坦部分地区展开了活动，在所有主要的西方国家都安插了潜伏的特工。“基地”组织的各个恐怖主义派别受到了与塔利班有关联的伊斯兰圣战者的帮助和支持。在1998至2001年向美国展开恐怖行动期间及此前，塔利班这一组织为本·拉登及其同伙在阿富汗提供了避难所。

为了抵御“基地”组织和塔利班，西方国家升级了在中东和西南亚的情报行动，希望提前获得有关未来袭击的信息，并且通过富有侵略性的准军事行动阻挠恐怖分子。这种做法在2011年5月结出了果实：在美国的情报机构提供的情报支持下，海军陆战队的一支队伍对阿富汗阿博塔巴德——这是靠近巴基斯坦首都伊斯兰堡的一座城市——的一所私人大院发动了突袭，杀死了本·拉登。

在本·拉登死后，另外一个全球性恐怖主义团体在中东和北非登上了前台，这就是活动于叙利亚、伊拉克和利比亚的残忍的暴动团体“伊斯兰国”。该组织通过精妙地利用社交媒体来招募年轻人为自己效力。“伊斯兰国”的缩写“ISIS”，指代的是“伊拉克和叙利亚伊斯兰国”，简称“伊斯兰国”，又名“伊拉克和黎凡特伊斯兰国”，其阿拉伯语缩写则是“DAESH”。这一组织声称自己不仅为中东和利比亚的恐怖袭击事件负责，还为巴黎、布鲁塞尔和尼斯的袭击事件负责。此外，“伊斯兰国”反西方立场的信徒还在加利福尼亚州（圣贝纳尔迪诺）和佛罗里达州（奥兰多）进行了大规模射杀。在美国及其盟国的主要威胁清单上，“基地”组织依然排在高位，但已经被能够孕育针对西方国家的“独狼式”恐怖袭击的愈发凶恶的“伊斯兰国”挤出了第一档。

二、神秘与秘密

情报从业者经常提及“神秘”与“秘密”。神秘指的是某个国家（或者其他实体，例如国际维和组织）希望了解，但由于人类预测历史进程的能力有限而难以把握的那些主题。例如，谁将成为俄罗斯或者中国的下一任领导人；在塔利班和“基地”组织在本国境内安营扎寨的情况下，巴基斯坦是否能够幸存下来。相较之下，秘密指的是那些尽管难以揭示，但更容易被人类发现和理解的主题。例如，中国海军核潜艇的数量；渗透进北约的俄罗斯特工的身份；朝鲜导弹燃料的效能及其远程导弹的射程。

通过在合适的地点安插合适的间谍，通过在合适的轨道放置监视卫星，通过派遣能够穿越敌国领空的侦察机，一个国家或许可以发现秘密。但对于神秘，领导人在很大程度上能够依赖的只是情报分析师根据公开来源或是通过间谍活动获得的成百上千条经验性证据，以及对于答案的轮廓做出的深思熟虑的评估。审慎的国家建立起了能够搜寻出秘密，并且尽可能破解神秘的情报能力。

三、核心主题

本书的主题是国家为破解秘密和神秘而付出的努力。这些国家的领导人试图理解世界事务，并且在充满敌意的全球环境中做出正确的决策。在这方面，专注于情报不力和丑闻的两大主题构成了一个统一的整体：第一个主题认为，西方的情报机构为保护西方国家免受一系列威胁——从好斗的极权主义政权，到国内外的恐怖主义团体——做出了贡献，但这些机构常常无法完成提供抵御威胁的“第一道防线”这一任务。“9·11”事件以及随后关于伊拉克大规模杀伤性武器的错误判断，生动且可悲地突显了美国及其他西方国家的情报机构犯错误的可能性。

国家及其他组织不时地会经历重大的情报失误，有些失误导致了灾难。希特勒（Hitler）的情报机构曾预测，对于纳粹入侵波兰，英国将会屈服，不愿用武力进行对抗。斯大林（Joseph Stalin）曾认为，他可以指望纳粹德国会遵守在二战初期与苏联签订的《苏德互不侵犯条约》（Molotov-Ribbentrop Pact）。罗斯福（Franklin D. Roosevelt）及其情报幕僚曾认定，日本将不会敢于发动珍珠港袭击。由于人类犯下的错误和官僚机构的愚蠢，情报误判总是困扰着无论什么类型的组织及其领导人。与其说情报失误是罕见的例外，不如说是通则。自我欺骗、镜像思维（也就是说认为其他国家会以与本国相同的风格行事，而不考虑国家之间的文化差异）、会阻挠情报共享的官僚机构之间的敌对关系、在适当的地点缺少特工或监视卫星——这一系列的原因都会导致情报失误。战争哲学家克劳塞维茨（Karl von Clausewitz）是多么先知先觉啊，他总结称：“战争中的许多情报都是自相矛盾的，甚至很多都是错误的，大多数则是不确切的。”[1]在和平时期，同样如此。关于情报工作局限性的这一事实是令人不快的真相，它如同一条暗纹一样贯穿本书的始终。

另一条真相——也是在这里要提到的第二个主题——认为，很遗憾，情报机构（无论是政府的，还是私营部门的）常常成为阿克顿勋爵（Lord Acton）名言的牺牲品：“权力导致腐化，绝对权力绝对会腐化。”[2]他还可以补充这样一句：“秘密权力尤其如此，它不受自由的守卫。”[3]历史表明，国家情报机构一而再、再而三地将自己那令人不安的能力用于监视和操纵那些本应保护的公民。西方国家内部保持情报机构可问责性——用美国政治学那蹩脚的术语来说就是“监督”——的努力，被证明是难以做到和常常失败的。

这两大主题——无法准确地预测未来事件，秘密政府机构会对西方国家构成威胁——都不应该令读者感到震惊。毕竟，情报机构是由人组成的，人的天性就是会犯错的，是无法预知未来的。于是，人们就可以预见到情报机构会出现失误并滥用自己的权力。［耶鲁大学著名的“大战略”课程，一开始就要求学生阅读弥尔顿（John Milton）的《失乐园》（*Paradise Lost*）一书，这本书讲述了人类堕落的根源。］凡人不是无所不知的，而且凡人在政府事务中是不可能保持康德意义上的纯净的。然而，情报失误和丑闻仍会定期地令社会大吃一惊。公民和决策者都对情报机构无法针对迫在眉睫的危险提供敏锐的警告，或是这些机构甚至在监视国内民众，而不只是外国敌人，表达了诧异和困惑。与这种幼稚态度形成对比的是，美国缔造者詹姆斯·麦迪逊（James Madison）及其同事明白，领导国家的不是天使，而是有血有肉的凡人，失误和丑闻是不可避免的。

---

1 克劳塞维茨：《战争论》，霍华德（Michael Howard）、帕雷特（Peter Paret）译，普林斯顿：普林斯顿大学出版社，1989 年，第 117 页。

2 阿克顿勋爵给克莱顿主教（Bishop Mandell Creigton）的信，1887 年 4 月 5 日。巴特莱特（John Bartlett）：《名言警句》（*Familiar Quotations*）第 14 版，波士顿：利特尔–布朗出版社，1968 年，第 750 页。

3 彻奇在 1975 年 7 月 8 日发表的演说（本书作者当时是演说稿起草者）中表示，应该将阿克顿勋爵的名言改成：“所有秘密都会腐化，绝对秘密绝对会腐化。”

凭借着美国中西部人士那值得赞叹的常识感，杜鲁门总统呼应了《联邦党人文集》（*The Federalist Papers*）中麦迪逊那句强调宪法对于避免政府滥用权力的重要防卫作用的审慎名言：“你看，政府运行之道就在于，每时每刻都得进行清扫工作。”[1] 对于情报机构的失误和恶行是不可避免的这一事实，西方国家的公民既可以绝望地表示放弃，也可以承认人类的局限和弱点，并采取措施来减弱其后果。这就是本书提出的挑战。

既然预测常常失误和政府不时腐化——对于笼罩在黑暗中的那些机构而言，这一点尤其难以察觉，那么各国为何还要投入大量资源以建立和支持情报机构呢？这些在自由、开放的政府机构的夹缝中开展幽暗行动的秘密组织，它们的失误以及对公民自由构成的风险难道不是大到令西方国家难以容忍的程度了吗？对这些问题的答案是，所有物种都有着保卫自己免受威胁的本能，因此，它们就会建立审慎的防御机制，无论是人类社会中用来监测敌国轰炸机的雷达，还是蜘蛛结下的对运动感到敏感并能够提醒出现入侵者的网。正如原子是物理学的基础，人类的生存本能也是创立包括秘密情报机构在内的政府机构的基础。此外，西方国家的改革者依旧希望，情报机构内部的腐化行为或许能够得到更早的揭露和铲除，从而避免不当的间谍行为侵蚀制度的原则和程序。

除了生存之外，人类还受到雄心的驱使（见图 1.1）。情报机构能够帮助领导人提前了解即将遇到的威胁，提前发现可能增进国家利益的机遇。本书关注的是民族国家内部的情报机构，然而，它们并不是从事间谍行为的唯一组织。生存和雄心这两种基本的驱动力对于世界各地非国家的组织和派别同样适用，它们常常也拥有自己的情报机构。

鉴于现代大规模杀伤性武器的危险性——甚至较为简单的武器也能够导致灾难性的后果，例如“9·11”事件这样的低技术含量的空中恐怖主义行为，或是 2016 年尼斯袭击中碾压行人的大货车——

1　米勒（Merle Miller）：《直言不讳：杜鲁门口述传记》（*Plain Speaking: An Oral Biography of Harry S. Truman*），纽约：伯克利出版社，1973 年，第 420 页。

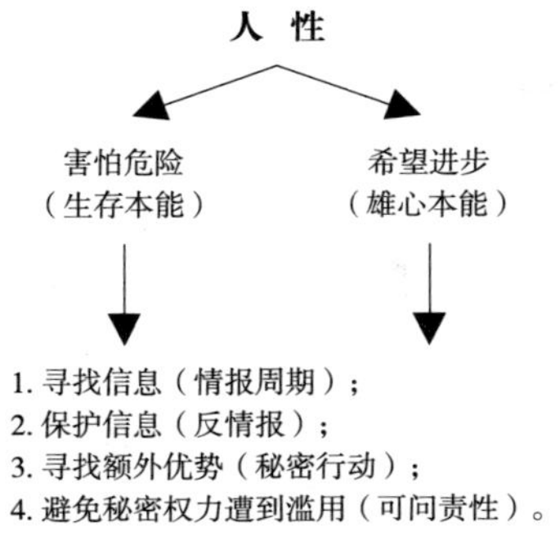

图 1.1 寻求基本动机与国家安全情报：刺激—反应模式

各国希望自己的情报机构无论有多少缺点，都至少在应对国内外的威胁方面，能够提供一定程度的警告，发挥一定程度的作用。各国都准备好了为搜集关于远期和近期威胁的信息投入大笔资金，试图避免遭受“9·11”事件那样灾难性的打击，或是在这个充满军事、商业、文化和政治敌对关系的世界里取得高于外国竞争者的优势。

四、情报使命

（一）搜集与分析

情报机构的行动在许多方面对于理解国际事务都至关重要。[1] 情报工作最为重要的使命就是搜集关于世界的可信赖、及时的信息，并准确地评估其意义。每个国家决策的核心过程都是这样的：在一间受到严密看护的政府会议室里，一群政策官员围坐在一张会议桌旁，决定本国与其他国家及国际组织的关系将走向何方。这些决定是以来自许多来源的信息为基础的。私人幕僚、内阁成员、游说者、媒体、学术界、智库专家、朋友和家人会向他们提出大量建议和主

1 约翰逊主编：《牛津国家安全情报手册》（*The Oxford Handbook of National Security Intelligence*），纽约：牛津大学出版社，2010 年，第 3 至 32 页。

意。在这条“信息之河”中——这是好几个美国情报首脑喜欢使用的一种比喻说法——至关重要的是某国的情报机构搜集的信息。这一信息源常常能够决定政府的议程和塑造最终的决定，在危机时刻尤其如此。如果不了解这些情报机构是如何运作的，不了解这些机构提供的信息的广度和质量，就无法充分理解国家做出的选择。尽管领导人有着许多信息来源，但国家安全情报依旧处于一国决策过程的核心位置，这在很大程度上是因为秘密特工和情报机构能够从外国政府那里打探出只有通过秘密手段才能获得的信息。

当一国的情报机构犯了错误时，其全球战略和针对内部颠覆的防御机制也会出错。当一国的情报机构滥用自己的秘密权力时，其公民就会遭遇国内的丑闻和外交政策的难堪。反过来，本书所提到的那些例子将要证明，可靠的信息会促成更好的决策，民主的防卫措施则能够避免情报机构滥用自己的权力。

（二）秘密行动

情报机构的首要关注点在于信息搜集与分析，但它们或许还会执行第二个使命——秘密行动，即通过利用宣传、政治行动、经济破坏和准军事行动（指的是类似于战争的行为，包括针对他国和恐怖团体领导人的暗杀企图），试图秘密地改变历史进程。这些批评者口中的“肮脏的诡计”，可能会受到试图通过迅速和隐秘的手段在全球竞争中获取优势的领导人青睐。不过，有时候秘密行动也会因违背了礼节和国际法，而导致一个国家的名誉受损。

（三）反情报

每个国家的情报机构都有着第三个重要的使命——反情报。反恐也是这一使命的一部分。反情报的目的在于保卫一国的秘密和机构免遭敌对政府或团体的秘密渗透或欺骗，或是遭到恐怖分子的公然袭击。外国敌人可能会试图打入敌对的（有时甚至是友好的）政府内部，通过卧底搜寻秘密或是传播虚假信息。冷战期间，苏联就成功地渗透进了美国联邦调查局、中央情报局，以及英国、德国、法国情报机构的高层，对西方国家造成了伤害。

联邦调查局和英国情报机构的报告显示，近年来俄罗斯情报人员正以更加咄咄逼人的方式对西方国家采取间谍活动，主要是为了获取技术、军事和商业秘密。俄罗斯被认为有能力扰乱美国的电网，进而对这一至关重要的基础设施发动网络战。每个国家都试图阻止别国的间谍或者潜伏的恐怖分子团体发挥作用。结果就是，敌对的入侵者和间谍搜捕者之间在世界各国都展开了一场猫鼠游戏。

五、情报机构可问责性遇到的挑战

此外，对于西方国家而言，情报机构的可问责性这一问题对于担心类似于盖世太保的机构会在本国出现的人而言也是至关重要的。在美国，媒体调查人员发现，1974 年中央情报局对某些美国公民采取了间谍活动，这些人唯一的过错只不过是抗议了越南战争或是参加了民权运动，而这些行动是受到《美国宪法第一修正案》保护的。针对披露出来的这些情报机构滥用权力的情况，国会对美国的情报机构进行了改革，颁布了防止类似滥用秘密权力的行为再度发生的防御措施。美国的情报机构改革运动传播到了全世界，并且仍在成为学术探讨以及其他西方国家实验的对象。

六、本书的目的

本书的目标在于把国家安全情报这一主题放在显微镜下审视，尤其是考察其过失以及如何应对这些过失，从而加强国家对于恐怖分子以及西方国家的其他敌人的防御能力。这一话题常常遭到忽视，因为想要对这一隐秘的政府部门加以研究是格外困难的。本书的第一章是对美国国家安全情报的简介，介绍了某些基本定义和组织构架，而这对于理解秘密情报机构是如何运作的来说是必要的。

在理想的情况下，关于国家安全情报的书籍应该考察世界上各个国家采取的措施。有些人已经进行了这样的研究。[1]本书将主要探讨美国的经验。有朝一日，当可以获得更多有关南美洲、欧洲、亚洲、非洲等地情报活动的信息时，或许就可以进行更加可靠的对于间谍活动的比较分析，从而为全球情报机构的演化与功能提供更加深刻的洞见。在此之前，正如法国情报研究者塞巴斯蒂安·洛朗（Sebastien Laurent）所言："盎格鲁-撒克逊情报学派是唯一的主角，并享有无可匹敌的全球霸权地位。"[2]

总而言之，本书试图让读者认识到，秘密情报机构与失误和丑闻相伴是不可避免的。美国的例子表明，情报机构的每一项使命，都受困于不时的错误和恶行。本书对为了缓解这些失误和滥用权力的行为可能采取何种措施进行了研究，即西方国家如何才能改善对于威胁的预警，同时甚至在最为隐秘的政府部门内也维护法治。尽管失误和丑闻是不可避免的，但还是可以通过某些做法来降低其发生的频率。美国的情报机构在捍卫其制度方面也取得了许多引人注目的成就，这些内容在本书中同样得到了考察。

国家安全情报是会令人感到沮丧的，因为它具有内在的弱点，表明人是不完美的。尽管如此，在一个以不确定、模棱两可、恐惧

1 例如，博恩（Hans Born）、约翰逊、伊恩·利（Ian Leigh）主编：《谁在监视间谍：建立情报机构可问责性》（*Who's Watching Spies? Establishing Intelligence Service Accountability*），华盛顿特区：波托马克出版社，2005 年。

2 摘自对约翰逊主编的《战略情报》（第 1—5 卷，2007 年）的书评，《情报与国家安全》，2010 年 4 月，第 245 至 247 页。对各国安全情报状况进行研究的尝试，见博恩等主编：《谁在监视间谍》；博泽曼（Ada Bozeman）："非西方世界的治国之道与情报"（Statecraft and Intelligence in the Non-Western World），《冲突》（*Conflict*）第 6 卷，1985 年，第 1 至 35 页；布吕诺（Thomas C. Bruneau）、马泰（Florina Cris Matei）："发展中西方国家的情报：追求透明与效力"（Intelligence in the Developing Democracies: The Quest for Transparency and Effectiveness），约翰逊主编：《牛津国家安全情报手册》，第 757 至 773 页；吉尔：《情报治理与民主化：对改革界限的比较分析》（*Intelligence Governance and Democratisation: A Comparative Analysis of the Limits of Reform*），伦敦：劳特利奇出版社，2016 年；基根（John Keegan）：《战争情报》（*Intelligence in War*），纽约：克诺夫出版社，2003 年；拉克（Walter Laquer）：《秘密世界》（*A World of Secrets*），纽约：基本出版社，1985 年。

和危险为特征的充满了麻烦的世界舞台上，没有国家承担得起不配备情报机构这一防御措施的代价。情报机构能够提供耳目、搜集与分析信息的头脑，有时还能提供秘密行动和反间谍之剑。要想理解这一主题，最好从探索“国家安全情报”所具有的各种含义出发。

七、国家安全情报的多个维度

（一）作为秘密信息的情报

观察者乃至情报专家和从业者，并不总是能够就国家安全情报的确切含义达成一致。主要分歧通常在于，对于情报的定义究竟应该是广义的，还是狭义的。狭义的（最常见的情况就是这样）国家安全情报专注于情报机构的首要使命：搜集与分析可能有助于国家领导人进行决策的信息。进一步细化，这一定义可能严格地专注于信息搜集与分析过程的实际产物，即向政府官员提交的交织着公开与秘密信息的书面或口头的报告。中央情报局将情报简单地定义为“对于世界的知识和预知，总统决策和行动的前奏”。[1] 就此而言，国家安全情报意味着信息。有些人选择将这一含义进一步限定为秘密信息，即由间谍、卫星、侦察机和电子拦截设备通过秘密手段获取，随后由情报分析师加以解读的信息。

（二）作为一系列使命的情报

更加广义而言，国家安全情报可以指代情报机构的三大重要使命：搜集与分析、秘密行动、反情报。可以想象以色列的一名决策官员向一名情报主管问道：“哪些秘密行动交织使用，能够最为有效地了解并阻止伊朗核武器的研发？”这里的重点是将国家安全情

---

1 中央情报局公共事务办公室：《情报概览》（*Fact Book on Intelligence*），1991 年 9 月，第 13 页。腊斯克这样的资深外交人士将情报工作的目的简单明了地视为“告知决策者世界上在发生些什么”。帕普（Daniel S. Papp）主编：《如我所见》（*As I Saw It*），纽约：诺顿出版社，1990 年，第 555 页。

报视为领导人为实现某种外交政策目标而可能采取的一系列行动或秘密选项的混合物。就此而言，国家安全情报意味着由政府的情报机构执行的一系列基本使命。

（三）作为过程的情报

这一术语的第三种用法可能专指这三大使命中最为重要的一个，即搜集与分析。就此而言，国家安全情报这一概念指的是搜集信息的手段和过程。例如，英国特工从北京的一个保险柜里偷来的一份文件，或者美国监视卫星拍下的一艘朝鲜船只在南海行驶的照片。这些信息随后会被递交给政府的决策者。

（四）作为组织的情报

最后，国家安全情报可以指代一所建筑，或是偏远战场上满是情报官员的一座临时营地。负责处理情报机构搜集并加以解读的那些信息的人士属于官僚机构。一名将军可能命令道："给我接通情报的电话。"他指的就是某个特定的结构性实体，或许是司令官想要联络的某个身在战场前线的侦察小组。

八、国家安全情报的整体观

考虑到国家安全情报这些不同的维度，单纯地将这一术语设想为结合了秘密与公开信息的书面或口头报告，就太过于有局限性，尽管国家安全情报的核心正是如此。情报指的还是情报机构执行的使命。情报机构还花费大量时间从事秘密行动和反情报行动，而不只是搜集与分析信息。而在战争期间乃至各场战争之间，具有秘密行动形式的富有侵略性的海外情报行动能够占据首要地位，成为牵着情报这条狗前进的尾巴。

例如，20 世纪 80 年代，里根主义是美国总统里根及其国家安全顾问执行的美国外交政策中最重要的成分。这一"主义"（提出这种说法的是媒体，而不是里根政府）在与苏联对发展中国家的干涉对抗方面依赖中央情报局，并大胆地加大了针对苏联及其在世界各地的贫穷国家（尤其是尼加拉瓜和阿富汗）所开展的活动的秘密行动的资金、力度和频率。如果有人认为80年代美国的国家安全情报只是撰写关于世界事务的顶级机密报告（或者说就是这些报告），那么他就将错过情报作为秘密行动这一使命的重大意义，而在里根政府看来这一点正是至关重要的。

类似的还有反情报。每个情报人员都有义务保守政府秘密，加强情报机构内部那些负责抓出卧底的部门。将反情报降低到弃儿的地位，会增加外国渗透的风险，这反过来又会导致情报机构中充斥着在哄骗——典型情况是秘密地向其支付现金——面前屈服了的背叛者，进而使其表现令人困惑不清，反而对自己的国家进行间谍活动。反情报失败的最终结果是：一国派往海外的特工被认出、抓住，常常还被杀死；海外秘密行动遭到破坏；其报告遭到双面间谍和虚假信息的污染。将秘密报告当成国家安全情报的全部就会忽视不可替代的反情报工作，其责任则是保护一个国家的秘密，并且保护公众免受敌国特工的渗透和恐怖袭击。

有些人还常常对可问责性不屑一顾，称其充其量也只是国家安全情报的一个边缘话题。然而，在西方国家，情报官员及其上司——更不必提大批为其提供建议的律师（如今在中央情报局有135名律师，1947年只有2名，1975年只有6名）——在与监督人员打交道方面花费了大量时间，这些监督人员包括检察长、监督执行理事会、立法审议委员会、特别调查委员会和国会特别委员会。再一次地，如果认为情报指的就是情报官员的所作所为，那么至少在西方国家就必须得出这样的结论：国家安全情报包括了花在与美国政府的三大部门的监督者打交道上的时间。这些机构明白麦迪逊和阿克顿勋爵警告的意义。

国家安全情报绝不仅仅是秘密行动或反情报，也不只是对负责监督的调查委员会做出回应。国家安全情报要比搜集关于威胁和机遇的信息、在电脑前喝着咖啡撰写这些信息的意义（进行分析），并且向政策官员提交报告内容更为丰富。情报官员要从事以上三种活动。搜集与分析通常占据最重要的地位，但秘密行动偶尔也会冲到情报议程的最前端。当发现美国中央情报局的阿尔德里奇·阿姆斯（Aldrich Ames）或英国军情六处的金·菲尔比（Kim Philby）——这两人都是受俄罗斯情报机构利用的——这样的政府内部叛国的特工时，情报官员突然就会对不够重视反情报任务感到懊丧了。或者，当中央情报局、联邦调查局、军情六处或军情五处等情报机构的名字频繁见诸报端时，因分析失误或行为不端等指控而登上报纸头条时，情报官员就会希望当初让国会中资助自己的人获得足够多的信息，以便履行监督自己的职责。

有些情报从业者和学者——他们可能是大多数——可能依旧更加青睐国家安全情报的狭义定义，将其视为信息，尤其是秘密信息。但包括本书作者在内的其他人则持有更加丰富的观点，如同英国情报学者彼得·吉尔（Peter Gill）和马克·菲锡恩（Mark Phythian）提出的那样：

> 情报是一个伞状术语，指的是从计划和情报搜集到分析与传播等一系列行为。这些行为是秘密执行的，目标在于通过提供对于威胁或潜在威胁的预警，从而促使及时地采取预防性的政策或战略——必要时包括秘密行动——来保持或提高相对安全的程度。
>
> 情报的最终目标在于为试图解决本国面临的问题的决策者提供有利于决策的条件。[1]

1　吉尔、菲锡恩：《不安定世界中的情报》（*Intelligence in an Insecure World*），剑桥：政体出版社，2012 年，第 19 页。关于情报及决策优势，见西姆斯（Jennifer E. Sims）：“决策优势与情报分析的性质”（Decision Advantage and the Nature of Intelligence Analysis），约翰逊主编：《牛津国家安全情报手册》，第 389 至 403 页。英国著名情报官员琼斯（R. V. Jones）曾这样解释情报工作：“理智的国家会试图尽可能了解对手和朋友，所以会设立情报机构。”见美国国务院：《西方国家的情报》（*Intelligence in a Democracy*），华盛顿特区，1975 年 12 月 4 日，第 8 页。情报无小事。马歇尔这样回忆诺曼底登陆：“陆军情报机构从未告诉我需要知道些什么。直到战斗打响后，我们才了解了

无论青睐哪种定义，关键点都在于情报机构为了本国的利益会从事多种活动。要想把握这种责任的多样性，人们可以得出这样的结论：国家安全情报由一系列秘密从事行动的政府机构组成，这些行动包括秘密行动、反情报，以及最为重要的，为了给决策者提供关于潜在威胁和机遇的及时又准确的信息而进行信息搜集与分析。

由于情报行动是由政府情报机构中的人员完成的，因此有必要仔细地考察作为组织的情报。负责向决策者提供的最终产品——报告和口头汇报——的那些机构，在国家安全情报中居于核心地位。这些机构包括哪些？又有哪些机构和个人负责秘密行动和反情报？情报官僚体系中的哪些人负责回应监督者？一张关于美国十七个主要情报机构的结构图（见图 1.2），有助于说明国家情报机构在做些什么，以及如何做。

九、作为一系列组织的情报：美国经验

每个国家间谍工作的一个重要方面在于招募专业间谍人员，并将其安置在受到围栏、报警器和武装人员层层看护的建筑物里。美国的间谍建制已经发展成为一个庞杂的官僚体系，是人类历史上最为庞大的一个。此外，自从“9·11”事件以来，美国用于情报工作的资金急剧增长了。例如，国家安全局的预算在 2001 至 2006 年间翻了一番，据说达到了每年 80 亿美元。[1] 如图 1.2 所示，美国总统和国家安全委员会居于美国庞大的情报与安全机构的最高点。在这一统帅部之下是十六个主要的情报机构，从 1947 至 2004 年，其领导是中央情报总监（Director of Central Intelligence，简称 DCI）；

（接上页）情况。”罗伯茨（Andrew Roberts）：《大师与指挥官：四位巨人如何赢得西线战事（1941—1945）》（*Masters and Commander: How Four Titans Won the War in the West, 1941-1945*），纽约：哈珀科林斯出版社，2009 年，第 490 页。

1 戈曼（Siobhan Gorman）：“国家安全局有着高姿态、新问题”（NSA Has Higher Profile, New Problems），《巴尔的摩太阳报》，2006 年 9 月 8 日，第 A1 版。

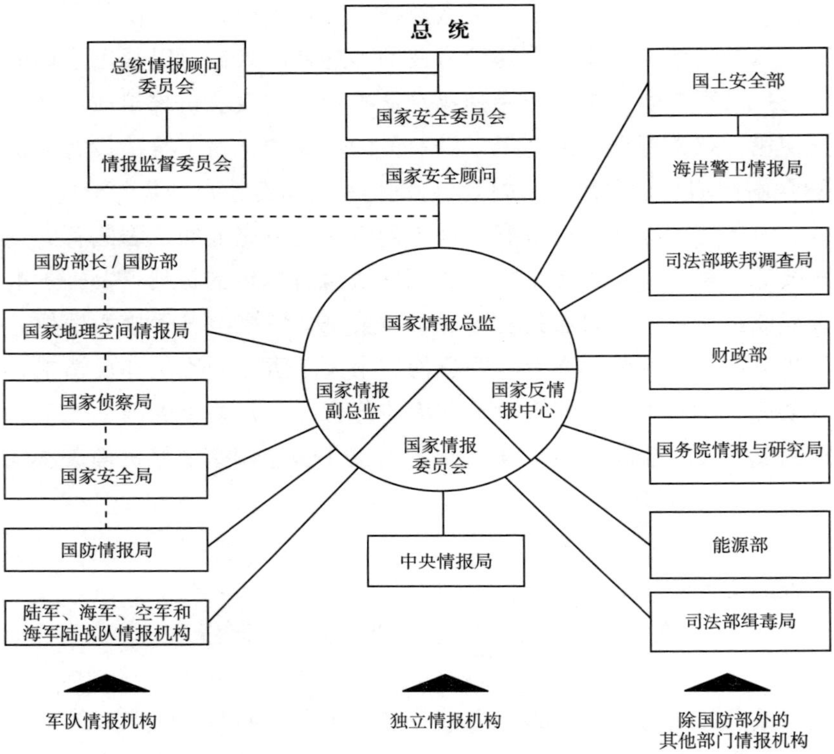

图 1.2 2016 年的美国情报界[1]

从 2005 年开始，其领导变成了国家情报总监（Director of National Intelligence，简称 DNI）这一新设立的国家情报机构最高职位。他掌管着国家情报总监办公室（Office of the Director of National Intelligence，简称 ONDI）——常常被视作美国的第十七个情报机构——并且负责整个情报建制的协调工作。对情报机构组织框架的考察，可以如同在夏日的早晨享用热麦片粥一样激动人心，但是了解构成美国情报界的有哪些机构，以及它们的职责分别是什么，只是了解间谍世界所必须迈出的第一步。

1 可参阅［美］杰弗瑞·理查尔森著、石莉译：《美国情报界（第 7 版）》，金城出版社，2018 年。——编注

十、军事情报机构

美国的情报机构已经发展成为一系列有着“情报界”这一经典但不确切的名称的组织。事实上，这些机构远远算不上是一个和谐的共同体，而是充满了敌对关系。有八个情报机构位于美国国防部的框架内，有七个属于文职决策部门，而中央情报局则是一个服务于文职机构的独立组织。军事情报机构包括：国家安全局，这是美国负责破译密码、加密和信号情报的组织，主要负责监听电话和电子邮件；国家地理空间情报局，主要致力于使用装备在卫星上的摄像头、低空无人机和侦察机，拍摄敌国军队、武器和设施的照片，即所谓“图像情报”或“地理情报”；国家侦察局，负责监督卫星的建造、发射和管理工作；国防情报局，负责军事相关问题的分析；陆军、海军、空军和海军陆战队情报机构，各自专注于从美国军队所处的海外——尤其是战场——搜集与分析战术情报。

这些军事组织总共占据了美国年度情报预算总额的约 85%——2010 年的数字约为 800 亿美元——雇用的职员数量约占美国情报人员总数的 85%。[1] 这些军事机构之所以吸纳了如此大量的情报资金，是因为它们用来搜集情报的“平台”耗资巨大，尤其是那些巨大且昂贵的监视卫星，此外还包括分布在全球的大量无人机。

美国的情报资金分别有两大预算来源：其一为国家地理空间情报局、国家侦察局和国家安全局等大型情报机构提供支持的国家情报项目，这些机构既有军事使命，又有文职使命；另一个来源是主要致力于战术情报及其相关行动的军事情报项目。不过，正如“关于政府秘密的美国科学家协会项目”所言，国家情报项目和军事情报项目之间的界限是“流动的、不确定的和富于变化的”。[2] 例如，

---

1 85% 这一数据来源于阿斯平-布朗委员会的报告。800 亿美元这一数字来自美国政府 2010 年 10 月首度披露的数据。这笔开支创下了历史纪录，比前一年增长了 7%，比“9·11”之前的数据翻了一番。2009 年，国家情报总监布莱尔公开表示美国情报界共有 20 万名工作人员。相较之下，英国情报预算为每年 36 亿美元。

2 阿夫特古德（Steven Aftergood）：“国防部发布军事情报项目预算”

2006 年，国家地理空间情报局 70% 的资金来自国家情报项目、30% 的资金来自军事情报项目；2007 年，该组织有 90% 的资金来自国家情报项目、10% 的资金来自军事情报项目；2010 年，该组织来自国家情报项目和军事情报项目的资金占比分别为约 66% 和 34%。

2014 年，国家情报项目的预算额为 526 亿美元，军事情报项目的预算额为 192 亿美元，两个项目的总额为 718 亿美元。2016 年，国家情报项目的预算额有所增加，达到了 535 亿美元，军事情报项目的预算额有所减少，为 168 亿美元，两个项目的总额为 703 亿美元。这一数字要低于 2010 年的史上最高预算额，但依然要比“9·11”事件之前美国的情报机构的预算额高得多（事实上，翻了一番）。

（一）文职情报

在属于文职决策部门的七个情报机构中，有四个长期以来一直是情报界的成员，另外三个则是新成立的机构。在前四个机构中，联邦调查局属于司法部，负责反情报和反恐任务；情报与分析办公室属于财政部，负责追踪恐怖组织的石油美元和隐秘资金；情报与研究局属于国务院，是规模最小的情报机构，但因其精良且富有预见性的报告而受到高度评价；情报与反情报办公室属于能源部，负责监视世界范围内核原料的流动（包括铀、钚、重水、核反应堆部件），并保卫美国武器实验室和核武器储备的安全。

三个新设立的文职情报机构都是在“9·11”事件之后成立的，它们包括海岸警卫情报局、属于国土安全部的情报与分析办公室，以及属于司法部缉毒局的国家安全情报办公室。当在 2001 年加入情报界时，海岸警卫情报局与国家情报总监之间原本有着直接联系，但当小布什政府在 2002 年创建了国土安全部之后，海岸警卫情报局就成了这一新部门的附属机构，因为它们有着保卫美国海岸及国土安全的共同使命。全球贩毒斗争的领导机构美国缉毒局，长期以来

（接上页）（DOD Releases Military Intel Program Budget Docs），《保密新闻》（*Secrecy News*）第 79 卷，2009 年 10 月 5 日，第 1 页。关于近几十年来情报界的开支状况，见阿斯平–布朗委员会报告。

一直是司法部的一部分，直到2006年才成为情报界的一员。

（二）中央情报局

老牌情报机构、同时也是八个文职情报机构中的最后一个是中央情报局。该机构位于政府的决策内阁之外。在冷战期间，作为1947年《国家安全法》（National Security Act）正式建立的唯一情报机构，中央情报局在华盛顿享有特别的威望。就地位和政治影响力而言，同样重要的是，中央情报局成为中央情报总监的核心机构，即所有情报机构名义上的领导机构。此前曾提到过，自从2005年开始，中央情报总监这一职位被国家情报总监取代了，为其提供协助的则包括多位国家情报副总监、一座国家反恐中心，以及由国家情报委员会顶级分析师组成的一个专家组（见图1.2）。20世纪50年代，中央情报总监和中央情报局一道，从海军位于华盛顿的几幢老楼搬到位于弗吉尼亚州朗利的新大楼，距离麦克利恩镇不远。目前，美国的情报机构新的领导部门国家情报总监办公室位于靠近弗吉尼亚州阿林顿，距离泰森角这一购物区不远的自由十字路口一个都市社区的高档建筑里，距离中央情报局总部约有6英里远。

顾名思义，中央情报局与中央情报总监起初是美国情报建制的中心点，在一系列高度碎片化的情报机构之中，发挥着协调情报界各种活动和整理来自所有渠道的报告这一作用。在克林顿政府早期担任过中央情报总监一职的詹姆斯·伍尔西（R. James Woolsey）曾这样描述美国的情报机构的长官这份工作："你相当于中央情报局的主席和首席执行官，还相当于情报界的董事会主席。"[1]不过，他还强调，中央情报总监并无权向其他情报机构的主管下达"舵令"（伍尔西曾担任过海军部副部长）。他继续说道，恰恰相反，"要更加微妙一些"，这涉及人际关系、对话和温柔的说服。教科书上很少提及这种发挥黏合作用的信任和友善关系，但这正是各国政府顺利运转的根本所在。

作为情报机构内部结构的一个范例，图1.3描绘了中央情报局

1 本书作者对伍尔西的采访，1993年9月29日。

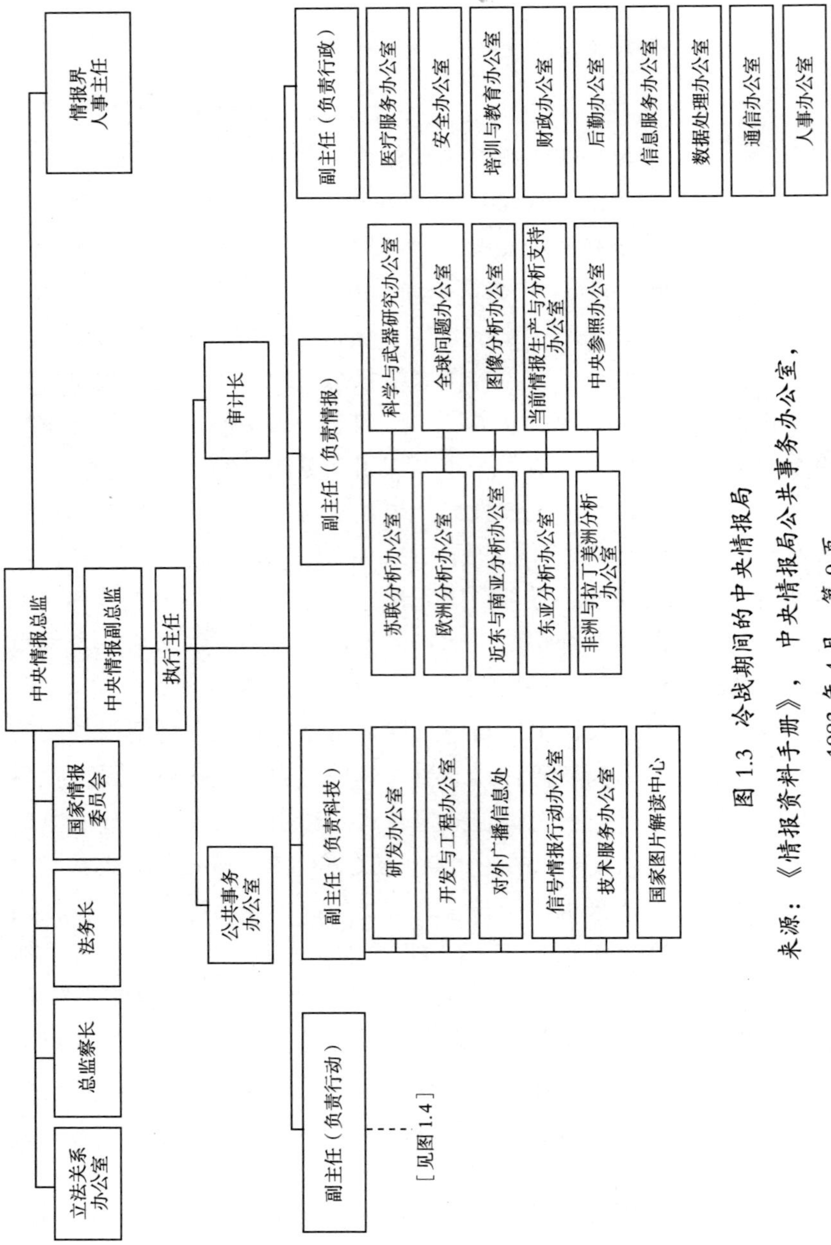

图 1.3 冷战期间的中央情报局

来源：《情报资料手册》，中央情报局公共事务办公室，1983 年 4 月，第 9 页

在冷战期间的组织框架。斯坦斯菲尔德·特纳（Stansfield Turner）在卡特政府时期曾担任中央情报总监，他将当时中央情报局内部的四个部门——行动部、情报部、科技部和支持部——称为“相互分离的男爵领地”。这种说法强调的是，中央情报局内部有着数种不同的文化，这些文化相互之间以及与中央情报局的领导层之间并非总是协调一致的。[1]

行动部（国家秘密服务部）

如图 1.4 所示，在冷战期间，由负责行动事务的副主任领导的行动部，是中央情报局伸往海外的一只手臂。该部门在世界各地设有“站点”，在某些国家或某些战场还设有规模较小的“基地”。站点内部有着戒备森严的名为“隔离的敏感信息间”的房间。这些房间可以抵御电子监听设备，使得中央情报局人员可以在此召开绝密会议，而不必担心遭到当地反情报机构或是外国情报机构的窃听。

行动部在小布什时期经历了改名，被称为国家秘密服务部。在奥巴马执政期间，名字又改回了行动部。其海外人员被称为“案件官员”，或者按照近来的说法——“行动官员”。他们的领导是各个国家站点的站长。案件官员的工作是招募本地人，对自己的国家展开间谍活动——这些人被称为“资产”或“特工”，如果取得了成功，就能正式进入中央情报局工作，并且为中央情报局的反情报和秘密行动提供支持。要想取得成功，案件官员或行动官员就必须善于交际。他们需要富于魅力，具有说服力，并且愿意冒险。如果通过甜言蜜语或是金钱成功地令外国人为自己服务了，就被称为“被案件官员搞定了”。

情报部（分析部）

让我们回到中央情报局总部。情报部——现在情报部被称为分析部——的情报分析师负责解读行动官员及其“资产”和间谍卫星

1　本书作者对特纳的采访，1991 年 5 月 1 日。关于特纳在管理中央情报局时遇到的困难，见其所著《秘密与民主：转型中的中央情报局》（*Secrecy and Democracy: The CIA in Transition*），波士顿：霍顿·米夫林出版社，1985 年。

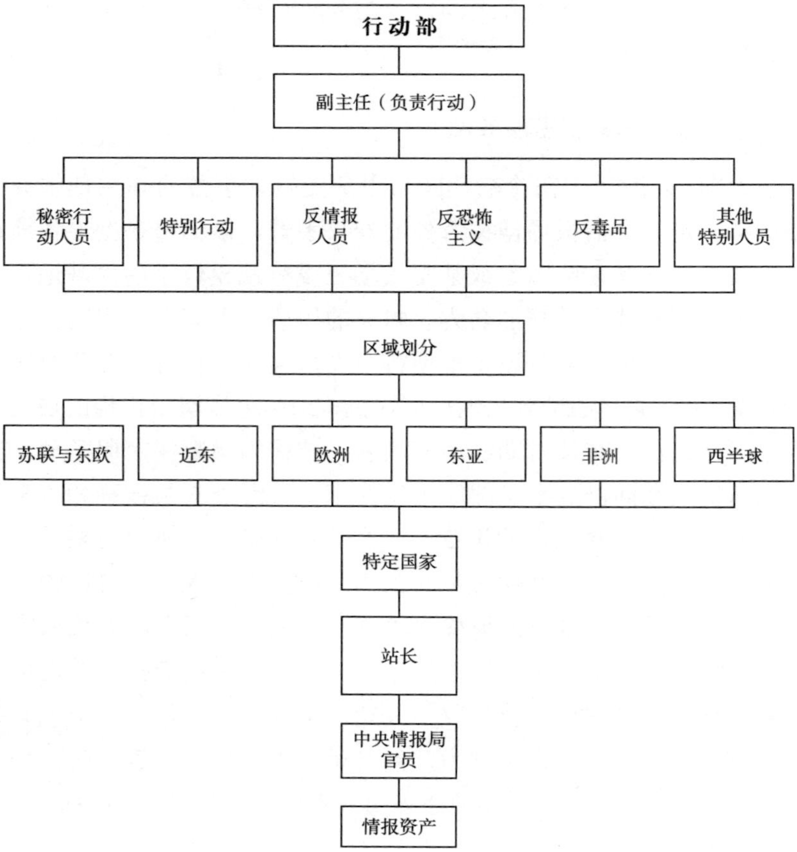

图 1.4 冷战期间的中央情报局行动部

来源：约翰逊：《美国的秘密权力：民主制社会中的中央情报局》，纽约：牛津大学出版社，1989 年，第 46 页

及其他设备搜集到的原始信息。中央情报局有着美国政府中数量最多的全来源分析师。分析师——他们是中央情报局的知识分子——的任务是为信息的含义以及这些信息对于美国的安全和全球利益会有何影响提供洞见。

科技部和支持部（行政部）

科技部是中央情报局那些“Q博士”科学家（詹姆斯·邦德系列电影令这一类情报官员出了名）以及为间谍活动开发各种设备——从假发等伪装器材，到微小的监听器材和新奇的武器——的各类技术人员所处的部门。支持部（此前被称为行政部）则是中央情报局日常管理者所属的部门。他们负责支付工资，保持过道的清洁，并且在走廊里悬挂上艺术作品，对新招募者——有时还对正式员工——进行测谎测试，并维护总部的安全。科技部和支持部都负责为中央情报局的海外行动提供技术和安全支持。在冷战期间，行政部还采取了针对反越战示威者的间谍活动这一不适当的举措，引发了1974年的国内间谍活动丑闻，并催生了针对中央情报局和其他情报机构行为的一次重大调查。

（三）情报中心和特别工作组

为了克服美国的情报机构碎片化的局面，中央情报总监以及国家情报总监设立了“情报中心”“特别工作组”“任务经理”等机构，专注于具体的问题，并为其配备来自情报界各个机构的人员。例如，曾担任中央情报总监的约翰·多伊奇（John Deutch）创建了环境情报中心，以考察情报官员和私营部门科学家在全球环境状况对于安全和生态会造成何种影响这一问题上能够展开何种合作。该中心使用间谍卫星考察了巴西的热带雨林退化、中东地区河水引发的争议、北极地区的冰山融化等问题。[1] 2016年是有气象记载以来最热的一年。

---

1 约翰逊：《炸弹、漏洞、毒品和恶棍：情报与美国对安全的追求》（*Bombs, Bugs, Drugs and Thugs: Intelligence and America's Quest for Security*）第3章，纽约：纽约大学出版社，2000年。

环境情报中心希望更多地了解高温对美国安全和世界事务的影响。同样曾担任中央情报总监的威廉·韦伯斯特（William H. Webster）创建了伊拉克特别工作组，专注于海湾战争所必需的情报支持。近年来，国家情报总监詹姆斯·克拉珀（James R. Clapper）依靠开源中心（位于朗利，向国家情报总监办公室汇报工作）将来自公共领域的事实和数据与从海外获得的秘密信息整合起来。

（四）情报监督委员会

如图 1.2 所示，情报界还有着两大重要的监督委员会：总统对外情报顾问委员会，在“9·11”事件后更名为总统情报顾问委员会；情报监督委员会。自从 20 世纪 50 年代创立以来，多位著名的安全、外交政策和科技专家都曾担任过总统情报顾问委员会的委员。科技专家尤其赋予了该委员会以特别的专长，即帮助总统改进间谍科技。拍立得照相机的发明者爱德华·兰德（Edward Land）就是艾森豪威尔时代诸多颇具价值的总统情报顾问委员会委员中的一位。他极大地提高了美国太空间谍摄像机的水平。不过，有些总统并不是通过这些委员来监督并加强美国的情报能力，而是将委员资格当作给予曾在竞选时为自己提供过金钱的政治盟友的奖励——该委员会最初意图的腐败。

情报监督委员会如今已并入总统情报顾问委员会，成为其下属的一个委员会。这个委员会的规模很小，只有三四名委员。有时候，它会针对情报机构行为不当的指控（例如国家安全局元数据搜集项目）进行严肃的调查。不过，它在很大程度上沦为了一个荣誉性的机构，与其说能够警觉地避免情报机构滥用自己的权力，不如说只能起到装点门面的作用。图 1.2 中未加呈现、但仍是情报界重要成员的，还包括参议院和众议院的两个情报委员会，其正式名称是众议院常设情报特别委员会（House Permanent Select Committee on Intelligence，简称 HPSCI）和参议院情报特别委员会（Senate Select Committee on Intelligence，简称 SSCI）。它们在情报界的重要作用将在第五章中加以考察。

（五）铁五角

除了上述诸多组织之外，在联邦政府内还存在着大量规模较小的情报机构，以及被政府情报机构雇用来为其提供帮助的许多私人机构，即情报业务的“外包”。2010 年，《华盛顿邮报》的一篇特别调查发现，存在着 1271 个从事某种情报工作的政府组织，此外还有 1931 个参与情报工作的私营公司。[1] 近年来，参与情报工作的私营公司中最声名狼藉的例子是来自北卡罗来纳州的黑水公司（2009 年更名为 Xe 服务公司，2011 年再次更名为 Academi 公司）。该公司的安保专家、准军事人员为身在伊拉克和阿富汗等地的美国情报官员和外交官提供保护。据说黑水公司甚至参与了中央情报局处决世界各地恐怖分子首领的计划。但由于该公司行动过火的不良名声，这一计划被放弃了。该公司行动过火的事例之一是，2007 年，配备着机关枪和枪榴弹发射器的黑水公司守卫人员在巴格达的尼苏尔广场杀害了十七名伊拉克平民。

美国前总统艾森豪威尔在著名的告别演说中曾警告美国公民注意“军工复合体”的危险，即国防承包商可能对立法者产生“不当的影响”，通过为其提供竞选资金，来换取无穷无尽的新式武器订单。政治学家将这种联盟称为由利益集团、官僚机器和政客组成的“铁三角”。在艾森豪威尔的表述中，构成铁三角的是武器制造商（例如波音公司）、五角大楼的将军，以及军队与拨款委员会中的关键立法者。这一联盟为武器制造商带来利益，为军队提供新式飞机、战舰和坦克，为立法者提供国防产业的职位。铁打的三角，流水的总统，而且铁三角还常常无视总统的领导地位。

近来，这一强力“铁三角”又增添了来自安全建制的两角：如同 Xe 服务公司那样的外包商、美国的武器实验室（武器系统是在这

---

1 普里斯特（Dana Priest）、阿金（William M. Arkin）：“隐秘的世界：超出控制之外”（A Hidden World, Growing Beyond Control），《华盛顿邮报》，2010 年 7 月 19 日，第 A1 版。关于情报工作外包，见肖罗克（Tim Shorrock）：《雇来的间谍：情报外包的秘密世界》（*Spies for Hire: The Secret World of Intelligence Outsourcing*），纽约：西蒙与舒斯特出版社，2008 年。

里开发出来的）。这一“铁五角”成了一个比艾森豪威尔在 1959 年发现并对其感到不安的“铁三角”更为强大和复杂的安全联盟。除了像过去那样为了出售新式武器而展开游说外，国会为情报机构拨发的巨额资金——例如，国家地理空间情报局、国家侦察局和国家安全局使用的昂贵的间谍卫星，以及为了伊拉克、阿富汗等地而大量生产的战争无人机——也成为各公司争夺的利益。此外，这些承包情报业务的公司还配备了游说团队，争夺为安全、反情报和秘密行动拨发的资金。

十一、美国情报界一项错误的计划

和其他国家的情报机构一样，美国情报界也是在缺少宏大设计的情况下、作为对一系列压力的回应而形成的。这些压力包括：国家紧急状态；新技术进展（例如，更好的监听技术促使信号情报获得了更大的重视，其人员规模也扩大了）；情报界领导的偏好［20 世纪 50 年代的艾伦·杜勒斯（Allen Dulles）专注于利用招募来的当地特工为美国从事间谍活动这一传统手段］；官员的游说能力［个中翘楚是联邦调查局前局长胡佛（J. Edgar Hoover），他使得联邦调查局成为受到最高评价的——也可说是最为令人畏惧和危险的——政府组织］。从促使中央情报局在 1947 年诞生的那段历史中，可以发现美国的情报机构的随意演变。

（一）中央情报局的创立：一次浮士德式的讨价还价

一次猛烈冲击导致的痛苦记忆，以及爆发更多次猛烈冲击的可能性，是促使中央情报局成立的因素。最初的冲击发生在 1941 年，日本偷袭珍珠港令美国卷入第二次世界大战。当二战结束之后，随着苏联早在 1945 年展现出可能武装入侵西欧和亚洲、从而危及美国全球利益的迹象，很快出现了爆发更多次猛烈冲击的可能性。

1941 年 12 月 7 日，日本战机冲向了停靠在珍珠港的美国太平洋舰队。太阳刚刚升起，来自 6 艘航母的 350 架日军飞机就进行了两轮轰炸，摧毁了 187 架美军战机、8 艘战舰（其中击沉了 5 艘）、3 艘驱逐舰、3 艘巡洋舰和 4 艘辅助船只。共有 2403 名美军在突袭中死亡，其中大多数是海军，另有 1178 人受伤。此外，还有 100 名平民丧生。在对国会发表的讲话中，罗斯福总统宣布这一天将被“钉在耻辱柱上”。

共有八个调查委员会分别审视了美军为何对此次突袭猝不及防的原因。所有的调查都并未明确地表明责任应该归咎于谁，但这一结论却是无可争辩的：美国的情报机构未能就日本舰队正在驶向夏威夷这一情况向罗斯福总统提出警告。直到 2001 年“9·11”事件之前，这都是美国历史上最为严重的一次情报失职。

在珍珠港事件发生之前，官僚体系内部关于太平洋战争可能爆发的零零星星的信息从来没有被搜集起来，也没有被加以分析并及时地提交给白宫。而这些步骤正是所谓“情报周期”的要素（第二章将对此加以讨论）。之所以会出现这种情况，部分原因在于某些情报官员希望小心地封锁日军通信密码已被破译的消息。他们认为，如果从这一渠道获得的信息被广为传播，那么日本就会更换新的通信密码。然而，在封锁通过破译日军通信密码而获得的消息的同时，他们也向总统及其幕僚隐瞒了这一消息。

作为一名来自密苏里州的参议员，杜鲁门充分意识到 1941 年美国糟糕的情报工作导致了多么巨大的人力和物力损失。在担任副总统的三个月时间里，以及在 1945 年 4 月接替去世的罗斯福成为美国总统之后，杜鲁门愈发对美国的情报机构之间缺乏协调的状况感到不满。杜鲁门的一名顶级幕僚克拉克·克利福德回忆：“到了 1946 年年初，杜鲁门总统对涌向他办公桌的一大堆自相矛盾、毫无协调的情报报告感到愈发恼怒。”[1] 1946 年 1 月 22 日，他签署了一项行政命令，创立了中央情报小组，目的在于“对与国家安全相关的情报进行协调和评估”。这道行政命令使得中央情报小组可以将研究

1 克利福德（Clark Clifford）、霍尔布鲁克（Richard Holbrooke）：《对总统的建议：一部回忆录》（*Counsel to the President: A Memoir*），纽约：兰登书屋，1991 年，第 166 页。

和分析工作“集中”起来，并且“协调所有海外情报行动”。[1]

用杜鲁门自己的话来说，他最初的意图是避免“必须翻阅两英尺高的一大堆文件”。他希望获得“协调一致”的信息，从而能够“掌握事实”。[2]然而，杜鲁门从未能实现这一目标。从一开始，中央情报小组就是一个薄弱的组织。其主要任务之一，在于编纂《每日总汇》［Daily Summary，这是如今《总统每日简报》（President's Daily Brief，简称 PDB）的前身］。然而，不同部门的情报单位却不愿意将信息提交给中央情报小组。

（二）中央情报局

感到沮丧的杜鲁门政府转而考虑建立一个强大、具有法定地位的情报机构，即中央情报局。然而，杜鲁门很快就意识到，鉴于还有更紧迫的目标——整顿军队——有待实现，创立一个真正专心致志的情报体系要付出过于高昂的代价。在二战期间，美国不同军种之间屡屡爆发冲突，常常导致战场上的目标无法实现。克利福德回忆称，杜鲁门总统不得不放缓情报机构改革的步伐，转而整顿“头号要务，即陆军与海军之间的争斗”。他继续说道：“当务之急在于通过一项法案将争执不休的各个军种团结起来。”[3]

国防部的创立使得各个军种的关系变得更加紧密了。杜鲁门希望在整顿军队的同时暂缓整顿情报机构，避免前者这一核心目标遭到干扰。情报机构的巩固注定会引发军队的不满，因为后者将一个

1　沃纳（Michael Warner）：“中央情报：起源与演变”（Central Intelligence: Origin and Evolution），沃纳主编：《中央情报：起源与演变》（*Central Intelligence: Origin and Evolution*），中央情报局情报研究中心，2001 年；乔治（Roger Z. George）、克莱因（Robert D. Kline）主编：《情报与国家安全战略家：持久的问题与挑战》（*Intelligence and the National Security Strategist: Enduring Issues and Challenges*），华盛顿特区：国防大学出版社，2004 年，第 43 页；沃纳：《情报的兴衰：一部国际安全史》（*The Rise and Fall of Intelligence: An International Security History*），华盛顿特区：乔治敦大学出版社，2014 年。

2　米勒：《直言不讳：杜鲁门口述传记》，第 420 页。

3　克利福德、霍尔布鲁克：《对总统的建议：一部回忆录》，第 168、169 页。

强大的中央情报局视为对自身情报业务的威胁。正如中央情报局的一名高层官员回忆："陆军、海军、国务院和联邦调查局能够达成一致的一件事就是，它们不希望出现一个掌控其情报搜集业务的强大的中央情报机构。"[1] 于是杜鲁门及其幕僚便试图与军队达成妥协，希望以此作为交换，来实现各军种的统一这一重要目标。他们试图在一定程度上提高情报工作的协调性，但又避免让这一敏感的话题惹恼五角大楼，从而失去军队对实现各军种的统一这一更加重要目标的支持。

结果就是从中央集权的情报机构这一最初的设想不断退缩。1947 年《国家安全法》中关于中央情报局和中央情报总监的缺少分量的语句就反映了这一点。这项法案仅仅设立了一个软弱的中央情报总监职位，而中央情报局与此前并不成功的中央情报小组几乎没有区别。克利福德也委婉地承认，这距离"我们最初的想法相去甚远"。[2] 在这个意义上，正如情报学者艾米·泽加特（Amy B. Zegart）所言，中央情报局从一开始就是"失败的计划"。[3] 里程碑一般的 1947 年《国家安全法》主要关注的是各军种的统一这一问题，但即使在这一问题上，也只取得了有限的成功。在这一新的法案中，情报机构的地位被显著地削弱了。

1947 年《国家安全法》的确创立了中央情报局，至少名义上是如此。但关于在其他部门仍强有力地把持着各自的情报业务的情况下，这个新的、独立的组织要如何履行"协调、评估并向决策者传达信息"这一职责，细节却是一片空白。在历史学家迈克尔·沃纳（Michael Warner）看来，1947 年《国家安全法》中涉及情报机构的条文小心翼翼地试图建立一个"必须游走在中央集权和各部门自

---

1 克莱因（Ray S. Cline）：《里根、老布什、凯西治下的中央情报局》（*The CIA under Reagan, Bush and Casey*），华盛顿特区：阿克罗波利斯出版社，1981 年，第 112 页。

2 克利福德、霍尔布鲁克：《对总统的建议：一部回忆录》，第 169 页。

3 泽加特（Amy B. Zegart）：《失败的计划：中央情报局、参谋长联席会议和国家安全委员会的演变》（*Flawed by Design: The Evolution of the CIA, JCS and NSC*），斯坦福：斯坦福大学出版社，1999 年。

主之间”的中央情报局。结果就是，这样的中央情报局“从未像总统和国会希望的那样，成为美国情报工作的整合者”。[1]

1947 年《国家安全法》中“协调情报工作的字样”说得很好听，但做起来就是另一回事了。要想真正地将各个情报机构整合起来，需要一位强有力的中央情报总监、充分的预算支持和人事任命权。1952 年造出的“共同体”（community）一词显然是用来委婉地描述美国的情报机构的松散状况。这些机构各有各的项目主任（用情报界的俚语来说就是“大猩猩”），分别效忠于各自的首脑（比如国防部长、司法部长和国务卿）。1947 年《国家安全法》赋予中央情报总监的权力充其量不过是建议性的，使得情报主管处于不得不通过哄骗、说服、恳求乃至乞求等方式促使各部门进行合作的地位，而无法通过发放预算和人事任免等手段要求松散的各部门那些不听从中央情报总监命令的“大猩猩”团结一致。正如沃纳所总结的：“一个强有力的、具有法定地位的中央情报局从来没有机会变成现实。从一开始，陆军和海军领导人就激烈地反对这一计划。没有其他政治资本的总统只得表示顺从。”[2]

（三）没有权力的中央情报总监

当杜鲁门在 1946 年签署行政命令，创立中央情报小组时，该小组的首席顾问劳伦斯 · 休斯顿（Lawrence R. Houston）很快抱怨称：“我们原本应该协调三大部门（国防部、司法部、国务院）的运作，但实际上我们只是他们的继子。”[3] 随着更加正式、具有法定地位的中央情报局于次年成立，情况并没有太多改善。即使在中央情报局成立了二十年之后，曾任中央情报局副局长的鲁富斯 · 泰勒（Rufus Taylor）还将情报界称为比“部落联盟”强不了多少。[4]

1　沃纳：“中央情报”，第 45、47 页。

2　沃纳：“中央情报”，第 38 页。

3　克利福德、霍尔布鲁克：《对总统的建议：一部回忆录》，第 168 页。

4　马尔凯蒂（Victor Marchetti）、马克斯（John D. Marks）：《中央情报局与情报崇拜》（*The CIA and the Cult of Intelligence*），纽约：克诺夫出版社，1974 年，第 70 页。

自杜鲁门政府以来美国情报史的一大重要方面，在于为克服中央情报局原始方案的不足而进行的一系列努力。也就是说，要加强中央情报总监和中央情报局作为整个“情报界”的协调者和情报传达者这一角色。一系列委员会都提出，中央情报总监要想将碎片化的各个情报机构整合起来，就需要被赋予更大的权威。[1]

然而，只要一遇到情报界的“大猩猩”——尤其是国防部长这只体重 800 磅的“金刚”——的抵抗，这些努力就化作了乌有。国防部长是与中央情报总监争夺八个军事情报机构领导权的主要对手，他在军队和拨款委员会中有着令人畏惧的盟友。[2] 其他肩负安全职责的部长也不容易被说服。历史学家沃纳写道：“在冷战期间，白宫不断敦促历任中央情报总监要更有力地领导情报界，但巨大的障碍始终存在：部长级官员们……不愿意将权力让给中央情报总监。”[3]

十二、重新设计美国情报界的领导层

在 2004 年的最后几天，国会终于回应了情报机构需要改革这一问题。经过重大修改的这份 600 页的《情报改革与反恐法案》（Intelligence Reform and Terrorism Prevention Act，简称 IRTPA）中的关键条款在于设立了国家情报总监办公室这一机构。然而，国家情报总监依然远不足以将十七个情报机构整合起来。尽管发生了“9・11”事件和导致伊拉克战争的情报失误，再加上调查“9・11”事件背后情报失误情况的基恩委员会的调查结果被广泛传播，但国会能够做

1 麦克尼尔（Phyllis Provost McNeil）：“美国情报界的演变”（The Evolution of the U.S. Intelligence Community: An Historical Perspective），《为 21 世纪做准备：对美国情报的评估》（*Preparing for the 21st Century: An Appraisal of U.S. Intelligence*）；沃纳：“中央情报”；金兹法特（Larry Kindsvater）：“需要重组情报界”（The Need to Reorganize the Intelligence Community），《情报研究》，2003 年第 47 卷，第 33 至 37 页；约翰逊：《炸弹、漏洞、毒品和恶棍：情报与美国对安全的追求》。

2 约翰逊：《炸弹、漏洞、毒品和恶棍：情报与美国对安全的追求》。

3 沃纳：“中央情报”，第 49 页。

到的似乎只是提出一些不足以将所谓情报界这座大帐篷上长期存在的裂口缝合起来的权宜之计。

国家情报总监必须与国防部长分享对于军事情报机构的领导权，这种情况和《情报改革与反恐法案》通过之前中央情报总监的处境一模一样。这意味着国防部长这只体重800磅的“金刚”将继续主导情报工作，对军事行动的支持最大化，同时将用于有助于预先消除战争爆发危险的全球性政治、经济和文化事务的资源最小化。正如《情报改革与反恐法案》中隐晦的表述那样，国家情报总监只能“监督情报行动的贯彻和执行”。美国情报界内的“部落战争”仍将继续。各机构之间依然是分散而非整合的状态。几乎所有观察者都赞同这一点：法案条文中充满了含糊不清和自相矛盾之处，必须根据未来数年的经验对其进一步打磨，并经由修正案对其进行强化。但这些修正案从未出台。

十三、围绕着国家情报总监一职的旋转门

推出《情报改革与反恐法案》之后，在五角大楼的压力下，国会又不顾白宫的反对，禁止国家情报总监将办公室设置在中央情报局里。[1] 到了其他情报机构的支持者因中央情报局多年来的傲慢态度而对其进行报复的时候了。

首位国家情报总监约翰·内格罗庞特（John D. Negroponte）最终在国防情报局中心里找到了设置自己办公室的地方。国防情报局中心位于博林空军基地，是国防情报局的新总部所在地，沿着波托马克河与机场相对。内格罗庞特从中央情报局带去了几名分析师，又从其他情报机构带去了几名工作人员。中央情报局的情报分析师大多依然留在位于朗利的总部里，就在十几英里外波托马克河上游的另一侧。只是暂住在博林空军基地的这些情报官员——国防情报

1 巴宾顿（Charles Babington）、平克斯（Walter Pincus）：“白宫抨击部分法案”（White House Assails Parts of Bills），《华盛顿邮报》，2004年10月20日，第A10版。

局希望要回所有自己的办公空间——和白宫，启动了在距离弗吉尼亚州北阿林顿的泰森角不远的自由十字路口为国家情报总监建造一所新办公楼的计划。该大楼在 2009 年落成。国家情报总监距离他所需要的中央情报局资源仍有数英里的距离。没有这些资源，他就只能是一个傀儡。为何不干脆搬回中央情报局总部呢？要想这么做，就需要修订 2004 年《情报改革与反恐法案》。“这匹马被赶出了谷仓。”一位资深情报官员总结道，打消了向五角大楼再度发起挑战的任何想法。[1]

在担任了不到两年的国家情报总监后，内格罗庞特很快又返回了国务院。他的继任者是国家安全局前局长迈克·麦康内尔（Mike McConnell）。他暂时仍旧待在博林空军基地的办公室里，并继续在打造自己的团队。内格罗庞特和麦康内尔都是睿智、有才华的情报长官，然而美国本想加强情报界的凝聚力，结果却设立了一个比中央情报总监更加软弱的国家情报总监这一职位。国家情报总监的权限是含糊不清的，人手是不足的，办公室则距离政府的大多数情报分析师有着数英里的距离。这正是美国所需要的：一名孤立的情报长官，以及空洞的第十七个情报机构。

在麦康内尔的任命听证会上，参议院情报特别委员会主席约翰·洛克菲勒（John D. Rockefeller）关于这一职位的软弱性提出了一系列严肃的质问。洛克菲勒说：

> 我们没有将技术搜集部门从国防部调出去（这是改革方案之一），也没有赋予国家情报总监关于情报搜集与分析工作的直接权威。我们赋予国家情报总监的权威是制定国家情报预算，但执行预算的权力仍留在其他机构手中。我们赋予了国家情报总监大量的责任。问题在于：我们赋予这一职位足够的权威了吗？[2]

1 2008 年 3 月 27 日，诺尔特（William M. Nolte）在国际研究协会会议上的评论。

2 2007 年 2 月 1 日，洛克菲勒在麦康内尔任命听证会上的发言。

国家安全情报

对于大多数观察者而言——至少是国防部以外的观察者——答案是显然的：并没有。就连麦康内尔本人在担任了两个月的国家情报总监后，也只能委婉地评价这份显然令他感到难以施展手脚的工作。用他的话来说，这是一份“充满挑战的管理工作”。[1]他尤其抱怨称，自己无权将不称职的下属免职。他向记者表示：“你既不能聘用，也不能炒鱿鱼。”[2]他很快就宣布了一项“百日计划”，提出要仔细审视国家情报总监的权限，并继续努力整合情报界。他发誓：“我们将要进行审视，将要就此展开争论，将要提出某些主张。”[3]2008 年 2 月，在参议院作证时，麦康内尔进一步表示：“我们当前的模式……对于开展情报活动的各个机构，不具有可行的掌控力。国家情报总监对于十六个情报机构的人员也不享有直接的权威。”[4]

至少从一开始就反对国家情报总监这一职位的前国防部长拉姆斯菲尔德（Donald H. Rumsfeld）已不在华盛顿，再无法阻挠国家情报总监办公室的有效运转了。接替拉姆斯菲尔德担任国防部长的是前情报部分析师、前中央情报总监罗伯特·盖茨（Robert M. Gates），他也许要比其他任何一位国防部长更加了解情报工作。此外，他长期以来一直主张改善军队和文职情报机构之间的工作关系。不过，这样有利的人事变动也很难改变国家情报总监这一职务内在的软弱性。考虑到麦康内尔对于中央情报局动用酷刑和国家安全局在小布什政府授意下进行未经授权的监听等事件所引发的争议愈发全神贯注并在这些问题上持守势，情况就更加如此了［未经授权的监听违反了 1978 年《外国情报监控法案》（Foreign Intelligence Surveillance Act，简称 FISA）］。麦康内尔在 2009 年辞职，接替他的是同样曾担任海军上将的丹尼斯·布莱尔（Dennis C. Blair）。他

1　马泽蒂（Mark Mazzetti）：“情报长官发现自己面临大量挑战”（Intelligence Chief Finds That Challenges Abound），《纽约时报》，2007 年 4 月 7 日。

2　彭博新闻，“国家情报总监希望获得更多权威”（Director Wants More Authority in Intelligence），《纽约时报》，2007 年 4 月 5 日。

3　马泽蒂：“国家情报总监宣布重组计划”（Intelligence Director Announces Renewed Plan for Overhaul），《纽约时报》，2007 年 4 月 12 日。

4　2008 年 2 月 14 日，麦康内尔在参议院情报特别委员会听证会上的证词。

搬进了位于自由十字路口的新的国家情报总监办公室。

不久之后，布莱尔就卷入了一场关于应该由谁来任命美国海外情报站点负责人的争论之中。这场争论的结果生动地说明了国家情报总监这一职位有多么软弱。布莱尔声称，作为美国的情报长官，自己有权进行这些人事任命，尽管传统上进行这些任命的是中央情报局局长（2005年之前，中央情报局局长也兼任中央情报总监）。国家情报总监发布了一份备忘录，宣布从此以后，将由他来任命美国海外情报站点的负责人。第二天，中央情报局局长、前众议员莱昂·帕内塔（Leon E. Panetta）也发布了一份针锋相对的备忘录，命令中央情报局员工无视国家情报总监的任命。帕内塔——实际负责美国海外情报站点负责人挑选工作的国家秘密行动主任鼓励他这么做——给出的理由是，传统上之所以由中央情报局负责海外情报站点负责人的任命，是有着充分理由的，因为中央情报局在几乎每个站点都有派出机构，这样一来才能为美国招募本地间谍；如果突然之间本地间谍不得不与甚至不由中央情报局领导的新的情报官员打交道，那么这些微妙关系就可能破裂。帕内塔认为，出于这一原因，应该继续由中央情报局负责美国海外情报站点负责人的任命工作。

布莱尔和帕内塔的说法有些道理。就帕内塔的说法而言，的确，大多数美国海外情报站点的情报官员都需要招募本地“资产”，这项任务主要是由中央情报局负责的。不过，在某些以信号情报为专长的国家——例如英国和澳大利亚——美国情报官员发挥的主要是信号情报行动联络人的作用。在这些情况下，由美国负责信号情报工作的机构国家安全局来任命海外情报站点负责人，也说得过去。布莱尔希望进行此类区分，而不是简单地由中央情报局负责一切。此外，如果国家情报总监这一职位在2004年12月时就是作为美国的情报长官设立的，那么布莱尔的说法难道不是很有道理吗？他显然是这样认为的。但白宫在这场争论中最终还是站到了帕内塔一边。奥巴马总统和拜登副总统或许是自然而然地倒向了同为政客和前国会议员的帕内塔，或许他们是对在华盛顿传播的一则流言感到担心：布莱尔的举动是军队进一步削弱中央情报局之举的一部分，国家情报总监很快就会任命大批资深军事情报官员担任海外情报站点的负责人。

就组织架构而言，布莱尔本应是中央情报局局长的上级。据说在得知帕内塔不服从自己之后，他怒不可遏。一名熟悉情报事务的《纽约时报》记者认为，这段插曲“进一步证明了五年前推行的情报机构重组，对于终结各部门间由来已久的敌对关系或是明确情报官僚体系内部的指挥链条，并未起到太大作用”[1]。布莱尔在2010年辞职，奥巴马任命的继任者是资深情报官员、前空军上将詹姆斯·克拉珀。克拉珀此前曾担任过国防情报局、国家地理空间情报局局长。在任命听证会上，他发誓要与帕内塔建立更好的工作关系。

十四、待实现之梦

对美国情报界享有全权的强有力的国家情报总监一职，是否能够解决美国情报界的问题，避免“9·11”这样的事件再度发生？当然，并非如此。情报工作的改善必须是全方位的，本书将对这一挑战进行全面的探讨。不过，2004年《情报改革与反恐法案》仍旧代表了向着设立真正的美国情报长官这一职务迈出的重要一步。这一法案使得美国有机会拥有一名对情报机构享有全权、能够克服内部争斗和山头主义这两大情报工作弊端的情报长官。然而，这项法案在最后关头的退缩导致国家情报总监依旧是软弱无力的，依然与国家情报委员会及其他依旧归属于中央情报局的大量分析师分隔开来。[2]克拉珀充分意识到了国家情报总监一职的软弱性，但他在2010年的参议院任命听证会上依然表示决心促使情报界更具凝聚力。为了提高情报界的整合程度，他建立了一个由十五人组成的国家情报管理团队，专门负责世界各地或是具体问题（例如防止大规模杀伤

1　马泽蒂：“白宫在间谍争夺战中站到了中央情报局一边”（White House Sides with CIA in a Spy Turf Battle），《纽约时报》，2009年11月13日。

2　约翰逊：《地平线上的威胁：冷战后美国对于安全的追求的内部叙述》（*The Threat on the Horizon: An Inside Account of America's Search for Security after the Cold War*），纽约：牛津大学出版社，2011年。

性武器的扩散）。例如，负责西半球事务的国家情报管理团队预计将汇集来自情报界各成员机构的信息，为总统和其他政府高级官员提交关于美国南北邻国的报告。

得益于克拉珀长达半个世纪的情报工作经验，再加上与情报界人员的广泛接触，他在管理情报界方面取得了相当大的成功。不过，他的继任者很难具备这些得天独厚的优势。

要想使得情报机构更有效地发挥守卫西方国家的作用——也就是说，少犯错误，少出丑闻——国家情报总监级别的机构改革还只是需要应对的挑战之一。情报搜集与分析这一使命也亟待改善。下一章将探讨这一问题。

第二章　情报搜集与分析
——了解世界

1994 年 10 月的一个早晨，美国国防部长威廉·佩里（William J. Perry）——他是一个高个子、有思想、有着数学博士学位的男子——在他那宽敞的办公室里迎接参谋长联席会议主席约翰·沙利卡什维利（John Shalikashvili）的到来。沙利卡什维利拿着一大摞有关伊拉克的卫星照片。他将这些照片摊放在会议桌上，并且引导佩里注意一组令人不安的照片。这看上去几乎是不可能的：距离美国领导的盟军击败萨达姆的军队才刚过去三年半时间，在机械化步兵、炮兵和坦克部队的支持下，萨达姆的共和国卫队正在迅速地朝着南部的巴士拉移动，距离科威特边境只有 30 英里。这支部队就如同箭一样对准了俯瞰科威特城的杰赫拉高地，显然想要重复 1990 年征服科威特和引发海湾战争的行动。按照当下的行军速度，伊拉克共和国卫队在几天之内就可以穿越科威特边境。

佩里立刻下令驻扎在科威特的一支美军装甲旅前往伊拉克边境。接下来的二十四小时，随着年轻的上尉和中尉不断发来新的卫星照片，国防部长和五角大楼高层愈发感到不安了。多达 10000 名伊拉克士兵已经聚集在了巴士拉周围。这一数字很快又增加到了 50000，其中有些人的营地就在距离科威特边境 12 英里处。美军装甲旅已经赶到，但只拥有 2000 名配备着轻型武器的海军陆战队队员。

美国在该地区还有 200 架战机时刻保持着战备状态，但伊拉克军队却处于优势。克林顿总统命令 450 架战机飞往科威特，还派去第 24 装甲步兵师和来自加利福尼亚彭德尔顿营地的一个海军陆战队分队。“华盛顿”号航空母舰也从印度洋全速驶向红海。然而，这些兵力都无法及时赶到，以阻止伊拉克入侵科威特。佩里和沙利卡什维利面临着科威特边境地区的一小股美军部队迅速被击溃的前景。

两人焦急地等待着下一组卫星照片。当收到这组照片后，佩里和沙利卡什维利长舒了一口气。伊拉克军队突然停下了脚步，其中有些人已经转头重新向巴格达驶去。

好消息是，图像情报或许避免了又一场海湾战争的爆发。凭借这些及时的卫星照片，佩里确定了伊拉克军队所处的位置，并且能够派遣一支装甲旅作为抵御伊拉克入侵的屏障。“如果情报晚来三四天，就太晚了。”他对阿斯平-布朗委员会说道。

不过，这场风波也暴露了情报工作中令人不安的弱点。尽管至关重要的信息及时传递到了国防部长手中，令其能够向科威特边境派出一些进行抵抗的部队，但有着上万兵力的伊拉克共和国卫队完全可以击溃这支装甲旅。佩里能够指望的就是，这支装甲旅能够对萨达姆发挥威慑作用，使他对再度发起入侵的决定三思而后行。幸运的是，威慑奏效了。事后对这批卫星照片的研究表明，显而易见，几个星期以来萨达姆一直在巴格达附近集结兵力，准备对科威特发动又一次入侵。照片显示，向巴士拉进军的伊拉克军队和武装的“细流”很快就将变成一股可怕的“洪流”。中央情报局国家图片解读中心的情报分析师和其他人一样，忽视了这些迹象。

问题不在于缺乏信息：政府高级官员每天都能获得足够多的图像和其他信息。然而，照片本身不会说话，也没有人每天都对这些信息加以仔细的审视，从而注意到伊拉克军队的集结以及发动入侵的可能性。“如果我们对数据进行了更好的分析，我们就可以提前七到十天收到警报。更好的人力情报工作或许能更早地发出警报。”佩里在回顾这场危机时表示。[1]

国防部长想要传达的信息是明确的：在为军事行动提供支持以及搜集与分析情报方面，美国情报界还有很大的改善空间。本章将考察情报机构这一主要使命的强项和弱点。某位中央情报总监曾将其称为“情报业务的绝对本质”。[2]

---

1 约翰逊：《地平线上的威胁：冷战后美国对于安全的追求的内部叙述》，第 219 至 220 页；《国防部长向总统和国会的报告》（*Report of the Secretary of Defense to the President and the Congress*），华盛顿特区：政府出版局，1996 年。

2 赫尔姆斯（Richard Helms）、胡德（William Hood）：《越过肩膀去看：在中央情报局的一生》（*A Look over My Shoulder: A Life in the Central Intel-*

一、情报周期

在此，我们使用“搜集与分析”一词来指代搜集、分析信息并将其传达给决策者的整个复杂的过程。可以通过“情报周期”这一理论构建，来方便地理解这一过程（见图 2.1）。尽管该图是将一个十分复杂的过程过度简化了，但它反映了一份情报报告需要经历的主要阶段。[1] 第一个阶段被称为“规划与指导”。

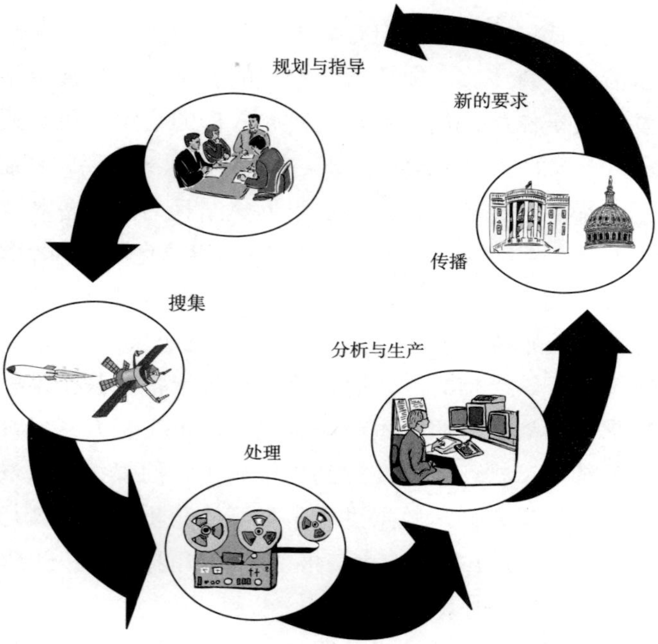

图 2.1　情报周期

来源：《情报资料手册》，中央情报局公共事务办公室，1993 年 10 月，第 14 页

（接上页）*ligence Agency*），纽约：兰登书屋，2003 年，第 234 页。

1　关于情报周期的过于简化之处，见赫尔尼克（Arthur S. Hulnick）：“情报周期出了哪些错？”（What's Wrong with the Intelligence Cycle?），约翰逊主编：《战略情报：情报周期》（*Strategic Intelligence, Vol. 2: The Intelligence Cycle*），韦斯特波特：普雷格出版社，2007 年，第 1 至 22 页。

二、规划与指导

情报周期的起点是至关重要的。除非官员们在确定情报任务的轻重缓急（“要求”或“任务”）时明确地强调了某个潜在目标，否则搜集信息的人员是不会对其加以特别关注的。世界很大，而且充满了混乱，有200多个国家，以及许多团体、派别、帮派、卡特尔和恐怖组织，其中某些与西方国家有着敌对关系。前中央情报总监伍尔西（1993至1995年在任）在冷战结束后曾评论道，美国虽然斩掉了苏联这条“龙”，但“我们如今生活在一个满是毒蛇的丛林里”。[1]正如第一章提到的，有些事情——用情报界的行话来说就是“神秘”——是不可能确切地知道的，例如谁有可能成为朝鲜下一任领导人。相较之下，“秘密”是可以通过技巧和好运的结合加以揭示的，例如中国护卫舰的数量，就是可以通过卫星追踪的。

有些时候，外国敌人（或是国内颠覆者）构成的威胁已是显而易见的，就如同“9·11”事件那样。然而，不幸的是，情报界人员和政府官员——与其他凡人一样——很少能够准确地预测危险在何时和何地会到来。正如前国防部长迪恩·腊斯克（Dean Rusk）所言：“上帝并未赋予人类穿透未来迷雾的能力。”[2]

卢旺达就是一个例子。莱斯·阿斯平（Les Aspin）回忆：“当我（在1993年，即克林顿政府初期）成为国防部长时，在几个月的时间里我都没有考虑过卢旺达问题。接下来的几周，这又成了占据我全部心绪的问题。此后，我突然又再也不考虑这一问题了。”[3]随着情报官员争先恐后地寻找关于卢旺达大屠杀的信息，这个中非国家成为决策者的“当月热点”。这种突如其来的情报目标又被称为“临时目标”。中央情报局前高级分析师马克·洛文塔尔（Mark M. Lowenthal）指出，国际舞台的这些意外事件有时会主宰情报周期，将人们的注意力从已确立的那些有关危险或是机遇的正式目标处转

1 1993年3月6日，伍尔西在参议院情报特别委员会听证会上的证词。

2 1988年2月21日，腊斯克对本书作者的评论。

3 1994年7月14日，阿斯平对本书作者的评论。

移开来。他将这种注意力分散的危险状况称为“临时目标的暴政”。[1]

1979 年的伊朗革命进一步说明了情报分析师在预测未来时面临的困难。一名负责伊朗事务的中央情报局高级分析师回忆称，在革命前夕，

> 我们知道伊朗国王极其不受欢迎，我们也知道将爆发大规模抗议，乃至骚乱。但有多少小店主会采取暴力手段，军队对国王的忠诚又会维持多久？或许军队会射杀 10000 名暴动者，或许是 20000 名。然而，如果暴动者的数量持续增加，那么军队要经过多长时间才会认定国王败局已定？我们及时汇报了所有这些情况，但没有人能够自信地预测有多少持异议者会拿起武器，或者军队在何时会不再忠于国王。[2]

冷战时期，苏联的逆火式轰炸机这一例子则说明，对威胁程度的判断可能无法确定。中央情报局的分析师得出的结论是，根据其规格判断，这架轰炸机是一架中程飞机。然而，国防情报局的分析师指出，如果苏联人以特定的方式驾驶这架轰炸机，即不考虑回程、令其飞行员执行自杀式袭击的任务，那么其活动范围显然能够扩大许多。从国防情报局的观点来看，在这样的情况下，逆火式轰炸机是可以抵达美国的战略武器，而不是仅仅能够在苏联境内执行战术行动的武器。

有时候，分析师结论的分歧是由政治因素导致的。例如，前武器部门主任菲利普·科伊尔（Philip E. Coyle）在五角大楼作证时就表示，当朝鲜在 2009 年未能将一颗卫星发射到预定轨道之后，有的分析师认为，该国的技术能力要比预想的落后得多。但其他分析师则试图“夸大”朝鲜导弹的威胁，以便“吓唬民众”。在科伊尔看来，这些人的目的在于推动耗资巨大且富有争议的反导弹项目。[3]

---

1 洛文塔尔（Mark M. Lowenthal）：《情报：从秘密到政策》（*Intelligence: From Secrets to Policy*），华盛顿特区：CQ 出版社，2014 年，第 76 页。

2 1984 年 8 月 28 日，作者进行的采访。

3 布罗德（William J. Broad）：“导弹威胁的火箭科学”（The Rocket Sci-

在美国，评估威胁性质并确定情报轻重缓急的这一工作被称为“威胁评估”。在每届政府就任之初的那年 1 月份，专家和决策者会定期聚集在一起，确定本国面临的危险。他们会确定各种威胁的优先次序，从最危险（被列为 1A 和 1B 级）到较不危险但仍值得注意（4 级）。0 级则是留给可能需要立即动用武力的危机局势的。[1]

五角大楼向来是最大的情报消费者，当美国处在作战状态时尤其如此。可以理解的是，作战司令——领导美国陆军和海军的四星上将——对于有助于保护其部队和推进美国战争目标的信息总是十分饥渴。这种“对军事行动的支持”往往会主宰美国的情报预算和目标规划。回报可能是巨大的。美国的情报机构曾经错误地预测，萨达姆政权正在研发能够威胁到美国的大规模杀伤性武器。但在美国入侵伊拉克之后，这些机构却有着出色的表现。对战场情况了如指掌，令美军获益良多，他们知道伊拉克所有坦克、飞机、船只乃至战斗巡逻人员所处的位置。这种“主导性的战场意识”在战争史上都是十分突出的。美国在 20 世纪 90 年代初对伊拉克的入侵同样如此。这两次入侵的结果都是胜利。第一场胜利来得十分迅速，第二场胜利则要缓慢一些。此外，美国在两次入侵中都承受了相对其他大型战争而言小得多的人员损失。在这两次入侵中，美国的军力是最重要的因素，但主导性的战场意识同样发挥了重要作用。对于敌军而言，在后冷战时代与美军作战就相当于戴着眼罩与无所不知的超级大国作战一样——至少在战术层面是这样。

约 80% 的美国情报资金与军事事务有关。有人对情报界对军事行动的侧重提出了批评。他们希望看到为外交行动提供支持的情报活动——从世界各地搜集有助于通过外交手段促进美国利益的情报——获得更多资金。也就是说，关注和平甚于战争。

在规划与指导这一阶段，除了威胁评估之外，同样重要的还有

（接上页）ence of Missile Threats），《纽约时报》，2009 年 4 月 26 日。

1 加特霍夫（Douglas F. Garthoff）：《作为美国情报界领袖的中央情报总监（1946—2005）》（*Directors of Central Intelligence as Leaders of the U.S. Intelligence Commu-nity, 1946-2005*），华盛顿特区：中央情报局情报研究中心，2005 年，第 240 页。

关于全球机遇的评估。情报机构应该提供有关威胁和机遇这两方面的信息。无论是就威胁而言，还是就机遇而言，都免不了偏差和猜测，以及未来内禀不确定性所导致的局限。决策者应该将中国列为哪一等级的威胁？伊朗呢？与冷战时期相比对美国的敌意有所减轻，但仍然足以在三十分钟内通过核打击毁灭美国所有大都市的俄罗斯呢？全球气候变暖呢？

在白宫的内阁会议厅里，或是在其他国家的类似场合，关于威胁的轻重缓急次序的争论总是无休无止。这不是一个学术课题。结果会决定数十亿美元的情报搜集与分析资金将用于哪些问题，将在世界的哪些地方安插间谍，将监听哪些电脑和电话，将动用哪些监视卫星，将向何处派出侦察机，执行飞越上空的任务，以及将在何处执行可能致命的秘密行动。在这一过程中，情报官员常常并不知道决策者的“心愿单”是什么。决策者以为情报机构总是可以通过某种方式揣测出自己的意图。解决方案就是：间谍和国家领导人之间应更加频繁地展开讨论，从而确保情报机构完全了解决策者的当务之急。

不同国家对于威胁有着不同的感知。“基地”组织、“伊斯兰国”、其他伊斯兰圣战恐怖组织、伊拉克与阿富汗的暴动者、大规模杀伤性武器的扩散，以及国家支持的网络黑客，近年来被美国和英国列为1A级情报目标。但在许多非洲国家，艾滋病和贫穷是国家面临的最大威胁。在巴西，犯罪处在优先地位。在新西兰，当务之急在于日本渔船对塔斯曼海的入侵。挪威最重视的是在巴伦支海的捕鱼权和俄罗斯在科拉半岛以北倾倒放射性物质及其他垃圾的行为。情报优先事项的不同可能导致西方国家的情报机构在与其他国家分担情报职责时遭遇困难。

在关于威胁和机遇的讨论背后，还笼罩着一个关键问题。多少情报才足够？答案取决于一个国家面对未来愿意承担多少风险，即其领导人希望购买多少“信息保险”。图2.2说明了情报与风险之间的关系。一个国家愿意冒的风险越低，就需要越多情报。与此同时，一个国家搜集的情报越多，成本也就越高，信息超负荷的可能性也就越大，导致这个国家深陷如此大量的数据之中，而无法对全部意义做出分析。同样重要的因素还在于一个国家的全球利益有多大。当被问及美国是否搜集了过多信息时，中央情报总监威廉·科尔比（William E. Colby，1973 至 1976 年在任）回答道："对一个大国而言并非如此。如果我是以色列，那么我会将时间都花在周边的阿拉伯国家上，不会在乎中国发生了什么。但我们是个大国，我们必须关心全世界。"[1]

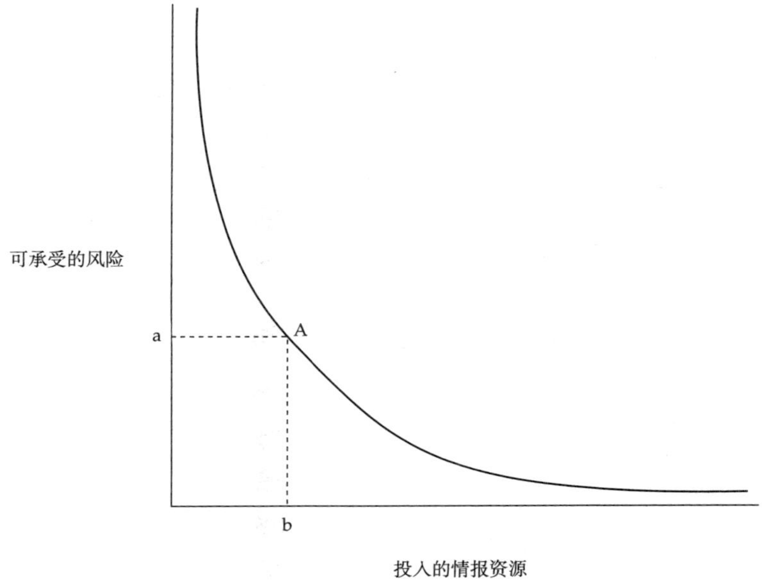

图 2.2 一个国家的风险承受度和用于情报搜集与分析资源多少之间的关系
来源：约翰逊：《炸弹、漏洞、毒品和恶棍：情报与美国对安全的追求》，纽约：纽约大学出版社，2000 年，第 136 页

2003 年，在乔治·特内特（George Tenet）担任中央情报总监时，作为评估情报界任务完成情况的工具，"国家情报优先事项框架"出台了。需要考核的任务包括提出关键的情报目标，以及规划阶段之后情报周期里的其他任务。总统每年、情报界每季度都会对威胁

1 1991 年 1 月 22 日，科尔比对本书作者的评论。

评估过程所产生的情报目标清单进行审查，情报界还会根据全球事态的进展随时对其做出更新。

三、情报搜集与获取情报的手段

情报周期的第二个阶段是搜集，即追逐决策者要求获得的那些信息（以及情报界认为领导人迟早会希望了解的那些信息）。在冷战期间，最为紧迫的情报搜集工作在于苏联军备的地点和能力，尤其是核武器。此举有时候是危险的，苏联及其卫星国曾击落过四十余架美国间谍飞机。冷战期间的情报搜集工作尽管重要，但并不如今天这样紧迫，因为至少当时全世界都明白这样一个事实：全球事务是由两个超级大国之间的两极紧张关系主导的。如今，正如约瑟夫·奈（Joseph S. Nye）和威廉·欧文斯（William A. Owens）所言："随着冷战组织框架的终结，各种影响更加难以分类了，所有国家都希望更多地了解正在发生些什么，为什么会发生这些情况，从而帮助自己更好地决定这些情况的重要性，以及自己应该采取何种应对方式。"[1]

近来，一项对于世界范围内船只和飞机运动情况的分析表明，西方国家的情报机构要想追踪全球运输流动情况——由于船只可能用来装载违背制裁协定的物品乃至运往"不稳定国家"或恐怖团体的大规模杀伤性武器，因此这个问题是至关重要的——是多么困难。2009 年，国家情报总监办公室的一份报告指出，"每年全世界的海洋运输行为包含超过 30000 艘万吨的远洋船只"，此外"全世界还有超过 43000 个飞机场和超过 30 万架处于活动状态的飞机"。[2] 在反

1　约瑟夫·奈（Joseph S. Nye）、欧文斯（William A. Owens）："美国的信息优势"（America' s Information Edge），《外交事务》（*Foreign Affairs*），1996 年 3/4 月，第 26 页。

2　国家情报总监办公室：《全球海洋与空中情报利益共同体首份报告》（*The Inaugural Report of the Global Maritime and Air Communities of Interest Intelligence Enterprises*），2009 年 11 月，美国科学家协会关于政府秘密的项目，

恐阵线上，仅2010年上半年，国家反恐中心就收到了8000至10000份与全球恐怖组织相关的信息，10000个疑似恐怖分子的名字，以及超过40起具体的威胁与阴谋。[1]

为了试图了解这个自冷战终结以后就变得日趋复杂的世界，用英国情报机构的语言来说，情报能够提供“黑暗中的猫眼”，尽管就连富裕的国家也无法通过用于“遥感”的监视“平台”——侦察机、卫星和地面监听站——将全球都覆盖起来。世界太大了，预算又总是有限的。不过，卫星和飞机照片（“图像情报”或“地空情报”）对于国防仍发挥着重要作用。在冷战期间，图像情报曾缓解了两个超级大国的焦虑感。通过使用间谍平台，两大意识形态阵营——超级大国——能够观察对方的军队，珍珠港那样的突然袭击可能性也降低了。正如科尔比所言，对决策者来说，恐惧和无知被事实所取代了。[2]在美国有能力准确地计算苏联轰炸机、船只和导弹的数量之前，华盛顿曾担心莫斯科在军备方面遥遥领先于自己。“轰炸机差距”和“导弹差距”曾在20世纪40、50年代困扰着美国决策者。得益于U-2侦察机和监视卫星的侦察，美国发现两国之间的确存在着轰炸机差距和导弹差距，不过居于优势的一方是美国。美国在武器生产速度上超过了苏联。

曾在克林顿政府、小布什政府担任中央情报总监的特内特（1997至2004年在任）曾提到过他眼中情报工作的基本要素：窃取秘密和分析敌人的能力与意图。[3]每个情报机构各有一套获取秘密信息的手段，例如图像情报或地空情报。在未经专业训练的人员看来，高精度照片上的黑白条看上去就像是早期电视的静止画面，而不是敌军基地里的跑道和机库。此外，还有信号情报，这里指的是一系列针

（接上页）《保密新闻》第89卷，2009年11月9日，第2页。

1 《后“9·11”时代情报界问与答》（*Questions and Answers on the Intelligence Community Post 9/11*），国家情报总监办公室，2010年7月，第3页。

2 1995年4月28日，对阿斯平-布朗委员会做出的评论。作者在委员会调查期间曾担任阿斯平的助理。

3 拉塞尔（Richard L. Russell）：“低压系统”（Low-Pressure System），《美国利益》（*The American Interest*），2007年7/8月，第2卷，第119至123页。

对电子目标——包括电话、其他通信设备和试射时武器发出的数据或雷达发出的数据等电子信号——搜集信息的行动。此外，如前所述，还有人力情报，即使用特工或“资产”来获取情报。

针对每种手段，情报专业人员都发明了从敌人那里获取秘密（例如负责武器研发的科学家笔记本电脑中的内容）的新颖技术。这些方法既包括能够追踪外国军队行动的复杂设备（例如监视卫星），也包括放置在经过训练的鸽子胸部的微型麦克风（这些鸽子会在外国大使馆的窗外栖息）。最好的手段还要数接近外国高级官员的可靠特工人员，无论是一个幕僚、司机，还是情人。

还有一种获取情报的手段是通过公开渠道获取信息，即从图书馆或外国媒体等非秘密渠道搜集信息。在公开领域是否存在着关于德黑兰附近的沙土坚固与否、能否在其上停靠直升机的信息，还是说必须派出情报人员实地打探？1979 年，这是一个重要的问题，当时卡特政府计划救援被困在美国驻伊朗大使馆里的外交官。时任中央情报总监的特纳必须向伊朗派出一支特别情报分队——这是一个危险的举动——以解答这一问题。结果表明，沙土足够坚固，但这项计划最终还是被放弃了，因为美国的救援直升机在飞向德黑兰之前就在沙漠中坠毁了。如今，国家情报总监办公室的开源信息中心会研究早先的情报报告中漏掉了哪些必须通过秘密行动加以获取的信息。

自从冷战结束以来，差不多有 90% 的——有些人认为，多达 95%——的情报报告都是由公开来源的信息构成的，例如来自互联网上伊朗博客的信息，这能够令人深入了解这个秘密的社会。根据这一数据，某些批评人士指出，决策者应该从国会图书馆中获取有关世界事务的信息，并且关闭情报机构，每年省下 500 亿至 800 亿美元的经费。然而，国会图书馆并没有遍布全世界、搜集情报报告中那些秘密（有时候也是最重要的）信息的特工人员。此外，国会图书馆也没有分析外国、整合安全报告、及时将其传达给适当的决策者的丰富经验。

最新、最具技术含量的信息获取方式——通过测量某种特征来获取信息——同样是具有价值的。负责这种方式的主要是国防情报局。这种方式是通过检测各种物质的存在——例如外国核电站冷却塔散发出的可能含有放射性物质的蒸汽——来获取信息。这些放射性物质可能表明存在着一个进行铀浓缩的“热”反应堆。其他化学和生物指标同样能够揭示非法物质的存在，例如垃圾焚烧的烟雾就可能表明存在着神经毒气。1994 至 2008 年，美国能源部的情报机构据说花费了约 4.3 亿美元，用于各国边境地区——尤其是俄罗斯边境地区——的核监测设备。[1]

由中央情报局执行的最著名的技术情报搜集项目，是 1974 年从太平洋底部打捞一艘苏联潜艇的行动，即“珍妮弗计划”。中央情报局官员通过卫星照片意识到，当时正在太平洋上巡游的这艘苏联潜艇失火了，导致它迅速沉到了海底。根据中央情报总监科尔比的命令，中央情报局请求霍华德·休斯（Howard Hughes）协助打捞这艘潜艇。这名古怪的亿万富翁正在太平洋挖掘珍贵的镁矿砂。他拥有一艘能够将钢缆放置到深海里以打捞潜艇的船只“格洛马”号。休斯同意了中央情报局的请求（回报是 3.5 亿美元），打捞工作就此展开。这一戏剧性的尝试只取得了部分成功，由于“格洛马”号的钢缆锯不慎将潜艇切割成了两部分，有一半潜艇又坠回了海中。不过，中央情报局仍然认为打捞起了半艘装载着核弹和先进通信设备的苏联潜艇已经足够令人满意了。不幸的是，“珍妮弗计划”被透露给了媒体。随着苏联海军得知了事发的位置，想要将这半艘潜艇运回美国就不可能了。此次打捞行动的实际成果依然处于保密状态，但知情人士声称这项计划绝对是物有所值。不过，批评者则质问道，为何中央情报局要为了打捞一艘过时的潜艇同意支付那笔“赎金”。[2]

---

1 布隆纳（Michael Bronner）：“当战争结束，就要开始担忧了”（When the War Ends, Start to Worry），《纽约时报》，2008 年 8 月 16 日。

2 关于这一事件，见夏普（David H. Sharp）：《中央情报局规模最大的秘密行动》（*The CIA's Greatest Covert Operation*），劳伦斯：堪萨斯大学出版社，2012 年。当这一行动被泄露给媒体后，彻奇曾表示：“既然我们为了一艘老旧的苏联潜艇准备付给休斯 3.5 亿美元，也就难怪我们快要破产了。”戈德沃特则有不同的意见：“坦率地说，要不是休斯帮忙打捞了这艘潜艇，那我就要疯了。”《波士顿环球报》，1975 年 3 月 20 日。关于搜集情报的各种方式，见洛文塔尔、克拉克（Robert M. Clark）编：《情报搜集的五种手段》（The 5

人力情报和技术情报

情报专业人员对通过人力搜集的情报与通过技术手段搜集的情报进行了区分。后者包括一切通过机器搜集的情报。情报搜集资金的大部分都用在了技术情报上。这部分内容包括地空情报与信号情报卫星，陆地上的国家安全局大型监听装置，U-2、A-12 和 SR-21 等侦察机，以及在“9·11”事件后于伊拉克、阿富汗和其他中东及南亚地区执行任务的“捕食者”无人机。“捕食者”、规模更大的“收割者”和微型（例如像昆虫那么大）无人机对于情报规划者颇具吸引力，因为它们的流动性强，且能够在不危及飞行员的情况下进行间谍活动。当大型无人机装载了导弹后，它们就不仅能够进行间谍活动，还能摧毁出现在它们摄像头里的目标。受到这些技术的吸引，加之“铁五角”中情报游说集团的鼓励，各国都为其建设和部署花费了巨额资金。根据可靠的新闻报道，近来的一项卫星项目耗资达 95 亿美元，而且这还是相对较为简单，只用于白天和天气状况良好时的卫星。[1]

对情报硬件的痴迷在恐怖主义时代仍在继续，尽管面对幽灵般的恐怖分子，这些技术的有效性减弱了。卫星或飞机上的摄像头无法深入中东、西南亚和伊拉克等地“伊斯兰国”成员谋划致命行动的帐篷、土屋或山洞内部，或是深入朝鲜建造核弹的地下洞穴。正如一名情报专家指出的，人们常常“需要知道建筑物里有些什么，而不是建筑物长什么样”。[2] 另外一些情报官员则强调，“技术情报

（接上页）Disciplines of Intelligence Collection），洛杉矶：CQ 出版社，2016 年。

1 杰尔（Douglas Jehl）：“据说新间谍计划包括卫星系统”（New Spy Plan Said to Involve Satellite System），《纽约时报》，2004 年 12 月 12 日。

2 埃莫森（Steven Emerson）：《秘密勇士：里根时代秘密军事行动内幕》（*Secret Warriors: Inside the Covert Military Operations of the Reagan Era*），纽约：帕特南出版社，1988 年，第 35 页。近来解密的卡特政府时期的文件显示，国家安全委员会成员亨泽（Paul Henze）这样评价技术情报搜集方式的局限性：“如今我们通过卫星几乎能够获得实时影像，但关于莫斯科、北京、马德里、阿尔及利亚或是巴西利亚的高层人物心中想些什么，阿拉伯领导人相互之间说些什么，法国选举结果将如何，我们并不比三十年前了解得更多。”《外交政策的组织与管理（1977—1980）》（*Organization and Management of Foreign Policy:*

搜集被用于监视大规模的、广泛分布的目标……”[1] 在应对小心翼翼地隐藏起来的大规模杀伤性武器或是恐怖团体时效用会降低。

不过，有时候，技术情报对于反恐仍能发挥强有力的作用，电话拦截技术和低空飞行无人机所装载的间谍摄像头尤其如此。例如，在阿富汗和巴基斯坦，塔利班和“基地”组织领导人就由于害怕被美国的无人机发现，被迫躲藏起来。正如理查德·巴雷特（Richard Barrett）指出：“与下属及敌人缺乏面对面的接触正在削弱其权威。塔利班领导人由于害怕暴露自己的位置，还不得不放弃使用电话，以及通过较不可靠且较无效率的方式讨论其战略并下达命令。”[2]

与用于技术情报的开支相比，美国年度情报预算中用于外国人力情报的开支还不到 10%。此外，在冷战结束的五年之内，中央情报局在世界范围内案例官员的数量缩减了 25%，减少到不足 800 人。联邦调查局在纽约市的特工人数，比中央情报局在全世界的特工人数还要多。[3] 有时候，信号情报卫星会发现关于敌人的重要信息，例如国际毒枭之间的电话通话记录。地空情报卫星拍摄的照片对于海军舰艇的方位、运送“伊斯兰国”士兵的卡车驶入伊拉克、哈马斯炮击加沙、伊朗建设核反应堆等信息显然是至关重要的。但对于恐怖主义而言，安插在“伊斯兰国”或“基地”组织内部的特工可能会比数个耗资巨大的卫星更具价值。

人力情报的一种方式是通过在非情报身份掩护下开展工作来获

（接上页）*1977-80*），国务院文件，2016 年，第 28 卷，第 321 页。

1 克尔（Richard Kerr）、沃尔夫（Thomas Wolfe）、多尼根（Rebecca Donegan）、帕帕斯（Aris Pappas）：“关于伊拉克的情报搜集与分析：美国情报界的问题”（Collection and Analysis on Iraq: Issues for the US Intelligence Community），《情报研究》，2005 年，第 49 卷，第 47 至 54 页。

2 巴雷特（Richard Barrett）：“是时候与塔利班对话了”（Time to Talk to the Taliban），《纽约时报》，2010 年 10 月 19 日。

3 米利斯（John L. Millis）：“我们间谍部门的成功不是秘密”（Our Spying Success Is Not Secret），《纽约时报》，1994 年 10 月 12 日；科尔（Steve Coll）：《幽灵战争：中央情报局、阿富汗和本·拉登秘史》（*Ghost Wars: The Secret History of the CIA, Afghanistan and Bin Laden*），纽约：企鹅出版社，2004 年，第 317 页。

取情报。与凭借情报人员身份开展工作的人员不同，以非情报身份开展工作的情报人员，在当地是以考古学家、投资银行家或石油钻探者的身份出现的。这是一项艰巨的使命。以非情报身份开展情报工作的人员必须在白天保持伪装，在夜间摇身一变为间谍，招募当地人。此外，他还常常在“腹泻是家常便饭”的偏远地方展开行动。[1]说服中央情报局的中层或高层职员去从事这种艰苦的工作，而不是在全球各地的美国情报设施内舒适地工作，是十分困难的。以非情报身份开展情报工作同样还可能是危险的，因为他在开展工作时并不享有美国政府赋予的豁免权。如果在进行间谍活动时被发现，他就可能被逮捕或是监禁，只有在达成交换俘虏的协议之后——如果这种协议能够达成——才会被释放回美国。

以非情报身份开展情报活动的人员常常会因为这种双重身份而不堪重负，或者他们可能会觉得作为掩护的那份工作要比当间谍提供更丰厚的回报。例如，中央情报局将某个以非情报身份开展情报活动的人员培养成在第三世界某国首都工作的投资银行家。在以白天作为投资银行家、晚上作为间谍的双重身份工作了几乎一年后，他辞职了，然后回到纽约市，在曼哈顿的一家著名金融机构挣到了四倍于中央情报局的薪水，还外加分红。中央情报局对他耗资巨大的培训只收到了有限的回报。

1　2004 年 6 月，泽加特进行的采访。《盲目的间谍活动：中央情报局、联邦调查局与“9·11”事件的起源》（*Spying Blind: The CIA, FBI and the Origins of 9/11*），普林斯顿：普林斯顿大学出版社，2007 年，第 93 页。考虑到偏远地区以非情报身份从事情报工作者面临的危险，要想招募到合适的人员，就需要支付比通常情况更高的薪酬。多份权威报告都表示，以情报身份从事情报工作者享受着舒适和安全的工作环境。科尔比、福巴斯（Peter Forbath）：《值得尊敬的人：我在中央情报局的经历》（*Honorable Men: My Life in the CIA*），纽约：西蒙与舒斯特出版社，1978 年，第 336 页；雷恩拉夫（John Ranelagh）：《中央情报局的兴衰》（*The Agency: The Rise and Decline of the CIA*），纽约：西蒙与舒斯特出版社，1987 年，第 20 页；洛文塔尔：《情报：从秘密到政策》，第 129 页；马泽蒂：“白宫在间谍争夺战中站到了中央情报局一边”；马泽蒂：“巴基斯坦的公敌”（Pakistan’s Public Enemy），《纽约时报杂志》，2013 年 4 月 14 日，第 33 页。

出于这些原因，中央情报局开始避免使用以非情报身份开展情报活动的人员，尽管其他国家在采取这种方式上取得了很大的成功。例如，冷战时期，苏联在纽约市就曾十分仰仗以记者身份开展情报活动的人员。显然，正式情报人员是不可能在使馆举行的鸡尾酒派对上与“伊斯兰国”成员会面的，但在巴基斯坦以非情报身份开展情报活动的人员就可能招募到一个当地的中间人，这个中间人又可能招募到“基地”组织或塔利班的行动人员。不过，使馆举行的派对仍然可能是有用的，情报人员在这些场合可能招募到来自主要目标国的人员。在冷战期间，情况就是如此。

无论是依靠以非情报身份开展情报活动的人员，还是依靠正式情报人员，人力情报都不是一剂万能药。例如，在越南战争期间，美国招募来向北方渗透的几乎所有“资产”要么被捕，要么被杀了。此外，在朝鲜和伊朗，很难招募到当地间谍，而且即使成功地进行了招募，这些人也常常是不值得信赖的。他们既不是童子军，也不是修女，而是经常会伪造报告、向出价最高者出卖信息，伪装成假的叛逃者，或者是身为双面间谍。在冷战期间，美国在古巴和民主德国的所有“资产”都成了对美国开展间谍活动的双面间谍。[1]

近年来，还有一个人力情报的负面案例。2002 年，曾是伊拉克科学家的德国特工贾纳比（Rafid Ahmed Alwan al-Janabi，代号“弧线球”）说服德国情报机构相信，在伊拉克存在大规模杀伤性武器。通过与德国情报机构的关系，中央情报局也上钩了。只是在伊拉克战争开始之后，贾纳比的忠诚度才受到了德国情报机构和中央情报局的怀疑。事实上，他是个手段高超的骗子。[2]

此外，在秘密特工能够招募外国“资产”之前，还要耗费大量时间——至少七年——对他进行培训。案例官员必须掌握与“资产”打交道这门微妙的艺术，需要通过建立“非常密切的关系”来调动

1 盖茨：《走出阴影》（*From the Shadows*），纽约：西蒙与舒斯特出版社，1996 年，第 560 页；舒斯特（Bud Shuster）：“高科技对阵人力情报”（HiTech Vs. Human Spying），《华盛顿时报》，1992 年 2 月 11 日。

2 “虚假的情报来源‘弧线球’被揭穿”（Faulty Intel Source “Curve Ball” Revealed），CBS 新闻，2007 年 11 月 4 日。

当地特工开展间谍活动，不断获取有价值的信息，并且在危险的环境下坚持过双重生活。[1]

尽管有着这些缺陷，但人力情报仍然能够提供极为有用的信息，冷战期间苏联的军事情报官员奥列格·潘科夫斯基（Oleg Penkovsky）就是一个例子。他不是被美国的情报机构招募的，而是自愿为英国和美国从事间谍工作。为了证明自己的忠诚度，他为美国驻莫斯科大使馆提供了苏联的机密情报文件。然而，美国官员却担心他是苏联派出的诱饵，因此潘科夫斯基起初并未受到信赖。后来，他又尝试向英国驻莫斯科大使馆投诚，军情六处很快就认定他的确自愿从事间谍活动。接下来，美国也接受了他的服务。1962 年，潘科夫斯基提供的信息帮助美国知道了苏联在古巴部署的核导弹的位置。根据他的信息，当时苏联建造的导弹基地常常会出现六角形“大卫星”（Star of David）。

正是由于潘科夫斯基这样偶然出现的成功例子，美国和其他大多数国家并没有放弃对可信赖的间谍“资产”的追寻。在“9·11”事件和关于伊拉克大规模杀伤性武器的情报失误之后，基恩委员会和西尔伯曼-罗布委员会对美国在世界重要地区缺乏“资产”的情况提出了批评。2004 年，小布什总统下令将中央情报局行动官员的数量增加了 50%，这使得中央情报局从事秘密行动的情报人员的数量创下了历史纪录。[2]

前中央情报总监科尔比这样评价人力情报：“你承担不起没有

1　维普尔（Joseph W. Wippl）：“中央情报局和托尔卡切夫对阵克格勃 / 对外情报局和阿姆斯：比较”（The CIA and Tolkachev vs. The KGB/SVR and Ames: A Comparison），《国际情报与反情报杂志》（*International Journal of Intelligence and Counterintelligence*），2010 至 2011 年冬季刊，第 23 卷，第 636 至 646 页。关于情报“资产”与情报官员之间关系的虚构性描述，见魏斯伯格（Joseph Weisberg）：《一名普通间谍》（*An Ordinary Spy*），纽约：布鲁姆斯伯里出版社，2008 年。一名前情报官员称这本书“现实得令人惊讶”。

2　分别见：基恩委员会报告，第 415 页；西尔伯曼-罗布委员会报告，第 410 至 411 页；特内特（George Tenet）、哈罗（Bill Harlow）：《位于风暴中心：在中央情报局的岁月》（*At the Center of the Storm: My Years at the CIA*），纽约：哈珀科林斯出版社，2007 年，第 24 页。

人力情报的代价，因为有时候它可能很有价值。”他补充道，“可能在多年之内都不会有什么成果，于是你就切断了与当地情报‘资产’的联系。由于在十年时间里都一无所获，我们便开始关闭中央情报局在萨尔瓦多和葡萄牙的情报站点。但不久之后，这些国家就出事了。”科尔比的结论是：“我认为时刻需要保留人力情报，这是会收获回报的。记住，特工还能发挥一定的操纵外国政府的作用。”[1]

前中央情报总监（1991 至 1993 年在任）、后来担任国防部长的盖茨也认为人力情报是有价值的。在承认技术情报对于美国了解苏联战术核武器的状况做出贡献的同时，他还补充称“在很大程度上，我们是通过人力情报了解到苏联常规武器的技术特点的”。[2]他还表示，当涉及揣测克里姆林宫的意图时，人力情报也能提供重要的洞见，它能以机器无法做到的方式来揣测对方的意图。一份精心安插的情报“资产”或许能够向外国领导人提出这样的问题：“如果美国做了什么，您会怎么做？”正如前中央情报局情报人员约翰·米利斯（John Millis）所言：“人力情报可以从树上摇下果实，其他情报搜集手段则只能等待果实掉落。”[3]

以古巴导弹危机来说明情报搜集工作遇到的挑战

中央情报局、美国空军和洛克希德公司在 20 世纪 50 年代以创纪录的速度制造出来的 U-2 高空侦察机的飞行员，在 50 年代末、60 年代初已经十分了解古巴的地形。1962 年，被称为“NIMBUS 计划”的先从西至东、再从东至西穿越古巴的行动已经成为常规操作。[4]自从中央情报局在 1961 年 5 月试图通过入侵猪湾的准军事行动推翻卡斯特罗政权的计划以灾难性的结果结束之后，实现古巴的政权更替

1 1991 年 1 月 22 日，本书作者对科尔比的采访。前国务卿腊斯克曾评论：“我很后悔过度依赖技术情报，由此得到的信息是有限的，代价却是牺牲了窃取信息、渗入团体、窃听对话等传统人力情报方式。”《如我所见》，第 560 页。

2 1994 年 3 月 28 日，本书作者对盖茨的采访。

3 1998 年 10 月 5 日，米利斯在中央情报局退休人员协会会议上的发言。

4 霍兰（Max Holland）：“‘照片差距’阻碍了发现古巴导弹”（“Photo Gap” that Delayed Discovery of Missiles in Cuba），《情报研究》，2005 年，第 49 卷，第 15 至 30 页。

一直是肯尼迪政府的一项要务。针对卡斯特罗的破坏和暗杀依旧是华盛顿秘密议程的部分内容，美国对这个距离自己只有 90 英里远的岛国的监视力度也加大了。古巴经历了拉丁美洲唯一一次成功的社会主义革命，成为莫斯科青睐的发展中世界的马列主义国家样板。1961 年底、1962 年初，在中央情报局派驻古巴的间谍中间，关于苏联强化了在古巴行动的传言甚嚣尘上。此时，美国对古巴的侦察行动也变得更加密集了。1962 年 5 月，在猪湾行动的一年之后，每月出动的侦察机数量增加了一倍。随着时间流逝，这一数字还将继续增加。大多数侦察机都是从得克萨斯州的洛克林空军基地和加利福尼亚州的爱德华兹空军基地起飞的。U-2 侦察机可以在 73000 英尺的高空飞行，配备有高分辨率照相机，这是空中侦察技术的一大突破。尽管这款飞机的机翼很薄，机体也很脆弱，很难驾驶，还难以抵御空中的湍流。[1]

中央情报局在古巴的情报人员提供的报告指出，大量苏联军队抵达了古巴。更加令人不安的是，特工发现地面出现了巨大的圆柱形物体，在古巴西部的森林中，苏联正在建设新的营地。美国参议员肯尼斯·基廷（Kenneth Keating）从自己选区的某些古巴裔美国公民那里听到了苏联正在向古巴输送导弹的消息。中央情报局向身在古巴的秘密特工询问这些信息是否属实。大多数间谍并不值得信任，他们提供的说法也是自相矛盾的，常常是捏造的，只是为了继续从中央情报局那里赚钱而随便提供一些“情报”。

然而，一些更加值得信赖的特工也表示自己在古巴发现了反常的动静，例如苏联货船在哈瓦那港卸下了大型物体。作为对此类人

1　关于 U-2 侦察机，见佩德洛（Gregory W. Pedlow）、韦尔岑巴赫（Donald E. Welzenbach）：《中央情报局与 U-2 项目（1954—1975）》（*The CIA and the U-2 Program, 1954-1975*），华盛顿特区：中央情报局情报研究中心，1998 年，第 199 至 210 页。关于 1962 年的导弹危机，见：阿利森（Graham Allison）、泽利科夫（Philip Zelikow）：《决策的本质：解释古巴导弹危机》（*Essence of Decision: Explaining the Cuban Missile Crisis*），纽约：朗文出版社，1995 年；布莱特（James G. Blight）、艾林（Bruce J. Allyn）、韦尔奇（David A. Welch）：《边缘地带的古巴：卡斯特罗、导弹危机和苏联解体》（*Cuba on the Brink: Castro, the Missile Crisis, and the Soviet Collapse*），纽约：万神殿出版社，1993 年。

力情报的回应，中央情报局加大了 U-2 侦察机的侦察力度。但糟糕的天气不期而至，使得侦察行动在 1962 年 8 月的大部分时间都无法进行。和无法预测的天气相比，更加重要的是，国务院反对继续通过 U-2 侦察机对古巴进行侦察。[1] 国务卿腊斯克等人认为，飞行太过冒险了，古巴的常规地对空导弹就有可能击落 U-2 侦察机，从而导致共和党向政府就入侵古巴施加更大压力。在肯尼迪政府内部，谨慎从事的意见占据了上风。直到 10 月 14 日，也就是肯尼迪总统听从国务院的意见，下令停止侦察古巴的整整一个月之后，U-2 飞机再度出动，每天都传回上百张照片。

这些照片很快就被传给了中央情报局国家图片解读中心的专家。照片上的黑白线条在外行看来是难以辨识的，却为专家提供了无可辩驳的证据，表明苏联的确正在古巴建造导弹基地。这些照片令人震惊地揭示了大规模杀伤性武器的存在。中央情报局分析师曾预测，苏联决不会如此鲁莽地将导弹运往距离美国如此近的地方，尽管时任中央情报局局长约翰·麦科恩（John A. McCone）——他在出任情报长官之前是一名成功的加利福尼亚商人——曾做出过与此相反的预测：莫斯科或许会尝试挑衅。在麦科恩看来，赫鲁晓夫或许会尝试通过在靠近北美的地方放置短程核导弹来抵消美国在洲际弹道导弹数量上的优势（据估计差距为 17 比 1）。此外，赫鲁晓夫（Khrushchev）也会尽其所能保护自己的盟友免遭美军的屠戮——猪湾行动表明，美国是可能这样做的。[2]

令人感到不祥的是，U-2 侦察机在 10 月 14 日这天拍摄的照片显示，在圣克里斯托瓦尔附近出现了六角形“大卫星”，如同潘科夫斯基曾提出的警告。事实已经十分清楚，令人不安：苏联采取了在古巴部署导弹的不祥举动。这些中程弹道导弹能够通过核弹头打击美国密西西比河以东的任何目标。

10 月 15 日，中央情报局告知白宫，在古巴存在着精密的苏联大

1　霍兰：“‘照片差距’阻碍了发现古巴导弹”。

2　加迪斯（John Lewis Gaddis）：《如今我们知道：重思冷战史》（*We Now Know: Rethinking Cold War History*），纽约：牛津大学出版社，1997 年，第 262 页。

规模杀伤性武器。U-2侦察机出动的频率进一步提高到了一天数次，以搜寻其他导弹基地。海军和空军拍摄的低空照片提供了补充信息，揭示了存在六角形“大卫星”的地区有着更多导弹拖车、安装器、运载工具和帐篷的迹象。

侦察任务的成果是上千英尺的胶片。后来，肯尼迪总统将部分胶片作为证据公之于众，以证实他对苏联提出的指控。身在古巴的特工从地面发回的报告大多数依然是不可靠的，但证明苏联不当行为的照片却是不可辩驳的。这些照片确定了全部42枚苏联导弹的位置，还证明了伊尔-28中程轰炸机、米格-21战斗机防空导弹发射装置以及在战场上使用的火箭炮的存在。

U-2侦察机拍摄的照片给总统带去了利好消息。中央情报局资深分析师将其称为“辉煌的一刻”。[1] 照片明确显示，在两周时间内这些导弹无法投入使用。肯尼迪可以抵挡五角大楼要求迅速入侵古巴的压力了，他获得了考虑其他选项的喘息之机。如果美国因害怕古巴的导弹已经可以投入使用，而在危机之初就派出地面部队，那么五角大楼和白宫将发现U-2侦察机拍摄的照片和特工发回的报告之间存在着危险的出入。在冷战结束后，有美国和苏联代表参加的古巴导弹危机研讨会揭示，中央情报局和白宫在当时不知道的是，苏联在古巴共有200多枚战略核弹头，伊尔-28中程轰炸机内装有原子弹，部队数量更是美国的情报机构所估计的五倍之多（40000人，而不是8000人）。此外，在危机初期，克里姆林宫赋予了驻古巴的指挥官在古巴遭到入侵时使用战术核武器和轰炸机的自主权。[2]

回顾这段紧张的日子，前国防部长罗伯特·麦克纳马拉（Robert S. McNamara）表示自己相信入侵古巴将触发核战争，两个超级大

1　肯特（Sherman Kent）：“重新验证一项重要的估算”（A Crucial Estimate Relived），《情报研究》，1964年春季刊，第1至18页。

2　加迪斯：《如今我们知道》，第267页；布莱特、韦尔奇主编：《情报与古巴导弹危机》（*Intelligence and the Cuban Missile Crisis*），伦敦：卡斯出版社，1998年；加特霍夫（Raymond L. Garthoff），《反思古巴导弹危机》（*Reflections on the Cuban Missile Crisis*），华盛顿特区：布鲁金斯学会，1989年，第35至36页。

国对此将进行战略回应——换句话说，就是将爆发摧毁美国和苏联大部分地方的热核第三次世界大战。[1] 古巴导弹危机充分说明了情报对于总统的决策能够发挥多么重要的作用，但这一事件也说明，即使是充分的监视，也可能漏掉重要信息。

加强情报搜集

腊斯克在接受采访时表示："某个决定是出于多个因素的考虑。但首先应该考虑的还是事实，即局势如何。"[2] 在决定海外局势的状况时，任何一种单一的情报都是不够的。成功有赖于多种情报搜集手段共同发挥作用，就如同当所有气缸都点着了火时，发动机的动力最大一样。情报官员有时将各种手段之间的协作称为"百得"式做法：箱子里的每一个工具都可以用来搜寻有用的信息。伍尔西举了朝鲜的例子："朝鲜被看守得如此严密，要想知道那里发生了什么，人力情报就是不可或缺的。人力情报会触发某些信号情报，信号情报又会表明应在何处搜集图像情报。在理想状态下，这些手段会共同发挥作用。"[3]

当冷战在 1991 年结束时，华盛顿曾试图削减国防和情报预算。有人认为，可以将某地的情报搜集能力搬运至新爆发危机的场所。其他人则坚持认为，情报工作必须覆盖全球，只有这样才能对潜在的危机有备无患。这场争论最终使得大多数参与者得出了这样的结论：节省资金是重要的，某些技术情报搜集系统的确可以从一个热点转移至另一个热点，但分析师是不能这样转移的。此外，以拉丁美洲为专长、会说西班牙语或葡萄牙语的情报官员，在喀布尔或伊斯兰堡可能就难以有效开展工作。因此，就人力情报而言，情报界需要覆盖全球的情报能力，而无人机、监听设备和卫星可以在不同场所之间进行调度。

关于情报搜集行动的调查数据和案例研究都表明，针对恐怖分

---

1 1985 年 1 月 24 日，本书作者对麦克纳马拉的采访。

2 1964 年 1 月 12 日，戈德曼（Eric Goldman）对腊斯克的采访，佐治亚大学拉塞尔图书馆；腊斯克：《如我所见》。

3 1993 年 9 月 29 日，本书作者对伍尔西的采访。

子、毒贩和武器贩子，人力情报的作用尤为重要。[1] 技术情报和人力情报工作都有很大的改善空间。技术情报搜集工作必须不断克服对手在欺骗和反制方面取得的进展，例如将自己的军事设施伪装起来，或是将电话加密。[2] 人力情报工作更是亟须改革。就连人力情报的支持者也对于其有效性持严重的保留态度。一名专业情报人员的结论是："美国的秘密工作即将破产。"众议院常设情报特别委员会则警告称，由于管理不善，人力情报工作正"面临绝境"。[3]

人力情报工作的改革议程，包括以下要点：

· 增加关键地区工作人员的人数，尤其是以非情报人员身份开展情报工作的人员数量。

· 为扭转科尔比所称的"'掩护'这层浮冰渐渐消融"的局面，在掩护方面进行更多的安排，也就是说，增加国务院、媒体、大学和宗教团体为情报官员提供的假身份和掩护，打消他们对于自身安全受到危害的疑虑。[4] 在西方国家，禁止官方媒体和学术界为情报官员提供掩护的做法依然是有意义的，但其他团体——尤其是海外的美国公司——应该肩负起更多责任。

· 在情报消费者和人力情报管理人员之间召开更多的任务会议。

· 提高情报官员的任职门槛，令这份职业和外交官一样受人尊敬和推崇。

· 改善情报官员的语言培训水平，考虑到中央情报局习惯将情

1　约翰逊："评估'人力情报'：外国特工对于美国安全的作用"（Evaluating "Humint": The Role of Foreign Agents in U.S. Security），《比较战略》（*Comparative Strategy*），2010 年 9/10 月刊，第 29 卷，第 308 至 333 页。

2　里切尔森（Jeffrey T. Richelson）："情报的技术性搜集"（The Technical Collection of Intelligence），约翰逊主编：《情报研究手册》（*Handbook of Intelligence Studies*），纽约：劳特利奇出版社，2007 年，第 105 至 117 页。

3　格雷希特（Reuel Marc Gerecht）："一项新的秘密服务：创造性毁坏"（A New Clandestine Service: The Case for Creative Destruction），贝尔科维茨（Peter Berkowitz）主编：《美国情报的未来》（*The Future of American Intelligence*），斯坦福：胡佛出版社，2005 年，第 128 页；戈斯委员会报告，第 24 页。

4　关于中央情报局与媒体关系的众议院听证会，第 7 页。

报官员在说不同语言的地方调来调去，而不是令其专注在一个地区，这一点显得尤为重要。[1]

·更加广泛地研究其他国家的历史与文化，上述调任制度对这一点构成了妨碍。

·招募更多具有热点地区族裔背景的人员，例如中东和西南亚，鼓励人力情报工作的多样性。[2]

·令与美国驻外使馆的接触更加方便；对于像潘科夫斯基那样志愿从事间谍工作的当地人来说，美国驻外使馆看上去常常像是戒备森严的堡垒，过于依赖防止恐怖分子发动袭击的安检设施。

·减少总部负责人力情报工作的官僚体系的规模，更加依靠小型、灵活、专注于紧要目标的情报机构。

·将招募“资产”的质量而非数量作为提拔重要地区（比如中国和俄罗斯）情报官员的依据。

·鼓励中央情报局的分析部与行动部加强合作，1995 年已经进行了让两个部门在同一地点办公的尝试（后文将对此加以详细探讨），应通过迅速提拔来奖励那些参与合作的人员。

·改善情报界内部对于人力情报的分享状况。[3]

---

1 学习一门外语的美国大学生不足总数的百分之十。一名有经验的中央情报局前情报官员指出：“中央情报局的行动人员并未做好充分准备，他们很少能说流利的外语，对于专业知识和技术也知之甚少。”特纳：《为何秘密情报会失败》（*Why Secret Intelligence Fails*），华盛顿特区：波托马克出版社，2005 年，第 92 页。情报官员在同一个国家待上过长时间，会产生“侍从主义”这一风险，即情报官员“本地化了”，无法再对该国做出客观评估。解决方案是在出现这种迹象时便将其调离，而不是一刀切地剥夺所有人通过在某国或某地区长期任职来充分掌握其语言的机会。此外，由于招募和培养本地“资产”需要花费大量时间，也应该让情报官员在一个地方任职更长时间。

2 卡勒姆（Robert Callum）：“支持情报界的文化多样性”（A Case for Cultural Diversity in the Intelligence Community），《国际情报与反情报杂志》，2001 年春季刊，第 14 卷，第 25 至 48 页。国家情报总监帕内塔在 2009 年 9 月前往阿拉伯裔聚居的迪尔博恩招募情报人员。卡尔（David Carr）：“在一个挣扎中的城市进行投资”（Investment in a City of Struggles），《纽约时报》，2009 年 9 月 21 日。

3 本杰明（Daniel Benjamin）、西蒙（Steven Simon）：《恐怖时代：激

·加强所有有志于挫败恐怖分子、毒贩和其他罪犯的国家与国际组织的情报关系，同时美国应对共享的情报来源进行仔细审查，避免“弧线球”的案例重演。[1]

四、情报处理

在情报周期的第三阶段，搜集来的情报必须被加以解密、解读、翻译或是加工成总统或总理能够轻易理解的形式。这一过程被称为情报处理，即将照片或拦截而来的电子邮件等“原材料”加工成可阅读的形式。

按照前国家安全局局长诺埃尔·盖勒（Noel Gayler）的说法，情报就如同连接喷口的消防水龙带一样涌向大国的首都。每天都有400万份电话、传真和拦截而来的邮件涌入国家安全局，常常带有复杂的密码，或者使用的是难懂的语言。还有上百张卫星照片会传至国家地理空间情报局。这一数字不太可能减少。因为每分钟，全世界都有1000人拨打电话。另一问题在于，国家总是缺少翻译员、照片解读者和破译密码的数学家。难怪在回答美国情报界面临的重大挑战是什么时，麦康内尔会表示，当他担任国家安全局局长时，“我有三大问题：处理情报、处理情报、处理情报”。[2]几乎每个情报专家都同意，在全世界范围搜集信息超出了情报机构处理数据的能力。

在“9·11”事件发生的前一天，国家安全局截获了一段来自“基地”组织嫌疑人员的波斯语通话信息。这段通话于9月12日才翻译完成，此时已为时太晚。这段通话是这样的：“明天是发动进攻的

（接上页）进伊斯兰的反美战争》（*The Age of Sacred Terror: Radical Islam's War against America*），纽约：兰登书屋，2003年，第304页。

1 外部关系是微妙的。对于某些外国的此类机构，必须保持一定距离，因为这其中充满了可疑的动机和行为。即使对于友善的西方国家的此类机构，也需要谨慎对待，因为它们可能遭到了破坏。中央情报局在冷战期间就发现，军情六处高层人员其实是苏联特工（其中有金·菲尔比，第四章考察过此案例）。

2 1994年7月14日，本书作者对一名国家安全局高级官员的采访。

时候。”[1]更加迅速地翻译出这段通话，或许有助于美国各机场在9月11日那天加紧安检措施，从而避免袭击的发生。如今，情报机构搜集的大量信息永远都不会受到处理，而只是在仓库里积上灰尘。据估计，美国的情报机构搜集的信息有90%都不会经过人工处理（尽管会根据“炸弹”、“伊斯兰国”和“基地”等关键词对其进行搜索）。国家安全局拦截的电话通话记录的99%都不会被分析。[2]政府的信息专家也面临着艰巨的挑战，他们需要加快处理源源不断涌来的信息的速度，将信号与杂音、稻米与谷壳区分开来。

美国的信息专家还面临额外的挑战。十七个情报机构的电脑需要整合起来，从而使得各个机构的信息搜集者和分析师相互之间能够更好地沟通。当下各个部门之间的沟通十分薄弱。数据整合工作必须由新设立的情报融合中心完成。这些融合中心是出于反恐目的，在身处反恐前线的州和地方层面上设立的，这些中心的官员可以从华盛顿那里更好地获取信息。此外，在进行这样的机构整合时，还需要确保信息共享的渠道受到防火墙的保护，从而避免敌对情报机构发动黑客攻击。对信息专家而言，这些任务都是艰巨的挑战。因此，许多信息专家宁愿在硅谷工作，也不愿在华盛顿挣政府工资。

五、情报分析

接下来是情报周期的核心阶段——情报分析，即为经过搜集和

1 伍德沃德（Bob Woodward）：《袭击计划》（*Plan of Attack*），纽约：西蒙与舒斯特出版社，2004年，第215页。

2 1998年10月5日，米利斯在中央情报局退休人员协会会议上的发言。一名研究国家安全局和信号情报的著名专家曾指出，国家安全局仅拦截的网络信息就相当于整座国会图书馆文字量的2990倍。国家安全局表示，在这些情报中，只有0.025%受到了分析，但也相当于整座国会图书馆文字量的119倍。艾德（Matthew M. Aid）：“奋战的普罗米修斯：后‘9·11’时代国家安全机构概览”（Prometheus Embattled: A Post-9/11 Report Card on the National Security Agency），约翰逊主编：《战略情报要素》（*Essentials of Strategic Intelligence*），圣巴巴拉：普雷格出版社，2015年，第436页。

处理的信息提供洞见。方法是十分直接的，即雇用聪明人对来自公开和秘密渠道的所有信息加以研究，然后通过书面或口头的形式将结果呈交给决策者。《华盛顿邮报》在2010年曾报道称，情报界每年能够完成50000份报告。[1]如果这些报告无法提供可以信赖的洞见，那么情报周期中此前的阶段都将是徒劳的。

这里有一个坏消息：情报分析师总是会遭遇意外。这是由信息不充分和未来不确定这双重困境所注定的。[2]冷战期间，腊斯克经常建议中央情报总监为情报报告加上审慎的注解："该死的，如果我们事先知道就好了。但如果你想要的是我们最出色的猜测，这就是了。"[3]但不是所有消息都是坏消息。西方国家在提高自身情报能力方面取得了重大进展。例如，美国每年为情报工作投入大量资金，使得官员能够动用世界上规模最大、最为精密的间谍机器。美国由此获得了大量信息，其中多数都起到了增进美国国家安全的作用。

但事情还是会出错的。或许"9·11"事件就是最能说明问题的例子，位居其后的则是情报官员对于伊拉克大规模杀伤性武器状况的误判。看看美国最有威望的情报产品——《总统每日简报》和《国家情报评估》（National Intelligence Estimates，简称NIE）——就能发现，国家安全情报工作是多么容易出错。

《总统每日简报》

在情报界每年准备的上百份机密报告中，《总统每日简报》是最具权威的文件。前中央情报总监特内特曾称其为"我们最重要的产品"，"9·11"委员会主席基恩则称其为"国家秘密的圣杯"。[4]

《总统每日简报》由中央情报局官员在每天早晨提交给总统和

1　普里斯特、阿金："隐秘的世界：超出控制之外"。

2　贝茨（Richard K. Betts）：《情报的敌人：美国国家安全中的知识与权力》（*Enemies of Intelligence: Knowledge and Power in American National Security*），纽约：哥伦比亚大学出版社，2007年。

3　腊斯克：《如我所见》，第553页。

4　特内特、哈罗：《位于风暴中心：在中央情报局的岁月》，第30页；威克斯（Linton Weeks）："难忘的一天"（An Indelible Day），《华盛顿邮报》，2004年6月16日。

少数几位部长及其幕僚。收到《总统每日简报》的人数随政府的更替也会发生变化，在克林顿政府时期多达 14 人，在里根政府时期少至 5 人，在小布什政府时期是 6 人，在奥巴马政府时期则是 8 人。这份文件通常会确定每天早晨讨论的议程，用一位国家安全委员会幕僚的话来说，就是“进一步行动的催化剂”。[1]

《总统每日简报》的格式发生过许多变化，但其核心目标一直有三个：可读性、逻辑推理和忠于消息源。这份文件常常有十五至二十页，用四色纸打印，用图表生动地展现了全球经济动向等信息。《总统每日简报》需要抓住忙碌的决策者的注意力，为其提供关于二十四小时内所发生事件的“当前情报”，对诸如某位年迈的外国领导人的健康状况或是中国某套新武器系统的部署情况等内容做出点评。《总统每日简报》那螺旋式装订的、光彩夺目的页面十分具有吸引力，并且易于阅读。此外，《总统每日简报》还专注于总统议程中最为紧要的那些事务，而不是大众媒体向读者提供的那种新闻大杂烩。这份文件还试图将各个情报机构从全世界搜集来的信息整合起来，这种全来源的信息整合为其读者提供了关于全球动态的“一站式阅读服务”。

伴随着《总统每日简报》的还有普通报纸不具备的另一大功能，针对其 VIP 读者特定问题的进一步的口头汇报。取决于决策者的兴趣和耐心，这一过程可能持续六至六十分钟。总统和其他高级官员有着难得的机会就这份“报纸”的内容提问，并且立刻能得到回应。[2]例如，在克林顿政府时期，共进行过 42 次跟进式口头汇报，中央情报局应这些读者的要求，提交了 426 份额外的备忘录，这些内容的 75% 都是在次日提供的。[3]可见，《总统每日简报》不只是一份文件，这还是一个过程，使得情报官员能够与决策者互动，为其提供有用的辅助信息。正如卡特政府时期的国家安全委员会职员所指出的，

---

1 1984 年 11 月 19 日，本书作者的采访。

2 国防情报局在 1994 至 1995 年的一项研究表明，决策者在阅读《总统每日简报》后共提出过 1300 次问题，其中 57% 当即得到了回答，43% 在事后得到了回答。

3 1992 至 1997 年，本书作者对克林顿政府官员的采访。

这种互动使得“中央情报局人员保持活跃，但最重要的是，这使得他们知道总统在特定的时候对哪些问题感兴趣”。[1]

总统和《总统每日简报》的其他读者有时候会对这份文件的质量提出抱怨。例如，小布什在2000年竞选总统期间就和其他主要竞选者一道收到了《总统每日简报》及口头汇报——自1952年以来，中央情报局就为总统候选人提供这一服务。[2]他发现这些文件没有什么帮助，说道：“好吧，我认为当上总统之后才能看到一些出色的东西。”他没有意识到这已经是情报界的最佳作品。[3]不过，当特内特在20世纪90年代中期担任国家安全委员会的高级情报主管时，他曾表示《总统每日简报》“在大多数情况下都是高质量的。有时候它上面没有惊天动地的内容，但有时候它真的很有意思”。[4]

阿斯平-布朗委员会对于在1989至1995年是否出售M11导弹这一问题的考察，提供了说明《总统每日简报》价值的另外一个例子。报纸上的公开报道充满了含糊其词的说法。[5]但掌握了地空情报和信号情报的情报机构却得出了强有力的证据，表明的确有向巴基斯坦提供了武器部件。此外，人力情报还提供了关于巴基斯坦萨尔戈达导弹复合体内出现“圆柱形物体”，以及在卡拉奇港卸载“不明可疑物”的有用信息。再加上截获的官员之间的通话，船只在卡拉奇港卸载的“圆柱形物体”，以及萨尔戈达导弹复合体内导弹发射器的照片，总统便对这场武器争议有了比普通报纸更多的了解。

1　约翰逊：《美国的秘密权力：民主社会中的中央情报局》（*America's Secret Power: The CIA in a Democratic Society*），纽约：牛津大学出版社，1989年，第90页。

2　赫格森（John L. Helgerson）：《了解总统：中央情报局向总统候选人的汇报（1952—1992）》（*Getting to Know the President: CIA Briefings of Presidential Candidates, 1952-1992*），华盛顿特区：中央情报局情报研究中心，1995年。

3　拉塞尔：“低压系统”，第123页。

4　1994年6月17日，本书作者对特内特的采访。

5　魏纳（Tim Weiner）：“中央情报局长官就开支和间谍活动向参议院保密”（CIA Chief Defends Secrecy, in Spending and Spying, to Senate），《纽约时报》，1996年2月23日。

《国家情报评估》

《总统每日简报》提供的是当前情报，《国家情报评估》则是专注于建立在研究基础上的长期报告。《国家情报评估》提供的是对某个外国或国际局势的评估，反映了整个情报界的总体判断。《国家情报评估》是各个机构各显神通精心搜集与评估的信息的产物。[1]它不限于预测具体事件（《总统每日简报》也经常尝试这么做），其主要职责更在于为总统和其他领导人提供关于外国领导人、正在发生的事件以及外国军事和经济活动的背景研究。许多《国家情报评估》常常会列出某个事件可能的结果，或是探讨可能对美国利益构成威胁或机遇的某个事件的未来路径。中央情报局的一名官员这样评价《国家情报评估》：“它揭示了在任何区域、任何国家、任何情况下将发生什么，尽可能地洞悉未来。”[2]

《国家情报评估》的主题范围

《国家情报评估》有时候源自高级决策者对于评估与预测某些事件和状况的正式要求。但在绝大多数情况下，由情报界自己选定《国家情报评估》的主题——在最近一年，这种情况占到了总数的75%。情报界试图通过这种方式将情报“推”到消费者面前，而不是等待着消费者“拉动”情报。《国家情报评估》的潜在主题包括方方面面，卡特政府时期的情况可以作为一个例子。

· 美苏之间战略核实力的均势；
· 欧洲常规军事实力的均势；
· 中苏关系改善的可能性；
· 大西洋联盟保持团结的前景；

---

1 约翰逊：“美国情报宝石一瞥：《总统每日简报》和《国家情报评估》”（Glimpses into the Gems of American Intelligence: The President's Daily Brief and the National Intelligence Estimate），《情报与国家安全》，2008 年 6 月，第 23 卷，第 333 至 370 页。

2 柯克帕特里克（Lyman B. Kirkpatrick）：“美国情报”（American Intelligence），《军事评论》（*Military Review*），1961 年 5 月，第 41 卷，第 18 至 22 页。

· 发展中国家外债问题的影响。[1]

筹备《国家情报评估》

在筹备《国家情报评估》时，一组情报专家（自 1980 年以来被称为国家情报委员会，名义上归国家情报总监办公室管辖，但实际上位于中央情报局总部内）起初会与情报界的分析师和高级政策官员协商，考察各项提议的价值。做出决定后，国家情报委员会就将决定哪个情报机构最适合这一话题的研究，并为其列出研究目的的纲要，要求他们在截止日期之前提交相关事实和洞见。这份纲要被称为“委托范围”。国家情报委员会的一份文件解释称：“‘委托范围’规定了关键的问题，确定了起草报告的责任，制定了起草和发布的日程。”[2]

作为对“授权范围”的回应，大量数据和想法会从情报界涌向国家情报委员会，并由国家情报委员会中的一名或数名分析师将其打造成一份《国家情报评估》草案。在这一过程中，国家情报委员会继续与各机构的分析师保持对话。自 1973 年以来，国家情报委员会的高级分析师被称为国家情报官员。他们拥有“最好的专业训练、最高的情报诚实度和非常睿智的生活经验”。[3] 十多位国家情报官员被认为是情报分析师中的精华，是从各情报机构、学术界和智库中挑选出来的。当前的国家情报官员包括四名专职情报人员、五名来自学术界与智库的分析师、三名来自军队的情报人员、一名国会议员。国家情报委员会还定期咨询约十五名来自美国各地、通过了安全测试的人员。克林顿政府时期国家情报官员的职责范围包括：非洲、近东与南亚、东亚、俄罗斯与欧亚、经济与全球问题、科技、欧洲、特别行动（这是秘密行动的委婉说法）、常规部队、战略与核项目、拉丁美洲、预警。国家情报官员与国家情报总监手下的国家情报经

---

1 特纳：《秘密与民主：转型中的中央情报局》，第 243 页。

2 《伊朗：核意图与设施》，国家情报委员会：《国家情报评估》，2007 年 11 月，被 CNN 新闻于 2007 年 12 月 2 日引用。

3 肯特：《战略情报：为美国世界政策服务》（*Strategic Intelligence for American World Policy*），普林斯顿：普林斯顿大学出版社，1949 年，第 64 至 65 页。

理密切合作，协调一致，从而将情报界的各种发现都融合为一份提交给决策者的全面的情报报告。

为了改善情报产品的质量，各个情报机构有时候会走出高墙之外，征求学术界和智库专家的意见。情报界咨询外部人士的意见，对《国家情报评估》提出批评的最著名例子发生在 1976 年，他们分成两个团队，分别对一份关于苏联军事意图和能力的《国家情报评估》进行了审阅。[1] 国家安全委员会挑选了这两个团队的人员。A 队由中央情报局自己的苏联专家组成，以哈佛大学俄国史专家、以对苏联强硬立场闻名的理查德·派普斯（Richard E. Pipes）为首的学者组成了 B 队。B 队认为中央情报局对待苏联太过软弱，其自由主义“文职”观点加之学术界天真的武器控制专家的影响，使得这份《国家情报评估》低估了苏联征服世界的计划。在 B 队看来，苏联在隐秘地寻求率先打击的制胜战略，并很有可能取得成功，而不是试图与美国和平共存。B 队指责中央情报局误判苏联的军费开支，由此低估了红军及其大规模杀伤性武器的实力。A 队则指控 B 队夸大其词。

利用外部人士展开“竞争性分析”的结果就是，中央情报局修改了关于莫斯科意图某些乐观的结论，使用了与 B 队预测值更加接近的关于苏联军力的数据。尽管如此，两个团队在苏联的动机这一问题上依然存在巨大分歧，一方更加乐观，另一方则更加悲观。这场争论或许对情报界的声誉造成了伤害，其判断的可靠性遭到了质疑。尽管如此，对于中央情报局的内部分析师而言，让外部专家对自己的观点进行检验这种做法仍然是健康的。不过，挑选一群持有特定政治见解的人士，不如挑选更加中立的权威人士。

在《国家情报评估》的起草过程中，国家情报官员会将初稿返还给进行研究的各个情报机构，开始交互编辑的过程，由各个机构的专家共同打造出最终版本。一名分析师对这一编辑过程做出了痛苦的回忆：“这就像是一次又一次地进行博士论文答辩。”[2]

---

1 卡恩（Anne Hessing Cahn）：《终结缓和的关系：右翼抨击中央情报局》（*Killing Detente: The Right Attacks the CIA*），宾夕法尼亚：宾夕法尼亚州立大学出版社，1998 年。

2 内森（Ron Nessen）对中情局退休分析师库珀（Chester Cooper）的采访。

国家情报委员会将会对每份《国家情报评估》的数据和结论做出评判，然后把这份文件提交给国家情报理事会做进一步审阅。国家情报理事会由情报界的高级代表组成，其主席是国家情报总监，在将《国家情报评估》提交给高级决策者之前，拥有最终决定权。在过去，国家情报理事会有时候会不喜欢某份《国家情报评估》，于是就不会将其提交给决策者，而是自己撰写一份同一主题的报告。这种做法比较少见，而且带有导致《国家情报评估》变得过于个人化乃至政治化的危险。[1]不过，有时候国家情报理事会的意见可能是正确的，国家情报委员会的意见却错了。中央情报总监麦科恩对某份《国家情报评估》预测苏联在60年代不太可能在古巴部署导弹的结论表示反对，就是这方面的一个例子。当然，最好的方式还是信赖经过良好训练和富有经验的分析师，然后当国家情报理事会有不同意见时，再由异议者向决策者提交一份单独报告。

《国家情报评估》繁重的起草工作大多由初级分析师完成。这些专家每天都会对大量相关信息进行研究。国家情报官员则需要与撰写《国家情报评估》的各个情报机构保持联系。显然，《国家情报评估》的语言基调至关重要，其透露出的自信程度（非常、一般或较低）尤其如此。国家情报官员必须小心谨慎，用证据来说话，每份文件的摘要部分尤其应该如此。忙碌的决策者或许只会阅读这一部分内容。因此，摘要需要留有余地，从而避免结论过于简单。

异议问题

如何在《国家情报评估》中反映异议，这是个格外微妙的问题。关于世界事务，各个情报机构有时候有着截然不同的视角。军事情报机构总是将事情想得尽可能地坏。批评人士指出，这种做法的结果就是，国防部和军工复合体通过向分析师施加压力，令其用可怕的威胁来恐吓美国公民和国会议员，从而为自己争取巨额军事预算。反过来，军事情报官员常常认为中央情报局和情报研究局过于“文

1　加特霍夫：《作为美国情报界领袖的中央情报总监（1946—2005）》，第153页。

职”，无法理解外国军事威胁的真正性质。

如果目标都在于尊重事实，而不是出于政策偏见，情报机构之间不同观点的冲突可以是健康的。分析师之间的争论可以为决策者提供不同的观点，而不是其最低共识。有时候，《国家情报评估》将这种分歧过于淡化了，以至于决策者无法掌握必要的全部信息。国家情报委员会的一名副主任认为《国家情报评估》是“折中与含糊其词的产物”。[1] 此外，当不同意见被纳入《国家情报评估》时，它有时候也会被降低到脚注这样不引人注目的位置。最为出色的国家情报委员会成员会谨慎地让不同意见在《国家情报评估》中得到充分表达，而不是将其隐藏在脚注中——尽管这样做的原因可能只是避免这些机构因为自己的意见遭到了忽视而心生怨恨。有些提出不同意见的情报机构坚持要在《国家情报评估》中强调自己的观点，常常是以读者容易注意到的文本框的形式，并且被置于摘要部分。这种做法能够有效地鼓励争论。

内部关系挑战

情报管理者的另一职责在于确保国家情报官员和其他情报分析师与情报消费者保持良好的关系。“困难不只在于在充满变数、不确定性和蓄意欺骗的世界中预测未来，还在于说服预测者相信预测是可靠的。”一名情报人员写道。[2] 经验表明，除非决策者了解和喜

1　特雷弗顿（Gregory F. Treverton）：“情报分析：在政治化和无足轻重之间”（Intelligence Analysis: Between Politicization and Irrelevance），乔治、布鲁斯（James B. Bruce）主编：《分析情报：起源、障碍和创新》（*Analyzing Intelligence: Origins, Obstacles and Innovations*），华盛顿特区：乔治敦大学出版社，2008 年，第 102 页。

2　赫尔尼克对福特（Harold P. Ford）《预测性情报：国家情报评估的意图和问题》（*Esmative Intelligence: The Purposes and Problems of National Intelligence Estimating*，纽约：美利坚大学出版社，1993 年）一书的书评。约翰逊曾解释称为何总统不愿听取情报官员的汇报：“我小时候在得克萨斯养了一头奶牛，我经常去挤牛奶。有一天，我挤了一大桶牛奶，但一不留神，奶牛把桶踢翻了。情报人员做的是同样的事情。你制定了良好的政策，他们却将其推翻了。”盖茨：《走出阴影》，第 566 页。

欢某位国家情报官员或汇报者，否则他就不太可能关注《国家情报评估》。消费者与生产者之间的良好关系也会使得分析师更好地理解决策者需要哪些信息，从而减少情报报告不对决策者胃口、只是“自说自话”的风险。[1] 然而，过于亲密的关系也会有损情报机构的客观性，带来将情报工作政治化的危险。

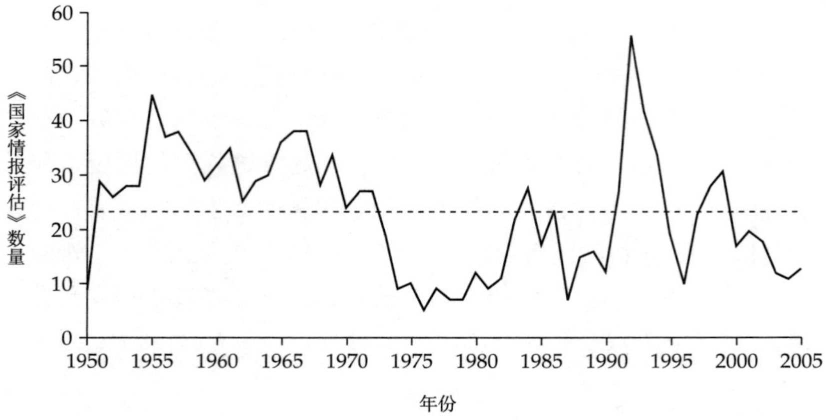

图 2.3 1950 至 2005 年，每年生产《国家情报评估》的频率

来源：中央情报局，2006 年

1 约翰逊：《地平线上的威胁：冷战后美国对于安全的追求的内部叙述》，第 92 页。约翰逊：“新时代的情报分析”（Analysis for a New Age），《情报与国家安全》，1996 年 10 月，第 11 卷，第 657 至 671 页。这篇文章主张在政策部门内多安置外部关系人员，以便告知分析师，政策部门的关注点何在，这样做能够使得情报工作更适合决策者的需要。有时候，决策者会认为情报界的工作成果并不重要。对此，前情报官员休斯（Thomas Hughes）曾打趣称：“年复一年，这些家伙都会忧心忡忡地找我，做出战争即将爆发的糟糕预测。我每次都对此置之不理。我这样做也只错了两次罢了。”休斯还评论称：“分析师本可以无所作为，这样他们的声誉和生涯也不会受到损害。”休斯：《凡人世界中事实的命运：外交政策与情报工作》（*The Fate of Facts in a World of Men: Foreign Policy and Intelligence Making*），1976 年，第 48 页。前国务卿腊斯克（1961 至 1969 年在任）曾回忆，有些情报官员为避免失职的风险，便到处做出危险即将来临的预测：“在过去的三次危机中，中央情报局预测到了八次。”1979 年 10 月 5 日，本书作者对腊斯克的采访。

《国家情报评估》的发布时间与生产频率

《国家情报评估》可能完成得很快，只需四至六周（紧急情况下甚至不到一天）；正常情况下需要两到六个月；最长需要花费三年。根据历史经验，《国家情报评估》平均要花费 215 天，也就是七个月。在危机时期迅速进行的情报研究有另外一个名字——《国家情报特别评估》（Special National Intelligence Estimate，简称 SNIE）。在 1956 年的苏伊士危机期间，情报界在几个小时内就发布了一份关于苏联意图的《国家情报特别评估》。不过，分析师仍希望，能至少用三个月时间来推出一份完整的《国家情报评估》。

1947 至 2005 年，情报界共生产了 1307 份《国家情报评估》，平均每年 23 份。[1] 每年生产的《国家情报评估》的数量有所波动（见图 2.3），这反映了情报官员们的优先事项和政府对于《国家情报评估》兴趣的变动情况。[2] 此外，世界形势的变化也会对《国家情报评估》的必要性产生影响。例如，在战争时期，决策者就可能专注于反映战场情况的实时情报，导致《国家情报评估》退居次要位置。

《国家情报评估》的成败

中央情报局分析部主任谢尔曼·肯特（Sherman Kent）曾这样评价深度分析的目标：“关键在于将碎片综合起来，发现某种有意义的、尽量接近于真相的规律。”[3] 然而，其结果依然只是顶级分析师在讨论之后给出最佳猜测。正如肯特所言：“当你不确知某事时，就进行估计。”[4] 无论预测多么敏锐，也仍然只是预测。这要好于胡乱猜测，因为判断是以专家的调查和知识为基础的，但这距离确定的事实仍相去甚远。

1　感谢中央情报局提供这些数据。这些数据来自中央情报局内部两个独立的来源。

2　来自作者逐年搜集的数据。每年的《国家情报评估》都被归在当年任职时间最长的中央情报总监名下。

3　1963 年 11 月 18 日，肯特给维斯纳（Frank Wisner）的信。

4　肯特：“评估与影响”（Estimates and Influence），《对外服务杂志》（*Foreign Service Journal*），1969 年 4 月，第 17 页。

有时候，《国家情报评估》能够像昂贵的瑞士钟表一样精确；有时候，它又差之千里。《国家情报评估》进行正确预测的例子包括：苏联在世界事务中可能的行为方式（莫斯科可能试图扩张，但会避免爆发大战的风险）；[1]苏联在1957年发射人造卫星；中苏在1962年分裂；中国在1964年试爆原子弹；苏联在冷战期间开发新武器系统；[2]1966至1975年越南战争的进程；1967年中东战争；1971年印巴战争；土耳其在1974年入侵塞浦路斯；1978年中越战争；1978年古巴大规模逃亡浪潮；1979年苏联入侵阿富汗；冷战结束前（1984至1989年）苏联经济的急剧恶化；欧佩克组织的投资战略；世界各国领导人的浮沉；90年代南斯拉夫的解体；1995年“空中恐怖主义”的威胁，这是对“9·11”事件的预言（不过，不幸的是缺少细节）；对入侵伊拉克后将遭遇困境的预测。

冷战期间，情报界的大多数错误都是关于克里姆林宫的意图，而不是苏联拥有何种武器系统。对苏联的武器数量与作战能力的追踪在美苏对抗中是至关重要的，今天在美俄关系中依旧如此。与俄罗斯及其他国家进行的裁军谈判依旧依赖情报机构侦察违反相关协议行为的能力，即所谓验证能力。“信任但要验证”，这是80年代里根政府时期一句著名的裁军口号。

情报分析失误的例子包括：未能预测到1950年朝鲜战争爆发；未能预测到1962年苏联在古巴部署进攻性导弹；空军情报机构在50年代、60年代初曾表示苏美之间存在着轰炸机和导弹差距，但实际上并不存在；在越南战争期间低估了越共通过柬埔寨进行的补给；低估了苏联战略核武器项目进展的速度；对苏联在1956年干涉匈牙利、1968年干涉捷克斯洛伐克，1973年中东战争和1979年伊朗国王被推翻做出了错误预测；未能准确预测1989至1991年东欧剧变和苏联解体，尽管中央情报局比批评者认为更加密切追踪了其经济

1　英国情报界得出了相同的结论。一名领导人曾写道：“发现苏联的战略意图是冷战期间最重要的一项工作。”克拉多克（Percy Cradock）：《了解你的敌人》（*Know Your Enemy*），伦敦：约翰·默里出版社，2002年，第292页。

2　彻奇在1975年曾表示：“在过去二十五年里，从氢弹到最新导弹，苏联的新式武器都被《国家情报评估》预测到了。”

衰退和政治动荡。[1]近来的失误包括：由于人力情报不足，对有限的当地特工审查不足（例如“弧线球”）；对1990年此前低估伊拉克武器能力矫枉过正；2002年对伊拉克大规模杀伤性武器进行了错误的判断。[2]“独狼式”恐怖袭击同样令美国猝不及防，2015年加利福尼亚州圣贝纳迪诺和2016年佛罗里达州奥兰多枪击案都是如此。

总之，《国家情报评估》在预测历史可能的轨迹方面的准确程度是不一的，当涉及极具价值的细节时就更是如此。预测的时间跨度越大，准确性也就越低。参议员弗兰克·彻奇（Frank Church）曾警告称：“中央情报局科技部还未能研发出预知未来的水晶球。尽管中央情报局的确就土耳其入侵塞浦路斯的确切时间提出了警告，但这样准确的预测很少见。大多数时候情况都太难预测了。人类和国家事务内在的反复无常性，对情报预测者造成了巨大的困难。”[3]就预测而言，贝茨同样强调“有些失误是不可避免的”。他敦促“对灾难要更加宽容”。[4]底线在于，信息通常都是稀缺和不明确的，而形势则常常是变动不居的。前情报官员亚瑟·赫尔尼克（Arthur S. Hulnick）建议称：“决策者也许需要接受这一事实：情报人员能够做到的是为其决策讨论提供指导或背景，而不是他们热切期待的预测。”[5]

---

1 约翰逊：《情报机构：敌对世界中的美国情报》（*Secret Agencies: US Intelligence in a Hostile World*），纽黑文：耶鲁大学出版社，1996年。

2 乔治、布鲁斯：《分析情报：起源、障碍和创新》；普菲夫纳（James P. Pfiffner）、菲锡恩主编：《关于伊拉克的情报与国家安全政策：英美视角》（*Intelligence and National Security Policy-making on Iraq: British and American Perspectives*），曼彻斯特：曼彻斯特大学出版社，2008年；克拉克：《情报分析：以目标为中心的方法》（*Intelligence Analysis: A Target-Centric Approach*），华盛顿特区：CQ出版社，2010年，第314至319页。

3 彻奇在1975年曾表示：“在过去二十五年里，从氢弹到最新导弹，苏联的新式武器都被《国家情报评估》预测到了。”

4 贝茨：“分析、战争与决策：为何情报失误不可避免”（Analysis, War and Decision: Why Intelligence Failures Are Inevitable），《世界政治》（*World Politics*），1978年10月，第31卷，第61至89页；贝茨：《情报的敌人：美国国家安全中的知识与权力》。

5 赫尔尼克对《预测性情报：国家情报评估的意图和问题》的书评，第74页。

对于希望获得明确答案而非预测的总统和部长来说，这样实实在在的局限性不是个好消息，但国家安全情报的现实就是如此。但需要再度指出的是，由情报机构仔细地对世界事务进行考察，要好过盲目行动。正如一名中央情报局分析师所言：“经验丰富的一流分析师和预测者常常能够为那些几乎不可知的问题提供深度、想象力和‘体验’，这一点是无可替代的。”[1]

尽管《国家情报评估》在预测未来事件方面远远算不上完美，但它还是能够将关于某个外部事件的可信赖的事实汇总起来。这使得决策者不必再专注于消除选择决策选项时的分歧。前国家安全局局长威廉·奥多姆（William Odom）曾表示：“情报评估有着良性的效果，即使得分析师交流并且共享证据。就算《国家情报评估》不发挥其他作用，它也仍然是物有所值的。”[2] 几乎在五十年前，肯特同样表示，“情报评估的贡献在于，能够激发彻底的争论……”[3]

伊拉克《国家情报评估》争议

2001 年“9·11”事件之后，受困于事态的迅速发展，中央情报总监特内特从来未能抽出时间下令完成一份有关“基地”组织或伊拉克大规模杀伤性武器的《国家情报评估》。白宫也没有下过这样的命令。据说，小布什的顾问担心关于伊拉克大规模杀伤性武器问题的《国家情报评估》会“在所有细节上与政府关于伊拉克问题的说法发生分歧”。[4]

美国政府内部正在就是否向萨达姆政权开战展开争论，不幸的是，当时未能就伊拉克大规模杀伤性武器问题发布一份《国家情报评估》。有关伊拉克大规模杀伤性武器的传言甚嚣尘上，小布什和

---

1 福特：《预测性情报：国家情报评估的意图和问题》，第 49 页。

2 奥多姆（William E. Odom）：《为了美国的安全而整顿情报工作》（*Fixing Intelligence for a More Secure America*），纽黑文：耶鲁大学出版社，2004 年，第 81 页。

3 肯特：“评估与影响”，第 17 页。

4 格尔曼（Barton Gellman）、平克斯：“对威胁的刻画超出了证据”（Depiction of Threat Outgrew Supporting Evidence），《华盛顿邮报》，2003 年 8 月 10 日。

国家安全顾问赖斯（Condoleezza Rice）关于美国领土上空出现蘑菇云的说法更是起到了火上浇油的作用。[1]特内特承认了自己的错误：“关于伊拉克的《国家情报评估》本可以早些启动，但我当时没有意识到有必要这么做。我错了。”[2]

参议员理查德·德班（Richard Durban）和卡尔·莱文（Carl Levin）都是参议院情报特别委员会成员，他们当时就相信《国家情报评估》在关于是否对伊拉克开战的争论中本可以发挥重要作用。他们坚持要求获得一份书面评估报告，并说服参议院情报特别委员会主席鲍勃·格雷厄姆在2002年9月10日那天写信给特内特，要求尽快筹备一份关于伊拉克问题的《国家情报评估》。[3]

特内特回复称，由于还有其他要紧的工作要做，他无法向格雷厄姆要求的那样发布一份关于伊拉克问题的详尽的《国家情报评估》。不过，他承诺会尽快推出一份关于伊拉克大规模杀伤性武器问题的《国家情报评估》。[4]中央情报总监下令通过一份“应急计划”来满足格雷厄姆的要求。三周之后，这份90页的《国家情报评估》被交到了参议院手中。在批评者看来，这份报告过于仓促。一名记者将这份报告称为“中央情报局漫长历史中最糟糕的作品”。[5]这份报告在10月初被提交给了参议院情报特别委员会位于哈特办公楼的总部，特内特将报告的要点告知了该委员会的委员。在回顾这段经历时，格雷厄姆感到中央情报总监似乎是在回避那些与政府意见不一致的、认为伊拉克威胁并不严重的观点。[6]

---

1 格尔曼、平克斯：“对威胁的刻画超出了证据”。

2 特内特、哈罗：《位于风暴中心：在中央情报局的岁月》，第321至322页。

3 特内特、哈罗：《位于风暴中心：在中央情报局的岁月》，第322至323页。

4 格雷厄姆（Bob Graham）、努斯鲍姆（Jeff Nussbaum）：《情报很重要：中央情报局、联邦调查局、沙特阿拉伯和美国反恐战争的失败》（*Intelligence Matters: The CIA, the FBI, Saudi Arabia and the Failure of America's War on Terror*），纽约：兰登书屋，2004年，第180页。

5 魏纳：《灰烬的遗产：中央情报局史》（*Legacy of Ashes: The History of the CIA*），纽约：双日出版社，2007年，第487页。

6 这份《国家情报评估》名为“伊拉克继续推进大规模杀伤性武器项目”（*Iraq's Continuing Program for Weapons of Mass Destruction*）。关于这份文

接下来，格雷厄姆、德班和莱文试图将这份《国家情报评估》解密并公之于众——涉及敏感信息源和情报手段的内容除外。他们在 2002 年 10 月 2 日提出了请求，两天之后，特内特提供了该文件的解密版，仅有 25 页。在格雷厄姆看来，问题在于这一新版本“并未准确地重现几天之前我们收到的那份机密版《国家情报评估》的内容”。[1] 机密版中关于萨达姆对美国及其邻国并未构成迫在眉睫威胁的段落被删去了。在格雷厄姆看来，特内特淡化了原始文件的意义，从而与白宫保持一致，即认为萨达姆对美国构成了巨大威胁。[2] 共和党参议员查克 · 黑格尔（Chuck Hagel）总结称，这份浓缩版《国家情报评估》经过了“篡改”，以满足白宫的政治需要。[3]

原始版《国家情报评估》的“重要判断”一节，直到 2003 年 7 月 16 日才发布（伊拉克战争已于四个月前的 3 月 19 日打响）。直到 2004 年 6 月 1 日，也就是伊拉克战争开始一年多之后，特内特才提供了这部分内容更加完整、但仍经过了删改的版本。在 2004 年 7 月发布的一份报告中，参议院情报特别委员会总结称，《国家情报评估》的“重要判断”一节大部分内容“要么是夸大其词，要么不受潜在情报报告的支持”。[4] 过了很长时间，随着伊拉克战争久拖未结，特内特才在 2007 年出版的一份回忆录中承认，“我们本应表示，情报机构并没有充分证据证明萨达姆拥有大规模杀伤性武器”。他表示自己如今相信，“更加准确和细致的情报发现本可以激发一场更加生机勃勃的辩论，从而更加符合美国的利益”。[5]

（接上页）件的时机和特内特汇报情况，见格雷厄姆、努斯鲍姆：《情报很重要：中央情报局、联邦调查局、沙特阿拉伯和美国反恐战争的失败》，第 179 至 180 页。

1 格雷厄姆、努斯鲍姆：《情报很重要：中央情报局、联邦调查局、沙特阿拉伯和美国反恐战争的失败》，第 187 页。

2 格雷厄姆、努斯鲍姆：《情报很重要：中央情报局、联邦调查局、沙特阿拉伯和美国反恐战争的失败》，第 185 至 189 页。

3 希尔顿（Wil S. Hylton）的采访“愤怒的人”（The Angry One），《绅士季刊》（*Gentleman's Quarterly*），2007 年 1 月，第 21 页。

4 参议院情报特别委员会报告，2004 年 7 月 7 日，第 14 页。

5 特内特、哈罗：《位于风暴中心：在中央情报局的岁月》，第 338 页。

实时情报和研究情报

任何国家都面临这样一个至关重要的问题：应该将多少资源用于实时情报，又应该将多少资源用于《国家情报评估》这样更加深刻的研究情报产品。大多数决策者都更希望收到实时情报，而非研究情报。近年来，美国决策者就仅仅将《国家情报评估》列为收到的第八重要的情报产品。[1]中央情报局前高级分析师洛文塔尔写道，近来情报界“在尽最大的努力强调更短、更具时效性的产品”，这是由于“决策者对更长、更缺乏时效性的产品兴趣降低”导致的。

结果就是，美国情报界80%至90%的分析资源都被用于向决策者说明近期发生和短期内可能发生的事情，也就是“实时情报”。[2]据洛文塔尔表示，情报界已经“不再积累知识了。现在只在乎时效、时效、时效”。[3]不过，一名中央情报局副局长指出，“仍然完成了大量研究情报工作，这并不都是预测性的，而是我们关于某一课题已经知道的知识。就等着某人下达命令：‘是时候完成一份正式的《国家情报评估》了。’”[4]

情报报告的准绳

无论是实时情报，还是研究情报，所有情报报告都应遵循情报分析的基本规范。衡量情报报告优秀与否的首要指标是弄清事实。

（1）准确

1999年，美国喜剧演员杰·莱诺（Jay Leno）曾嘲笑道：“CIA一定是‘弄不清任何东西’（Can’t Identify Anything）的缩写”——此前情报界向北约的一名轰炸机飞行员提供的关于塞尔维亚武器存放地点的坐标，结果却是中国驻南联盟大使馆所在地。（为北约提

1　2006年10月27日，本书作者记录下来的洛文塔尔在加拿大安全与情报研究协会会议上的发言。

2　1997年8月28日，本书作者对中央情报局高级情报经理的采访。

3　2006年10月27日，本书作者记录下来的洛文塔尔在加拿大安全与情报研究协会会议上的发言。

4　2007年6月8日，赫格森对本书作者的点评。

供错误地图的其实是国家地理空间情报局，而不是中央情报局。）多名中国人因此遇难，许多中国人依旧认为那次轰炸是有意为之。[1]显然，情报机构必须提供准确的信息（虽然是有局限性的）。有理智的决策者都不会指望情报界能够洞悉未来。

（2）及时

及时也十分重要。时间飞逝，如果情报报告过于滞后，那么对决策者来说就不会发挥太大作用。结果就可能是这些报告上写满了“时过境迁”的字样。

（3）切题

当亟须处理非洲之角的事务时，决策者不会对关于格陵兰地方选举的情报报告感兴趣。有时候，情报分析师希望根据自己的兴趣点或专长来撰写报告（或许是源自自己的博士论文课题，例如“蒙古的乡村政治”）。

但如果情报分析师在选题方面无法与情报消费者保持步调一致，他们很可能就要丢掉工作了。情报消费者是没有时间阅读他们的报告的。出色的情报报告应该是量身定做的，应对决策者最为紧要的问题。因此，情报生产者和消费者之间亲密的——但非政治性的——关系就尤为重要。这种关系是由相关团队和两个群体之间的定期会晤促成的。

（4）可读性

要想使情报报告易于阅读，需要付出大量努力。例如，彩色印刷的《总统每日简报》，就充满了各种图表和照片，所用纸张也都是高质量的。光是撰写一份内容翔实的情报报告还不够，还必须对其加以“推销”，以抓住忙碌的决策者的注意力。语言必须直白，即使主题涉及经济学，令人免不了动用计量经济学和其他术语，情况也同样如此。决策者对晦涩的内容是没有耐心的，也很少有决策者拥有经济学博士学位。

1　参看外交部网站“美国轰炸中国驻南联盟大使馆事件”专题。——编注

（5）简练

和许多工作繁重的政府领导人一样，美国国务卿乔治·马歇尔（George Marshall）也十分看重简练的报告。当乔治·凯南[1]成为国务院政策规划室主任时，询问马歇尔有何指示。马歇尔回复道：“避免细枝末节。”英国首相丘吉尔也有相同的感受。在赞扬他最为欣赏的一位顾问时，丘吉尔称其为“抓重点先生”。由于这个快节奏的社会十分强调迅速抓住要害，因此那些能够做到这一点的报告撰写者和口头汇报者就能够受到赞扬。正是出于这一原因，如今的《国家情报评估》都必须在保持深度的同时，在一定程度上压缩篇幅。

（6）想象力

优秀的情报分析师会充满想象力地思考敌人会如何损害美国。恐怖组织会对纽约市的摩天大楼发动空中恐怖袭击吗？在“9·11”事件之前这一问题未获得足够的重视，其答案则是可悲的“是”。如今美国境内最薄弱的目标是什么？中国在南海可能的战略目标是什么？俄罗斯在其与东欧接壤的边境可能的战略目标又是什么？导弹击中美国，而华盛顿却无人知道是谁发动了攻击，这种情况发生的可能性有多大？流行病从中国或非洲席卷美国的可能性有多大？环境退化对美国安全利益会造成何种威胁？

（7）合作

美国有十七个情报机构，还具有各种获取情报的方式，出现这种状况不是没有理由的：世界很大，要想搜寻出华盛顿的决策者渴望的信息，就必须具备多种获取情报的手段。然而，碎片化的信息从十七个情报机构涌入决策机构，会令其不堪重负和困惑不已。相反，总统和其他领导人希望这些来自不同源头的信息能够融合起来，形成一份全面的报告。这要求各个情报机构分享自己的成果并对其进行整合。基恩委员会的调查发现，这正是导致“9·11”事件情报失误的薄弱一环。

---

1 可参阅［美］保罗·希尔著、小毛线译：《乔治·凯南与美国东亚政策》，金城出版社，2020 年。——编注

（8）客观

情报报告必须不受政治考量影响，并且试图迎合决策者。这是一项最重要的要求。纳粹德国外交部长里宾特洛甫曾下令，不得提交与元首观点相悖的报道，并暗示任何犯下这一过错者都将遭遇严重的后果。[1] 柏林对纳粹德国各个官僚机构下达的都是此类命令，结果也就可想而知：希特勒及其随从越来越深地陷入自我欺骗之中，无法获得对英国、苏联和美国作战的准确信息。强烈的专业精神使得西方国家的大多数情报官员依靠严格行为准则进行诚实报告。

不过，有时候个别人也会将专业精神弃置一旁，例如前中央情报总监杜勒斯就并未驳斥国防部对苏联轰炸机生产能力的夸大其词，理查德·赫尔姆斯（Richard Helms）则在尼克松政府的压力下，在一份从关于苏联导弹状况的《国家情报评估》中删去了一个段落，以便将美国的冷战之敌刻画得更为凶恶。[2] 不过，将情报工作政治化，更有可能出自情报消费者之手。美国那些更加无所顾忌的决策者可能会挑选符合自己心意的情报报告，或是出于政治考虑，对其结论加以歪曲。

（9）针对性

最后也是最难以做到的一点是，最佳的情报报告需要有针对性，从而帮助决策者采取行动。情报人员常常能够侦察到敌对团体或国家成员之间信息交流数量的增多——例如“伊斯兰国”成员之间的通话数量。此类“流量分析”颇具价值，可以促使更多情报资源集中于特定的目标。此外，对加密信息的破译和对外语信息的翻译同

1　布洛赫（Michael Bloch）：《里宾特洛甫》（*Ribbentrop*），伦敦：阿巴克斯出版社，2003 年，第 167 页。里宾特洛甫一度发誓要射杀任何不同意希特勒观点的官员，见该书第 xix 页。

2　特纳：《阅前即焚：总统、中央情报局局长和秘密情报》（*Burn before Reading: Presidents, CIA Directors and Secret Intelligence*），纽约：海珀里安出版社，2005 年，第 77 页；约翰逊：《美国的秘密权力：民主社会中的中央情报局》，第 63 至 64 页。洛文塔尔表示，“保持与情报消费者的良好关系，同时避免将情报工作政治化，是一项微妙且困难的任务”，见《情报：从秘密到政策》，第 161 页。

样极具价值，这可能揭示敌人确切的袭击计划。简而言之，关于可能发生恐怖袭击的含糊的“机场橙色预警”并没有太大作用。需要的是详细和及时地了解恐怖组织的袭击计划，即获得可以采取行动的情报。情报分析师在报告中必须坦率承认数据的局限性，表明自己对于这些发现持有多少信心。

以上就是优秀情报报告应该具备的品质。此外，尤为重要的是与高层决策者的良好关系。如果情报机构与决策者的关系不佳，那么情报报告就有可能被置之不理。正因此，高级情报官员与高级决策者之间的关系至关重要。前中央情报总监伍尔西很少能与克林顿总统会面并谈论情报工作，威廉·凯西（William Casey）尽管有种种不足，但与里根总统有着良好的关系，因而总是能够充分地了解里根政府外交政策的当务之急何在，这对于情报工作取得成功是必不可少的。情报界常常无法满足上述要求，这或许是因为情报搜集工作不够充分（例如，在越南战争时期，中央情报局就从未做到在北越政府中安插间谍[1]）；或许是由于外语情报和秘密情报的翻译与解密速度太慢；要么是因为情报分析失误；要么是因为决策者对情报报告的使用不当；要么是因为情报官员与高层决策者关系不佳。尽管存在种种挑战，但情报机构必须将提高情报报告的质量作为目标，决策者则必须经常抵挡出于政治目的扭曲情报报告的诱惑，情报生产者和消费者必须建立相互信任的关系，从而提升用于指导决策的情报产品的质量。

就《国家情报评估》而言，它们为决策者做出了很大贡献，但仍存在改进的空间。[2]《国家情报评估》需要更加细致、容纳异议（有

1 赫尔姆斯、胡德：《越过肩膀去看：在中央情报局的一生》。

2 关于改善情报分析工作，见克拉克：《情报分析：以目标为中心的方法》；乔治、布鲁斯主编：《分析情报：起源、障碍和创新》；杰维斯（Robert Jervis）：《为何情报会失败》（*Why Intelligence Fails*），伊萨卡：康奈尔大学出版社，2010 年；约翰逊主编：《战略情报：情报周期》；拉塞尔：《令战略情报更加锐利》（*Sharpening Strategic Intelligence*），纽约：剑桥大学出版社，2007 年；沃顿（Timothy Walton）：《情报分析的挑战》（*Challenges in Intelligence Analysis*），纽约：剑桥大学出版社，2010 年。

时候被情报分析师称为“脚注之战”）、秉笔直书（包括在正文、“重要判断”和“摘要”等章节）。《国家情报评估》的生产水平应该提升（在时任中央情报总监老布什主管的那一年，《国家情报评估》只生产了五期）、篇幅需要缩减（从 100 页减到 30 页）。完成一份《国家情报评估》的时间应缩短至最多六个月，在紧急情况下速度还需要加快。将其办公室从国家情报总监处搬至中央情报局，同样有利于《国家情报评估》（以及《总统每日简报》）的生产工作，毕竟大部分高级战略分析师都身处中央情报局分析部和国家情报委员会，而不是 6 英里之外的国家情报总监办公室。

兼管

长期以来，部分改革者一直认为可以通过加强中央情报局内行动人员和分析师的关系来改善情报分析的质量。行动人员掌握着有关外国的实际情况，因为他们在这些地方以情报人员或非情报人员的身份开展过工作。这使得他们对当地休闲娱乐的情况和各种俚语都了如指掌。分析师同样是精通外国事务的专家，他们也会前往这些国家，但时间稍短。他们的知识主要来自研究。他们通常拥有博士学位，这反映了他们在国际事务方面强大的书本学习能力和研究能力。尽管行动人员和分析师有着截然不同的生涯轨迹和实际经验，但当某个国家或地区成为美国关注的焦点时，他们都能提供有用的相关情报。但在传统上，行动人员和分析师处在中央情报局的不同部门，办公地点不对对方开放。这种情况可能会造成不幸的后果。

例如，在谋划 1961 年的猪湾行动时，行动部对于轻而易举地推翻卡斯特罗政权感到十分自信和热衷，他们认为，一旦美军在古巴登陆，当地人就会对卡斯特罗政权发动起义。但熟知古巴情况的分析师则明白，古巴人不太可能发动起义，他们在 1960 年 12 月的一份《国家情报特别评估》中表示，古巴人爱戴卡斯特罗，会奋力抵抗中央情报局对古巴的入侵。如果与分析师有更加密切的接触，那么行动人员本可获益良多，或许会令这一行动计划更具现实感。然而，肯尼迪总统也没有在意分析师的这一判断。猪湾行动计划负责人理查德·比塞尔（Richard Bissell）对推翻卡斯特罗政权的计划充满热情，认为自己的仕途也将由此获益。他对分析师的疑虑有所耳闻，但并未向总统反映这一情况。[1]

意识到了行动部和分析部在空间与文化上的分歧，时任中央情报总监约翰·多伊奇在1995年开始努力改善它们之间的关系，将这两大部门的部分人员融合到了一起。这种“兼管”的做法效果不一。有时候，两类情报人员之间的个性冲突妨碍了情报共享；有时候，“兼管”的做法取得了预期的效果，即将实地经验与书本知识融合起来，从而提供更具洞见的情报报告。2009年，中央情报局局长帕内塔表示，在未来几年“将进一步融合国内外的行动人员和分析师”，并且表示这是“在反恐和反武器扩散方面取得成功的关键所在”。[2] 2010年，他宣布将成立中央情报局反武器扩散中心，以防止大规模杀伤性武器在全球扩散。该中心将向帕内塔以及国家情报总监下辖国家反武器扩散中心汇报。在这一机构里，行动人员和分析师将“亲密协作”。[3] 帕内塔的继任者约翰·布伦南（John Brennan）在这一方面进一步推动了中央情报局的改革，在中央情报局总部里进一步将行动人员和分析师融合起来。

六、提交

由分析师完成后，情报报告就要提交到决策者手中。情报周期中的这一阶段看起来很简单，但也充满了出错的可能性。一方面，决策者常常过于忙碌，无暇阅读情报界提供给他们的文件。“我每

1 怀登（Peter Wyden）：《猪湾：未讲述的故事》（*Bay of Pigs: The Untold Story*），纽约：西蒙与舒斯特出版社，1979年；施莱辛格（Arthur M. Schlesinger）：《罗伯特·肯尼迪和他的时代》（*Robert Kennedy and His Times*），波士顿：霍顿·米夫林出版社，1978年，第453页。

2 米勒（Greg Miller）：“中央情报局将派出更多海外分析师”（CIA to Station More Analysts Overseas as Part of Its Strategy），《华盛顿邮报》，2010年4月30日。

3 多齐尔（Kimberly Dozier）：“中央情报局成立打击核武器的新中心”（CIA Forms New Center to Combat Nukes ,WMDs），美联社，2010年8月18日。

天阅读情报报告的时间很少超过五分钟。”一名国防部副部长——他还是前罗德斯奖学金得主、哈佛大学教授——在1995年向阿斯平-布朗委员会表示。[1]美国在情报搜集与分析上花费巨资，成果却遭到忙碌的决策者的忽视，这种情况令人困扰。难怪贝茨会总结称：“政府最高层的典型问题不在于错误地使用情报，而在于不使用情报。”[2]当然，错误使用情报的情况也经常发生。例如，领导人会挑选某份报告中合乎自己心意的部分，而无视其他部分。

分析师与决策者之间应保持何种关系，这一向是一个令人关心的问题。如果国家情报官员与决策者的关系过于亲密，就会出现将情报工作政治化的危险：分析师可能会将情报加以扭曲，以便为政策目标提供支持，形成所谓“取悦式情报”。然而，如果国家情报官员与决策者之间的关系过于疏远，他就无法了解决策者面临的问题，就会出现情报报告无的放矢的危险。高明的分析师会小心翼翼地在这二者之间保持平衡，与决策者建立良好的关系，以便了解其当务之急，同时与政治事务保持适当的距离。

围绕着情报官员和分析师是否应该向决策者提出政策建议，还是应该严格地局限于陈述事实和就理想的政策走向发表评论这一问题，展开了一场重要的争论。在1966至1973年担任中央情报总监的赫尔姆斯主张情报人员保持中立。肯特也持有同样的意见，他认为情报官员和决策者之间应该筑起一道高墙。正如赫尔姆斯所言：

> 我的观点是，中央情报总监应该陈述事实。这样一来，他就不会试图塑造、执行或是捍卫某种政策。换句话说，他应该试图维持“游戏”的公平。当你坐在会议桌旁，国务卿正在提出这一建议、捍卫那一建议，国防部长正在捍卫这一建议、提出那一建议，总统有权听到某人这样说：“听着，这不是我所

1　1995年6月1日，约瑟夫·奈在情报委员会的证词。

2　贝茨：“情报新政治：这次改革能奏效吗？”（The New Politics of Intelligence: Will Reforms Work This Time?），《外交事务》，2004年5/6月，第83卷，第2至8页。

理解的事实。”或是：“听着，这样是行不通的。”[1]

但麦科恩（1961至1965年在任）、凯西（1981至1987年在任）等中央情报总监在这一争论中则持有积极主动乃至咄咄逼人的态度。[2]麦科恩在1962年甚至强烈建议入侵古巴。无论是主张情报机构积极介入政治事务，还是主张保持中立，但在实践中情报人员想要完全避开政策争论都是困难的。正如一名高级分析师所言：“如果晚上八点半的时候副国务卿问你：‘你认为我应该怎样做？’你可不能回答：‘先生，这不是我的职责。’你就是不能这么回答。”[3]针对这一困境，伍尔西采取的方式是，在正式场合，置身政策争论之外；在私下场合，如果克林顿总统问起，就说出个人的观点。分析师或情报官员最为重要的责任在于抵抗身居高位者出于政策偏好的考虑将情报加以扭曲的压力。将情报工作政治化是毁灭灵魂的罪过，是情报周期中最为严重的危险。

就2002年的伊拉克大规模杀伤性武器争议而言，时任中央情报总监的特内特有义务告知小布什总统情报报告中存在的薄弱之处。固然，当时美国十六个情报机构中的十三个都得出了伊拉克可能拥有大规模杀伤性武器的结论，但所有情报分析师都知道数据是多么不可靠（“弧线球”那未经核实的估算就是一个例子）。然而，特内特和那份《国家情报评估》都未向总统、国会或公众反映这一情况。如果指出了这些薄弱之处，那么负相应责任的官员可以主张推迟入侵伊拉克，直到获得更加可靠的数据。根据不可靠证据而得出的情报报告为战争铺平了道路——尽管无论情报机构的结论如何，小布什政府都有可能对萨达姆政权动武，因为政权更替就是这些决策者的目标。

---

1 1990年12月12日，本书作者对赫尔姆斯的采访。约翰逊：“情报长官赫尔姆斯”（Spymaster Richard Helms），《情报与国家安全》，2003年秋季刊，第18卷，第24至44页。

2 肯道尔（Willmore Kendall）：“情报的功能”（The Function of Intelligence），《世界政治》，1948至1949年，第1卷，第542至552页。

3 2008年3月27日，诺尔特在国际研究协会会议上的评论。

英国应对有关伊拉克大规模杀伤性武器的不可靠数据的方式也有失妥当。英国首相的通信主任向英国公众传递了这样的印象：伊拉克拥有可以打击英国本土的大规模杀伤性武器。然而，军情六处的报告只是指出，伊拉克可能拥有战术性大规模杀伤性武器，这种武器可能在伊拉克战场上被用于对付入侵的英军和美军。无论是英国首相，还是军情六处局长，都从来没有纠正这一错误的印象，这促使英国民众由于害怕萨达姆拥有能够打击伦敦和其他英国城市的核武器与生化武器而支持入侵伊拉克。[1]

七、继续改善情报搜集与分析工作

尽管许多情报官员和决策者都希望促使情报周期运转得更加顺畅，但关于情报界是否能够提供有用的信息，依然存在着严肃的疑问。尽管每年都为情报搜集与分析工作投入了巨额资金，但许多情报消费者依旧发现这些产品质量欠佳。“我们从来不使用中央情报局提供的东西。”一名美国前大使和助理国务卿回忆道，“这些东西毫无用处。”[2] 参议院情报特别委员会在 20 世纪 80 年代对情报消费者进行的一项调查显示，情报界的分析工作质量受到了普遍质疑。参议员丹尼尔·帕特里克·莫伊尼恩（Daniel Patrick Moynihan）对于中央情报局未能预测到苏联解体这一失误的严厉指控尤为著名。[3]

---

1 “《巴特勒报告》的发现”，休斯、杰克逊、斯科特主编：《探索情报档案：探访秘密国家》，第 12 章。

2 1987 年 1 月 21 日，希伦布兰对本书作者做出的点评。里根的国务卿舒尔茨在其回忆录中犀利地总结称：“我对情报界没有信心……我遭到过误导、欺骗和隐瞒。”伊朗门丑闻等事件，使他得出了这样的结论：“中央情报局的分析被强烈的政治观点扭曲了。”舒尔茨：《动荡与胜利：作为国务卿的经历》（Turmoil and Triumph: My Years as Secretary of State），纽约：斯克莱布纳出版社，1993 年，第 864 页。

3 默伊尼恩：“我们还需要中央情报局吗？国务院可以取代它”（Do We Still Need the CIA? The State Department Can Do the Job），《纽约时报》，1991 年 5 月 19 日。

在“9·11”事件发生前的几个月，中央情报局和联邦调查局的反恐行动屡屡犯错，从未能对某些外国人试图接受大型商用客机的驾驶训练这一可疑行为进行调查，到未能追查那些在2001年初入境美国、后来又加入其他劫机者的已记录在案的恐怖分子。[1]情报机构的错误在2002年变本加厉了，在伊拉克大规模杀伤性武器这一问题上的情报搜集与分析工作也十分糟糕。这方面的例子包括：轻信“弧线球”及其他当地特工提供的信息；轻信在华盛顿为开战而进行游说的伊拉克流亡团体；对于萨达姆是否从尼日尔购买了大量铀精矿困惑不已；匆忙得出结论，认为在伊拉克沙漠里发现的消防车表明伊拉克拥有生物武器；美国空军坚信某些无人机只是常规侦察设备，其他情报机构却认为这些无人机装载着大规模杀伤性武器；根据过高的推测来判断伊拉克大规模杀伤性武器项目的进展程度，对1990年犯下的低估错误矫枉过正；轻信萨达姆声称自己拥有大规模杀伤性武器的吹嘘之词，而不考虑他只是试图以此来威慑伊朗、令其不敢轻举妄动这种可能性（事实也的确如此）。情报机构犯错的例子还能举出很多。[2]

然而，尽管情报机构屡屡犯错，甚至经常爆出丑闻（见第五章），情报界还是为决策者提供了颇有价值的信息和洞见：从苏联和中国武器的确切位置，到外国外交官谈判立场的具体细节。阿斯平–布朗委员会对冷战以来情报界取得的成就进行了总结。[3]

· 发现朝鲜的核武器项目；
· 阻止放射性物质被卖给“不稳定国家”；

---

1 “9·11”委员会报告；格雷厄姆、努斯鲍姆：《情报很重要：中央情报局、联邦调查局、沙特阿拉伯和美国反恐战争的失败》；迈尔（Jane Mayer）：《阴暗面》（*The Dark Side*），纽约：双日出版社，2008年；泽加特：《盲目的间谍活动：中央情报局、联邦调查局与“9·11”事件的起源》。

2 休斯、杰克逊、斯科特主编：《探索情报档案：探访秘密国家》；杰维斯：《为何情报会失败》；约翰逊：“加强美国情报工作的框架”（A Framework for Strengthening US Intelligence），《耶鲁国际事务杂志》（*Yale Journal of International Affairs*），2006年2月，第2卷，第116至131页。

3 阿斯平–布朗委员会报告，1996年3月1日。

· 揭露大规模杀伤性武器的非法买卖；

· 为中东的军事行动提供支持；

· 用可靠的信息为许多国际谈判提供支持；

· 帮助破坏了包括哥伦比亚卡利贩毒集团在内的贩毒组织；

· 挫败了各种恐怖主义行动，包括抓获“豺狼”卡洛斯（Carlos）、1993 年世贸中心爆炸案主犯和秘鲁“光辉道路”组织领导人；

· 为全世界的维和行动提供支持信息；

· 揭露并挫败了外国的暗杀企图；

· 揭露了不公正的全球贸易行为，从而提高了美国公司在发展中国家取得成功的机会；

· 揭露了某些国家违反贸易制裁的行为，就外国金融危机迫近发出警告；

· 在全世界搜集关于践踏人权的案例，就生态问题和人道主义危机发出警告。

这还只是 1992 至 1995 年的成就。此后，美国的情报机构又取得了许多成果，包括：抓捕或是杀死在巴基斯坦的“基地”组织领导人（包括本·拉登）和在叙利亚、伊拉克和利比亚的“伊斯兰国”领导人；在索马里、也门等地追踪、打击与“基地”组织、“伊斯兰国”相关的其他恐怖团体；为伊拉克战争和阿富汗战争提供支持；监测国内外的各种自然灾害。

美国及其他西方国家和它们的敌人一样，也会继续试图改善对于世界事务的认识。就情报搜集而言，这意味着为技术平台和特工花费更多资金，从而促使世界变得更加透明；就情报分析而言，这意味着继续寻找最为聪明和有思想的公民，令其从事情报分析工作，这些人应该是聪明、敬业、爱国的，他们能够帮助决策者更好地认识正在发生的历史，尤其是觉察到那些危险的威胁。

要想取得成功，各国情报机构之间通过“改善外国情报关系”或“责任共享”来加强合作将是至关重要的。世界太大了，任何西方国家都无法独自对威胁和机遇加以监控，它们需要加强合作。正如“弧线球”的例子表明的，“责任共享”可能是危险的。所有国家都必须谨慎地审查从别国获得的信息。此外，正如美国和巴基斯坦的关系表明的，各国有着不同的议程。巴基斯坦向华盛顿提供了许多关于本国与阿富汗边界山区处“基地”组织和塔利班活动的情报。但巴基斯坦情报机构同样试图针对美国展开双面间谍活动，某些伊拉克情报官员也与塔利班乃至“基地”组织有着密切的私交和意识形态联系。[1]

尽管需要保持谨慎，但美国和其他西方国家从共享情报中仍然能够获得更多利益。恐怖主义、贩毒、国际犯罪和大规模杀伤性武器的扩散等共同敌人，应该能够激励各国共享各自的情报搜集与分析能力。

1 例如，戈德曼（Adam Goldman）、阿普佐（Matt Apuzzo）：“中央情报局和巴基斯坦展开激烈的间谍战”（CIA and Pakistan Locked in Aggressive Spy Battles），美联社，2010 年 7 月 6 日。

第三章　秘密行动

——塑造历史的秘密企图

两名年轻男子分别站在托架的一端，托架上展示着一幅尺寸过大的图表。一人扶着图表，另一人则不时地指点图表上起起伏伏的红色线条。

在他们附近坐着一名壮实的50岁男子，他正在朗读一份声明。他吐字十分清晰，视线很少离开手中的文件。他的声音在身前的桌子上发出了单调的回响。一道灰烟从桌上的烟灰缸慢慢地向天花板飘去。这三个人都身着经过浆洗、带有旧式领子的布鲁克斯兄弟牌领结的白色衬衫。他们看上去就像是向董事会汇报年度销售数据的营销顾问。

然而，“董事会”对图表表明的营利或亏损却意兴阑珊。这个房间也与公司总部截然不同，优雅而宏大，耸立着古希腊式木柱，墙壁上点缀着胡桃木镶板，天花板中央一顶巨大的吊灯闪闪发亮。从覆盖着尊贵的紫色窗帘的宽敞窗户看出去，院子里的喷泉将水柱高高地射入早晨那寒冷的空气之中。这并非某个产业园，而是美国参议院著名的拉塞尔大楼。这座大楼是以来自佐治亚州的民主党人理查德·布雷瓦德·拉塞尔（Richard Brevard Russell）的姓氏命名的。1971年去世前，他一直是国会中首屈一指的国家安全专家。

房间里最显眼的是一把U形长椅，其两端正对着那三名男子，就仿佛他们被磁场吸住了一样。在凹形区域里坐着一名速记打字员，她的手指轻快地敲击着键盘。两名年长的议员坐在长椅的一头，他们都是参议院情报特别委员会成员。他们听着那名男子关于中央情报局准军事行动的汇报。这名男子是中央情报局行动部副主任，他负责向国会提交相关情况的报告。两名参议员中的一名把脑袋靠在手臂上，很快就睡着了。另一名参议员是参议院情报特别委员会主席，他用空洞的目光注视着汇报人，不时地点点头，不时地偷偷瞥一眼手表或是摆在前方的报纸。

这既不是中央情报局情报部副主任第一次面对议员漠然的目光，也不是他第一次遭遇对方打盹的情况。他的职责就是汇报中央情报局的最新行动，国会对此反应如何不是他关心的。他清了清喉咙，提高了声音，与其说是为了引起听众的注意，不如说是如释重负的表现。“自冷战初期以来，准军事行动一直是我们的一项重要行动。”他说道。

他的语气变化，唤醒了那名打盹的参议员。“国会行动？！”他咆哮道，“你们这些家伙可不能跟国会胡闹，我是不会允许的！”

房间里安静了下来。速记打字员停下了手指。副主任张大了嘴巴，盯着参议院情报特别委员会主席。

“参议员先生，这次汇报的主题是准军事（paramilitary）行动，而不是国会（parliamentary）行动。”主席轻声说道。

“哦，好吧。”睡眼惺忪的参议员清了清喉咙。他摸了摸自己的耳朵，说道：“好吧。不过，你们可得离国会远一点，听到了吗？”发出警告之后，他便起身离开了房间。主席点了点头，副主任开始继续进行汇报。[1]

这则发生在20世纪50年代的轶事，如今还在朗利被津津乐道。无论是真是假，事实都是：秘密行动——尤其是准军事行动——常常引发年迈议员们的担忧、警惕乃至惊慌。在所有情报使命中，秘密行动是最常激发热情的一个。批评者认为，与其他“黑暗艺术”相比，秘密行动更加玷污了中央情报局乃至美国的声誉。

一、作为情报使命的秘密行动

（一）法律支柱

在美国，秘密行动有时被中央情报局内部人员称为“静悄悄的

1 约翰逊：“中央情报局的问题永远不能得到迅速解决”（It’s Never a Quick Fix at the CIA），《华盛顿邮报》，2009年8月30日。

选项”。该组织常常通过这种方式来解决美国的海外问题。（俄罗斯人将其称为“积极措施”。）这一表述源自一个成问题的假设，即与海军陆战队相比，秘密行动不那么喧闹和显眼。有时候固然如此，但1961年猪湾行动或是“9·11”事件之后对塔利班采取的行动，可一点都不“静悄悄”。秘密行动又被称为“第三选项”，即介于外交和公开战争之间的选项。正如尼克松政府时期的国务卿基辛格所解释的：“在某些复杂的局势下，我们需要情报界在不适合采取军事行动、无法展开外交行动的灰色地带捍卫美国利益。”[1]近年来受人青睐的委婉用语则是始自卡特政府的“特别行动”。

1990年，国会首次对秘密行动做出了法律定义：“当美国政府的角色不应是明显的或是不应被公开承认时，美国政府为影响国外的政治、经济或军事状况而采取的行动。”[2]这一定义特意将情报搜集和反情报，传统的外交、军事和执法行动，以及常规的公开行动排除在外。经过进一步的精炼，可以认为秘密行动指的是“中央情报局为了影响外国事件而采取的行动，这些行动不应被视为是美国政府所为”[3]。更简单的说法是：“秘密行动就是影响。”[4]

在1992年对秘密行动做出立法之前，总统依据1947年《国家安全法》中的一处惯用条款来为秘密行动正名。这部奠定了现代美国情报业务的法律几乎完全专注于情报搜集与分析使命，但在最后一章（这部法律主要是由杜鲁门的国家安全幕僚克利福德起草的）授权中央情报总监和中央情报局“在总统或国家安全委员会指导下，执行与涉及国家安全的情报工作相关的其他职责与功能”。[5]

1　1978年1月13日，基辛格（Henry Kissinger）在NBC电视台节目中的评论。

2　1991年《情报授权法案》对1947年《国家安全法》进行了修订，废除了1974年《休斯-瑞恩法案》，并将第12333号行政命令变成了法律。

3　1995年9月12日，多伊奇（John Deutch）的演说。

4　多赫蒂（William J. Daugherty）：《行政秘密：秘密行动与总统》（Executive Secrets: Covert Action and the Presidency），列克星敦：肯塔基大学出版社，2004年，第12页。

5　1947年《国家安全法》。

（二）理由

在这一空洞的法律用语背后隐藏着这样的现实：秘密行动指的是一国尝试通过对其他国家、恐怖组织或派别采取秘密手段来改变历史进程，用一名中央情报局资深行动人员的话来说就是，“推历史一把”。[1] 在冷战期间，中央情报局行动部的秘密行动主要关心的是“共产主义这一全球挑战……应该在它威胁到我们的利益时，随时随地与其对抗”。[2] 除了少数重要的例外（例如伊朗门事件），中央情报局都是秘密行动的执行者（但并不是发起者）。下令采取这些行动的几乎总是白宫。自 1975 年以来，国会情报委员会也成为汇报秘密行动进展的对象。

冷战时期，中央情报总监科尔比（1973 至 1976 年在任）曾认为，秘密行动对于反制苏联情报机构（克格勃和格鲁乌）在欧洲和世界各地通过秘密手段对美国造成的政治和颠覆威胁是至关重要的，就如同北约构成了西欧的军事防线，“马歇尔计划”筑起了抵御苏联经济入侵的外国援助壁垒一样。当美国利益受到威胁时，“我们最好有能力静悄悄、秘密地帮助这些国家，而不是等出现军事威胁时才采取行动，届时我们就只能用武力进行回应了。”科尔比建议道。[3]

于是，对抗共产主义就成为冷战期间秘密行动的首要“存在理由”。伊朗（1953 年）、危地马拉（1954 年）、安哥拉（1975 年）、智利（1964 至 1972 年）等目标是否“真的重要”，是可以争论的。就安哥拉而言，一名中央情报局官员坚持认为：“归根结底，目的在于将苏联赶出去，那时候我们也将离开安哥拉。”但批评者对此并不感到信服。例如，就 80 年代的尼加拉瓜事件而言，德国诺贝尔文学奖得主格拉斯（Guenter Grass）就曾发出哀伤的质问：“一个

1　1986 年 2 月，本书作者对中央情报局行动部资深官员的采访。

2　托瓦尔（B. Hugh Tovar）：“美国过去秘密的强项与弱点”（Strengths and Weaknesses in Past US Covert Action），戈德森（Roy Godson）主编：《20 世纪 80 年代的情报要求：秘密行动》（*Intelligence Requirements for the 1980s: Covert Action*），华盛顿特区：国家战略信息中心，1981 年，第 194 至 195 页。

3　“与科尔比对话”（Gesprach mit William E. Colby），《明镜》（*Der Spiegel*），1978 年 1 月 23 日，第 69 至 115 页。

国家要多贫困，才不会被视为对美国政府的威胁？”[1] 在 1975 年曾对秘密行动展开过调查的参议员弗兰克·彻奇总结称：“我们的目标是弱小国家的领导人，这些国家不可能威胁到美国。”[2]

二、秘密行动的执行

当总统和国家安全委员会需要执行秘密行动时，就会找到中央情报局。中央情报局负责秘密行动的机构包括行动部、特别行动分部及其准军事组织特别行动小组、海外站点与基地、借调自军队的人员，以及文职承包商。在中央情报局早期的大多数时间里，总统对于秘密行动的批准是需要通过“合理的推诿”加以严密掩盖的。根据这种主张，总统应该像恺撒的妻子一样纯洁。如果秘密行动遭到曝光，登上了各大报纸的头条，那么美国的声誉需要得到保护。令白宫与此类声名狼藉的行动保持一定距离，将使得总统能够公开表示：“我从来没有授权过这种不当的秘密行为，我正在采取措施惩罚那些执行者。”

然而，当总统与秘密行动保持着距离时，行动就不像获得了白宫的明确批准时那样具备可问责性。由于没有任何涉及白宫的文件，就产生了在总统未批准乃至不知情的情况下采取行动的危险。1960 年，在美苏峰会前夕，苏联在本国领空击落了一架中央情报局的 U-2 侦察机，此时艾森豪威尔公开承认要为这一冒险之举负责。U-2 侦察机开展的是情报搜集行动，不是秘密行动，但在这一事件中，可问责性首次盖过了可否认性。这样做还意味着从此以后总统将可以

---

1 《国家》（*The Nation*），1983 年 3 月 12 日，第 301 页。

2 彻奇：“秘密行动：美国外交政策的沼泽地”（Covert Action: Swampland of American Foreign Policy），《核科学家通报》（*Bulletin of the Atomic Scientists*），1976 年 2 月，第 32 卷，第 7 至 11 页；约翰逊、维尔茨（James J. Wirtz）主编：《情报与国家安全：间谍的秘密世界》（*Intelligence and National Security: The Secret World of Spies*）第 3 版，纽约：牛津大学出版社，2011 年，第 233 至 237 页。

直接为秘密行动负责。然而，“可信的可否认性”这一主张具有比人们期待的更顽强的生命力。直到70年代中期，当某起间谍丑闻甚嚣尘上时，国会才最终决定终结这一主张。1974年《休斯–瑞恩法案》明确要求一切重要的秘密行动都需要获得总统的批准。此类行动如今必须获得总统的授权。此外，更加背离传统做法的是，关于秘密行动的情况必须被汇报给国会中相应的监管委员会。

在“9·11”事件、阿富汗战争和伊拉克战争之后，关于执行秘密行动的可问责性，又产生了另外一个重大的问题。这一新的问题是由于五角大楼的特种部队和中央情报局的承包商介入秘密行动领域所导致的。[1]通过中央情报局以外的组织执行秘密行动这一不适当的做法，早在里根时代就引发了重大丑闻，即伊朗门事件。向伊朗秘密出售武器和将尼加拉瓜局势升级等秘密行动从未像《休斯–瑞恩法案》和1980年《外国情报监控法案》规定的那样被汇报给国会。[2]此外，里根政府还违背了《博兰修正案》（Boland Amendments），这是以其发起者命名的、于80年代初通过的对情报施加更多严格限制的一系列法案。这些法案明确禁止采取支持试图推翻桑地诺主义政权的尼加拉瓜反政府武装的秘密行动。

包括前后两任国家安全顾问在内的国家安全委员会成员试图绕过《博兰修正案》和其他法律限制。他们在政府外建立了自己的秘密组织“事业”，并且展开了由私人资助的支持尼加拉瓜反政府武装的秘密行动。这一秘密行动终于在1986年被泄露给了一家中东报纸并传回了美国，此时议员们才意识到国会遭到了欺骗，并在1987年展开了全面的调查。国会对秘密行动施加了新的法律限制，包括更加严格地界定了其界限，并要求秘密行动获得总统的书面批准，

---

1 基贝（Jennifer Kibbe）：“秘密行动与五角大楼”（Covert Action and the Pentagon），约翰逊主编：《战略情报：秘密行动》（*Strategic Intelligence, Vol. 3: Covert Action*），韦斯特波特：普雷格出版社，2007年，第145至156页；普拉多斯（John Prados）：“秘密行动的未来”（The Future of Covert Action），约翰逊主编：《情报研究手册》，第289至298页；肖罗克：《雇来的间谍：情报外包的秘密世界》。

2 1974年《外国援助法案》；1961年《外国援助法案》。

而不只是点点头或使个眼色。[1]

三、秘密行动的形式

在冷战期间及此后，共出现了四种形式的秘密行动，这些形式常常被同时使用。它们分别是宣传、政治行动、经济破坏和准军事行动。

（一）宣传

美国最常使用的秘密行动是各种形式的宣传。这被中央情报局内部人员隐晦地称为“认知管理”。当然，各国都有传播信息的正式渠道，例如美国新闻总署（USIA）或白宫发布的关于总统决策的简报。但政府常常还试图通过秘密渠道来强化这些信息。在其他国家，位于外国的这些秘密渠道往往具有更高的信誉。例如，冷战期间，《明镜》周刊的某位评论作者深受德国人信任，如果他在文章中表示，赞赏美国通过在德国部署中程核弹来威慑苏联入侵企图的主意，那么对于德国读者来说，他的话就可能比美国国防部长表达的同一意思更具分量。身为报纸记者、杂志编辑、电视制作人或脱口秀主持人的外国人——只要他们能够以表达自己想法的样子表达出有利于美国的意见，他们就有可能成为中央情报局招募“媒体资产”的目标。

无论美国政府向公众宣扬哪种外交政策，中央情报局都会通过遍布全世界的众多秘密渠道强化同一主题。在冷战期间，中央情报局每天都会往遍布全球的宣传机器里安插七八十名秘密情报人员，中央情报局的秘密行动团队自豪地称其为“无敌的大喇叭”。[2] 这些

---

1 伊努耶–汉密尔顿委员会报告，1987 年。其成果主要体现在 1991 年《情报授权法案》。另见伯恩（Malcolm Byrne）：《伊朗门：里根的丑闻和被滥用的总统权力》（*Iran-Contra: Reagan's Scandal and the Unchecked Abuse of Presidential Power*），劳伦斯：堪萨斯大学出版社，2014 年。

2 威尔福德（Hugh Wilford）：《无敌的大喇叭：中央情报局是如何玩弄美国的》（*The Mighty Wurlitzer: How the CIA Played America*），马萨诸塞州

宣传材料一旦发出，就会四处传播，还有可能传回美国——这一现象被称为“回流”。当这种现象发生时，原本是为外国读者准备的消息就会反过来影响——或者说是无意地欺骗——美国本国公民（见图 3.1）。不过，美国的秘密宣传虽然大多数是值得信赖的，是在重复官方说法，但中央情报局的宣传也有 1% 至 2% 是虚假的，这些信息一旦“回流”就额外令人不安。资深情报官员雷·克莱因（Ray Cline）曾承认，“中央情报局关于中国的虚假宣传会令国务院的中国问题专家受骗，从而扭曲其分析。这一点令我深感不安。”[1]

图 3.1 “回流”

来源：赫布·布洛克漫画，“我向空中射了一支箭……”，

赫布·布洛克基金会，1956 年

（接上页）剑桥：哈佛大学出版社，2008 年。

1 关于中央情报局与媒体关系的众议院听证会。

国家安全情报

冷战期间，秘密宣传的一个例子是，中央情报局隐瞒了对自由欧洲电台和其他自由电台的资助，直到此事在70年代初被披露出来。这些电台的广播会传入苏联和东欧国家，试图打破当地政府对新闻、娱乐和文化的垄断，并且对倾向于美国和西方观点的听众进行反复灌输。同样，中央情报局还常常试图将西方文学作品（苏联异见者写的图书以及杂志和报纸）渗透进社会主义国家。一名中央情报局高级官员曾这样评价针对苏联和东欧国家的宣传工作："在苏东集团保留了几位独立的思想家，促进了观念的传播，增加了对当地政府的压力。"[1]更加中立的观察者也觉得中央情报局的宣传行动有助于维系这些国家中异见者的行动，并以隐晦的方式导致了苏东集团最终的崩溃——尽管其实际效果是无法准确衡量的。

冷战期间，中央情报局对智利这一西方国家发动的宣传行动更具争议。1964年，在约翰逊政府的指挥下，中央情报局花费了300万美元以抹黑总统候选人阿连德（**Salvador Allende**），试图阻止这名与莫斯科有着密切联系的社会主义者当选。按人均计算，这笔开支相当于在美国总统竞选中花费6000万美元。无论在任何国家，这笔巨资都足以左右选举的结果。尽管在60年代的竞选中失败了，但不屈不挠的阿连德最终还是在1970年当选为智利总统。

随后，在尼克松政府的命令下，中央情报局进一步加强了宣传行动，1970至1973年又花费了300万美元，企图破坏阿连德政府。尼克松及其高级幕僚害怕智利成为苏联在西半球传播共产主义的基地，担心阿连德成为又一位卡斯特罗。为了保护自己的利益，担心智利政府会实行国有化政策的美国国际电话电报公司（ITT）等公司秘密地为尼克松政府提供了150万美元，用于反对阿连德的秘密行动。彻奇委员会的调查人员在1975年表示，中央情报局针对阿连德动用的各种宣传手段，包括发布新闻稿、广播评论、电影、小册子、海报、传单、邮件、纸带和涂鸦。中央情报局制作了大量坦克和行刑队的图片，还在这个天主教国家散发了数万份教宗庇护十一世多年前的一封反共信件。阿连德政府在1973年被推翻了。

1　1976年2月21日，本书作者对秘密行动官员的采访。

中央情报局的宣传规划者有时候似乎是在书写一部荒诞剧。20世纪60年代早期的一项计划试图通过古怪的宣传攻势，煽动起针对古巴政府的政变。这项计划如下：由驻扎在哈瓦那沿岸的美国潜艇发射照明弹，吸引古巴的注意；中央情报局特工随后散播这样的信息："基督为对抗反基督而降临了！"一名情报部官员向调查人员解释："这将证明基督再临，卡斯特罗将被推翻。"[1] 中央情报局特别行动分部将这一计划称为"通过启迪来消除"。肯尼迪政府合理地拒绝了这一计划。

中央情报局最为成功的宣传行动之一发生在1954年的中美洲。这一行动有两重目的：一是保护美国的联合水果公司在危地马拉的投资，该公司垄断了中美洲的香蕉行业（分别担任美国中央情报总监和国务卿的杜勒斯兄弟都是该公司的董事）；二是为了向世界展示艾森豪威尔政府挫败任何与苏联有某种联系——无论这种联系多么微弱，乃至纯属想象——的领导人的决心。[2] 中央情报局在危地马拉山地设置了广播电台，当地特工开始传播一则谣言，称爆发了一场全面的革命，群众正在发动一场针对据说是亲共的独裁者阿本斯的起义。这则广播导致阿本斯以为真的有5000人在向首都进军，于是便辞职了。[3]

（二）政治行动

"静悄悄的选项"有时候会采取向友好的外国政客或官僚提供财政援助的形式，换句难听的话就是行贿，好听的话则是为促进民主而发放薪俸。无论怎样称呼这种行为（英国军情六处的说法是"乔治王的骑兵"），历史都清晰地表明，中央情报局在冷战期间为许

---

1 彻奇委员会报告，第31页；彻奇委员会中期报告，1975年11月20日，第181页。

2 格罗（Michael Grow）：《美国总统与对拉丁美洲的干涉：在冷战期间为政权更替而施压》（*US Presidents and Latin American Interventions: Pressuring Regime Change in the Cold War*），劳伦斯：堪萨斯大学出版社，2008年。

3 怀斯（David Wise）、罗斯（Thomas B. Ross）：《隐形政府》（*The Invisible Government*），纽约：兰登书屋，1964年。

多外国政治团体和个人提供了大量现金，这其中包括联邦德国、希腊、埃及、菲律宾和智利等国家的许多亲西方党派与派别。冷战期间政治行动的一个重要部分在于为欧洲的反共工会提供资金，在二战结束不久就成为美国情报界的一大要务。这方面的一个著名案例是在60年代为意大利天主教民主党提供资金，当时该党的主要对手是意大利共产党。公开为天主教民主党提供资金可能会令其声名扫地，导致意大利选民得出这样的结论：该党只是美国的傀儡。于是白宫就转而秘密地为该党提供资金。

中央情报局在全世界维持着一支“影响力特工”队伍。从仆从到司机，从私人秘书到关键幕僚，这些人与高层政客足够亲近，能够对其决策施加影响。和宣传一样，此举的目的也在于促使重要的外国官员倒向美国及其盟国一边，远离苏联或是如今的伊拉克暴动者，塔利班、“基地”组织和“伊斯兰国”极端分子，伊朗政府，以及中东、东南亚和其他地方的敌人。正如人力情报的情况一样，中央情报局也试图扩充“影响力特工”队伍。但情报官员们短暂的任期和有限的外语能力使得这一目标难于实现。

（三）经济破坏

中央情报局还企图减慢乃至摧毁敌国的经济。这方面的一个例子是在肯尼迪政府时期（尽管表面上总统显得并不知情），中央情报局行动人员计划通过向哈瓦那出口至莫斯科的糖里添加一种无害但令人不快的化学物质来破坏古巴与苏联的关系。白宫幕僚在最后关头发现了这一计划，在将要运送至苏联之前，没收了14125包经过处理的糖。这些幕僚认为美国不应干扰别国的食品供应。[1]经济破坏的其他方式还包括：煽动工人骚乱；将伪钞偷运进目标国，以引发通货膨胀；降低敌国生产的农产品的世界价格（例如古巴蔗糖）；向外国核反应堆的建筑材料中加入劣质成分；污染某国的石油供应或破坏其电脑部件；炸毁输电线路和油库；在敌国港口放置爆炸物，

1 威克（Tom Wicker）等：“中央情报局行动：破产的计划”（CIA Operations: A Plot Scuttled），《纽约时报》，1966年4月28日。

以破坏其运输船只和国际贸易关系。

在约翰逊政府早期，美国军队企图介入针对卡斯特罗的秘密行动。针对总统提出与古巴领导人打交道的新方式这一要求，五角大楼提出“方块舞行动”这一建议，在夜间由飞机向古巴的甘蔗田投掷某种有害寄生虫（名为 Bunga），从而破坏古巴的经济。国防部的一份备忘录声称：“可以加剧并利用传播针对役畜的口蹄疫病毒，通过催云等方式控制降雨，破坏甘蔗的生产、加工与运输等方式所导致的经济和政治动荡。”这份备忘录总结称，上述行为希望达到的目的是“卡斯特罗政权的倒台”。军事规划者承认若开展“方块舞行动”将“为冷战增添新的维度，并且需要国家政策做出重大调整”。[1] 但只要白宫愿意，他们就愿意采取这些措施。时任国家安全顾问的麦乔治·邦迪（McGeorge Bundy）——曾是哈佛大学教授和系主任——对这种极端手段感到不安。他拒绝了这一提议。但国防部的备忘录还是揭示了美国在这方面的惊人能力，以及某些政府层面上通过如此极端的经济破坏来实现美国外交政策目标的决心。

作为针对阿连德的破坏行动的一部分，中央情报局采取了一系列手段来破坏智利的经济。尼克松政府起初的秘密行动并未能阻止阿连德赢得总统大选。随后美国政府便希望通过煽动智利的经济动荡和社会混乱，当地军队会做出剥夺阿连德权力的决定。时任中央情报总监赫尔姆斯在 1970 年 9 月 15 日的白宫会议上亲笔记下了在阿连德赢得总统大选后可能采取的行动。一同出席这场会议的，还包括尼克松、基辛格和司法部长约翰·米切尔（John Mitchell）。赫尔姆斯记录道：“让经济尖叫。”为了达到这一目的，中央情报局选择煽动智利货运行业的混乱，这导致该国物流遭到了极大阻碍。十年之后，里根政府又采取了经济破坏手段来试图推翻尼加拉瓜的桑地诺主义政权，例如破坏该国港口和输电线路。

（四）准军事行动

中央情报局最为致命的一件武器是准军事行动。此类大大小小

1　1964 年 10 月 30 日，参谋长联席会议纪要。

的“秘密战争”带有最高的风险，并招致了最为严厉的批评。1950至1953年，中央情报局获得了大笔用于秘密行动的资金，以便为朝鲜战争提供支持。这是美国首次大规模运用这一手段。自此之后，只要美国介入世界某地的秘密战争，中央情报局就会通过秘密行动为其提供支持。1953年，中央情报局还为推翻了伊朗总理摩萨德（Mohammed Mossadeq）的亲美派别提供了支持，并将更顺从自己的巴列维（Mohammed Reza Pahlavi）扶上了伊朗王位。第二年，中央情报局成功地用宣传、政治行动、经济破坏和准军事行动等手段推翻了经民主选举产生的危地马拉阿本斯政府。接下来的二十年间，中央情报局动用准军事手段，向外国政府发动了数次秘密军事打击，为乌克兰、波兰、阿尔巴尼亚、匈牙利、印度尼西亚、阿曼、马来西亚、伊拉克、多米尼加共和国、委内瑞拉、泰国、海地、希腊、土耳其和古巴等地的反共暴动者提供了支持，不过成败各异。

猪湾的冒险行动以失败告终，但其他一些计划却取得了一定成功——至少是短期成功。例如，1962至1968年，中央情报局为在老挝北部与巴特寮政权作战的赫蒙族部落提供了支持。这使得巴特寮政权只得专注于这场战争，而不能分心去与南越的美军作战。赫蒙族部落与巴特寮政权旗鼓相当，直到美国撤出、转而专注于越战，缺少了美国提供武器和顾问的赫蒙族部落才被巴特寮政权击溃，只有数名特工被中央情报局转移到了美国。中央情报局又加大了针对北越和越共的秘密行动力度，直到美国1973年退出印度支那。

里根政府时期，中央情报局在许多国家开展了大规模的准军事行动，其中重点则是尼加拉瓜和阿富汗。这两地的秘密行动力度为史上之最（略微超过了朝鲜战争，见图3.2）。尼加拉瓜的准军事行动最终以伊朗门丑闻告终，中央情报局对阿富汗伊斯兰圣战者的支持则被认为是中央情报局历史上的“光荣时刻”。中央情报局为阿富汗伊斯兰圣战者提供了导弹，帮助他们逆转了战局，迫使苏军转而撤退。近来，美国对秘密行动的倚重又达到了高峰——事实上创下了历史新高，以微弱的优势超过了朝鲜战争时期和里根政府时期的水平。在“9·11”事件之后，秘密行动的目标在于为伊拉克战争和阿富汗战争提供支持，针对“基地”组织、“伊斯兰国”和其他

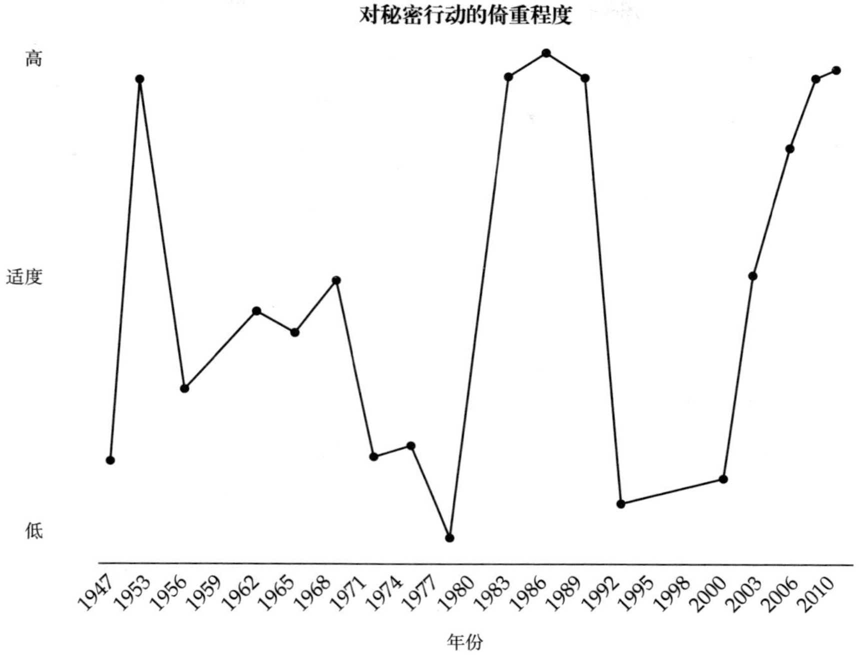

图 3.2　1947 至 2010 年，美国秘密行动的起伏

来源：作者基于多年以来对情报官员采访以及研究工作的估算

恐怖组织采取行动。

暗杀行动

最具争议的一种准军事行动，或许要算是通过暗杀来清除危险的——有时只是惹美国生气的——外国领导人。苏联人将这种行为称为“湿事”，并且在 1940 年通过这种手段清除了在墨西哥流亡的托洛茨基。中央情报局的谋杀行动在 1975 年遭到披露。总统和国会调查人员（分别是洛克菲勒委员会和彻奇委员会）发现的文件显示，中央情报局行动部用这样一些委婉的说法来指代清除某些外国领导人的企图：“用极端手段终结”或“消除”。中央情报局一度成立了一个专门小组——“健康变化委员会”——来审查暗杀提议。中央情报局还开发了一种缝衣针大小的飞镖状设备（用科技部的术语

来说就是“不可识别的微型生物注射器”），可以通过配备了瞄准镜的 0.45 口径手枪向浑然不觉的目标人物进行发射。中央情报局的科学家认为这一能够在 250 英尺外保持精准并且不会留下任何痕迹的设备是完美的谋杀武器。

在肯尼迪政府和约翰逊政府时期，卡斯特罗受到了中央情报局行动部和特别行动分部的高度重视。中央情报局绞尽脑汁地试图通过使用毒药来杀死卡斯特罗，或者至少令他失去行动能力。在升级为谋杀计划之前，中央情报局有一次曾将脱毛粉放进正出访外国的卡斯特罗的鞋里，试图令该物质通过卡斯特罗的脚部血管进入他体内，导致他那魅力十足的大胡子脱落。中央情报局还在卡斯特罗的雪茄里塞满了致幻剂和足以致命的肉毒杆菌；在他的潜水服里涂满了足真菌；在他的厨师中安插了一名特工，试图在他的汤里下毒（但未能成功）；试图让某人接近卡斯特罗并用圆珠笔状的针管将剧毒物质（名为 Blackleaf-40）注射进他的皮肤——为此，中央情报局在 1963 年 11 月 22 日那天联系了一名很有前途的特工。讽刺的是，美国总统正是在这一天遭到了暗杀。

所有这些企图都失败了，因为卡斯特罗处事谨慎且受到经过克格勃训练的精英卫队的严密保护。于是中央情报局转而求助黑手党，这些人包括芝加哥黑帮成员萨姆·詹卡纳（Sam Giancana）、前古巴黑手党头目桑托·特拉菲坎特（Santo Trafficante）和暴徒约翰·罗塞利（John Roselli）。这些人与古巴还有联系。他们无疑相信如果自己能够除掉卡斯特罗，就会得到美国政府的宽大处理，于是便自愿纠集起了由古巴流亡者组成的暗杀团队，并将其派往古巴，但无人得逞。

从艾森豪威尔政府时期开始，一直延续到肯尼迪政府时期，另一名被视为暗杀目标的外国领导人，就是刚果领袖卢蒙巴（Patrice Lumumba）。在华盛顿看来，和卡斯特罗一样，卢蒙巴的错误也在于与莫斯科走得太近。在冷战这一零和博弈的背景下，美国认为必须除掉卡斯特罗和卢蒙巴。为了实现这一目标，中央情报局向驻扎在刚果的情报人员寄去不同寻常的各种物件：橡胶手套、纱布口罩、皮下注射器和致命的生物物质。这种毒素能够引发一种疾病，要么立刻杀死卢蒙巴，要么令他丧失行动能力。1961年，中央情报总监杜勒斯向身在刚果的特工发出了一份由大写字母写成的电报：

> 高层明确认为，如果卢蒙巴继续担任高级职位，最好的结果只会是混乱，最差的结果则会是为共产党人上台铺平道路，这对于联合国的威望和自由世界的利益来说都是灾难性的。因此，我们认为，必须立刻将他清除。在目前的情况下，这将成为我们秘密行动的当务之急。

这名特工开始谋划如何完成这一任务，将致命毒物注射到能接触到卢蒙巴口腔的物体里——“无论是食物，还是牙刷”。他告知一位同事，在中央情报局利奥波德维尔站点的保险柜里有一种病毒。接到消息的这名情报人员后来用黑色幽默的语气向调查人员承认，他“知道这可不是需要给某人注射的小儿麻痹症最新疫苗”。不过，这一计划从未付诸执行。中央情报局无法接近卢蒙巴，也就无法将致命毒物注射进苹果或是牙膏里。不久之后，一个对卢蒙巴的威望感到不安的敌对派别仓促地用行刑队结束了卢蒙巴的生命。近年来，一项对卢蒙巴之死的研究显示，卢蒙巴之所以会落入这一派别之手，可能是出于中央情报局的谋划。因此，中央情报局最终还是间接地实现了这一目标。[1]

其他被与中央情报局有联系的暗杀者杀害的外国领导人，还包括多米尼加共和国的拉斐尔·特鲁希略（Rafael Trujillo）、南越的吴廷琰和智利的勒内·施奈德（Rene Schneider）。但彻奇委员会总结称，在这些人物被暗杀之时，暗杀者已经不在中央情报局的掌控之中。中央情报局还为异议者提供了杀死印度尼西亚总统苏加诺（Sukarno）和海地总统杜瓦利埃（Duvalier）的武器。但中央情报局似乎也并未直接卷入这些行动之中——当然，中央情报局和白宫的官员不太可能为这些人的被杀而感到悲伤。

---

1 魏斯曼（Stephen R. Weissman）：“非常规引渡”（An Extraordinary Rendition），《情报与国家安全》，2010年4月，第25卷，第198至222页。

中央情报局还参与了暗杀较低级别官员或是令其失去行动能力的行动。此类行动中最为著名的一例是中央情报局在南越为打击越共而开展的“凤凰计划”。据当时领导这一计划的中央情报总监科尔比表示，共有20000名越共领导人和同情者遭到杀害。这些受害者当中有85%在与南越当局或是美国士兵展开军事或准军事的战斗。

1976年，就在美国国会披露了中央情报局参与国际谋杀计划的情况后，福特（Gerald R. Ford）总统签署了一道反对这种行为的行政命令，他的继任者们同样支持这道命令。其内容如下：“美国政府雇用或是以美国政府名义行事的任何人都不应该参与或图谋参与暗杀行动。”[1]这道命令在许多时候都受到了遵守，但有时候当局也会放宽这道命令，以符合自己的需求。例如，1986年，里根总统就曾下令轰炸卡扎菲（Muammar Qaddafi）在利比亚的住所，理由是后者支持恐怖主义。老布什总统在第一次海湾战争期间（1990至1991年）也曾下令轰炸包括萨达姆官邸在内的巴格达市区。一名中央情报总监回忆道：“当时白宫每晚都会点起蜡烛，希望轰炸能够杀死萨达姆。”[2]当时美国与利比亚和伊拉克都处于战争状态，于是禁止暗杀的行政命令就被中止了（在理想情况下，这些行动应该获得国会的授权，但对利比亚的轰炸并未做到这一点）。

近年来，在国会授权下，美国与伊拉克、阿富汗、“伊斯兰国”、“基地”组织及其支持者（最明显的就是巴基斯坦和阿富汗的塔利班）开战了。禁止暗杀的行政命令再度被解除或是放宽了。在2003年开始的伊拉克战争中，萨达姆屡屡成为打击的目标，但和海湾战争的情况一样，这些尝试都未成功。最终，美军在2003年12月发现了躲藏在家乡附近某处地洞中的萨达姆。他遭到了逮捕，接受了伊拉克法庭的审判，并被处以绞刑。这些都是在小布什政府的积极鼓励下完成的。在伊拉克于海湾战争中战败后不久，萨达姆曾试图暗杀正访问科威特庆祝胜利的老布什及其妻子。小布什对此耿耿于怀。

遭到美军和中央情报局准军事部门抓捕或暗杀者，还包括巴基

1 第12333号行政命令。

2 平克斯：“目标在于杀死萨达姆”（Saddam Hussein’s Death Is a Goal），《华盛顿邮报》，1998年2月15日。

斯坦、阿富汗的塔利班和“基地”组织的极端分子，以及叙利亚、伊拉克、利比亚等地的“伊斯兰国”成员。奥巴马政府还将阿富汗的毒枭列为无人机轰炸的目标。

自从冷战结束以来，中央情报局与美国空军一道，研发并使用了一系列最为致命的准军事武器，即“掠夺者”和“收割者”无人机。这两款无人机都配备有“地狱火”导弹，能够轻而易举地跨越国界。这些设备的起飞和降落是从位于阿富汗和巴基斯坦的基地远程控制的，锁定目标和进行打击则是从包括中央情报局总部在内的美国国内加以远程控制。这些无人机能够在相对较低的高度飞行，配备了精密的摄像头，可以帮助美国的操作者在发射导弹前辨识遥远地方的目标。不幸的是，失误依然屡屡出现。由于塔利班和“基地”组织恐怖分子藏身于清真寺等场所，无辜群众有时也会被导弹击中，尽管中央情报局和美国军方尽力想避免此类“附带伤害”的发生。

关于最新的平民伤亡人数，奥巴马政府曾在 2016 年向 NBC 电视台表示，在自 2009 年以来美国发动的近 500 次无人机轰炸中，“只有”100 名平民遇害。当年晚些时候，美国政府进一步说明了平民的伤亡情况：在 473 次无人机轰炸中遇害的平民人数在 64 至 116 人。然而，独立团体驳斥了这种说法，认为平民的实际伤亡人数超过了 1000 人。[1]

在本书写作之时，国家安全委员会以及情报界的律师正在就通过无人机进行暗杀的计划进行研究。第一步是由情报界或国防部提出关于打击目标的建议。接下来，国家安全委员会的助理委员会（由提出建议的那些机构或是国防部的二把手组成）对该建议加以仔细

1　未署名社论“合法的致命力量”（Lethal Force under Law），《纽约时报》，2010 年 10 月 10 日；迪拉尼安（Ken Dilanian）、库比（Courtney Kube）：“美国报告将表示无人机仅仅杀死了 100 名平民”（US Report Will Say Drones Have Killed Just 100 Civilians），NBC 新闻，2016 年 6 月 24 日。关于 2016 年的准确数字，见未署名社论“无人机战争的秘密规则”（The Secret Rules of the Drone War），《纽约时报》，2016 年 7 月 10 日。关于奥拉基之死，见肖恩（Scott Shane）：《目标特洛伊：一个恐怖分子、一名总统以及无人机的兴起》（*Objective Troy: A Terrorist, a President, and the Rise of the Drone*），纽约：蒂姆·达根出版社，2015 年。

研究，再将其提交给由国家情报总监、中央情报局局长和国防部长组成的主管委员会。如果潜在目标是美国公民，那么必须获得总统的签字同意，国会监管委员会也必须知情。在特殊情况下也可以缩短这一流程，仅仅由总统本人授权进行暗杀。除了这些程序之外，奥巴马政府还试图通过加强空袭前的情报侦察工作来减少平民伤亡。此外，奥巴马政府还要求只有当潜在目标对美国构成了严重威胁，并且“几乎肯定”不会造成平民伤亡时，才能够通过无人机进行暗杀。

有些中央情报局高级官员已经开始公开表达这样一种观点：秘密行动——尤其是无人机轰炸——在中央情报局的全球行动中所占比例变得太大了，情报分析师越来越局限于确定无人机轰炸的坐标，而不是对世界事务做出评估。[1]中央情报局局长布伦南——他在整个职业生涯中一直担任情报分析师——敦促恢复传统上情报分析工作的头号要务地位，令中央情报局只是在有限的场合才参与无人机轰炸行动。奥巴马政府在任期的最后几年开始更多地将针对恐怖分子进行无人机轰炸的任务从中央情报局转交给五角大楼，部分原因就在于布伦南强烈反对将中央情报局当作杀戮机器而不是以情报搜集与分析为主要任务的组织。

此前，克林顿总统两度取消由位于红海的美国驱逐舰对“基地”组织领导人本·拉登发动袭击的计划。第一次，本·拉登正和妻子、

1　美国在中东和西南亚发动无人机轰炸的情况，见格斯特森（H. Gusterson）：《无人机：远程控制战争》（*Drone: Remote Control Warfare*），波士顿：麻省理工学院出版社，2016 年；卡格（J. Kaag）、克雷普斯（Sarah S. Kreps）：《无人机战争》（*Drone Warfare*），剑桥：政体出版社，2014 年；迈尔：“掠夺者战争”（The Predator War），《纽约客》（*New Yorker*），2009 年 10 月 26 日，第 36 至 45 页；马泽蒂：《刀的方式：中央情报局、秘密军队以及在世界尽头的一场战争》（*The Way of the Knife: The CIA, a Secret Army and a War at the Ends of the Earth*），纽约：企鹅出版社，2013 年；肖恩：《目标特洛伊：一个恐怖分子、一名总统以及无人机的兴起》；伍兹（Chris Woods）：《突然正义：美国的秘密无人机战争》（*Sudden Justice: America's Secret Drone Wars*），纽约：牛津大学出版社，2015 年。关于中央情报局对于参与无人机轰炸立场的改变，见马泽蒂：“中央情报局将更多地关注间谍工作，这是一项艰难的转型”（CIA to Focus More on Spying, a Difficult Shift），《纽约时报》，2013 年 5 月 24 日。

子女一同待在某个村庄里。第二次，本·拉登在和阿联酋的王公（美国的盟友）一同打猎。还有一次，位于红海的美国巡洋舰向阿富汗帕克蒂亚省霍斯特镇附近沙漠里“基地”组织的疑似集会场所发射了导弹，但在导弹击中目标前，本·拉登已经离开了。此后，本·拉登又屡屡躲过美国的暗杀企图，藏身于巴基斯坦的山区。2011 年，他的踪迹终于被发现，美国特种部队在距离巴基斯坦首都伊斯兰堡仅有 35 英里远的阿博塔巴德的一座大院里将他击毙。

究竟哪些人应该成为暗杀的目标，这一直是个充满争议的问题。起初，2001 年《爱国者法案》规定，只有曾参与“9·11”事件的美国敌人才能成为合法的报复目标。但自此之后，在没经过进一步立法的情况下，暗杀目标的范围被放宽了。例如，躲藏在也门的美国公民安瓦尔·奥拉基（Anwar al-Awlaki）就被奥巴马政府列为暗杀目标，尽管从未向公众证明他曾参与过针对美国的密谋。如果奥拉基曾参与过针对美国的密谋，他就可以被视为合法的暗杀目标，但如果他只是发表了反对美国的讲话，他就只不过是近年来中东和西南亚地区宣扬对西方发动圣战的数百个极端分子中的一个而已。奥巴马政府的律师暗地里最终认定奥拉基参与了恐怖行动，足以成为合法的暗杀目标。奥巴马签署了死刑执行令，这名也门的伊玛目便在 2011 年被“地狱火”导弹炸成了碎片。他并非中央情报局无人机杀害的首个美国公民。2002 年，一架“掠夺者”无人机向也门沙漠里的一辆汽车发射了导弹，车上的六名乘客全都被怀疑是“基地”组织成员。六人全部粉身碎骨，但其中一人其实是美国公民。所有这些事件——和奥拉基一起被杀死的，还有他的儿子——都对正当程序与暗杀之间的关系提出了严厉的质疑。

如今，制定暗杀目标的程序缺乏足够的透明度和监管。据说，暗杀决定只需要获得美国驻目标所在国大使、中央情报局驻该国站点站长、行动部主任和中央情报局局长的同意即可。如前所述，如果目标是美国公民，那么还必须获得司法部长和总统的同意。此外，国会情报委员会中至少需要有几名成员对此知情，其中有些人还会被邀请前往白宫战情室（White House Situation Room）观看无人机轰炸的实时视频。这样做是试图向监督者表明行政部门在尽力试图避免平民伤亡。

尽管试图令国会相信情报界已在尽力谨慎行事，但许多议员仍然对“9·11”事件之后的许多此类行为感到愤怒，认为这是过分的。这类例子包括小布什政府动用严酷的侦讯手段，以及执行非常规引渡（第五章将对此进行深入探讨）。鉴于这些过分的行为，批评者指出，在发动无人机暗杀之前，应该由国会加以更加正式的审查。他们还认为，法院也应该参与这一决策程序，即设立负责签发暗杀许可状的新法院。特别情报法院的设立已有先例。1978 年《外国情报监控法案》设立了一个司法特别小组，行政部门官员需要通过这一机构获得针对涉嫌参与恐怖主义活动的美国公民进行电话监听的许可状。[1]

自 2014 年开始，中央情报局就不再负责对伊拉克和叙利亚的“伊斯兰国”目标发动无人机导弹袭击，这一任务被转交给了五角大楼。关于中央情报局的职权范围，在华盛顿出现了一场新的争论。中央情报局应该退出谋杀业务，让五角大楼完全接手无人机轰炸行动吗？针对总统和中央情报局局长命令中央情报局不再执行无人机轰炸任务的做法，有人发出了激烈的反对之声。参议院情报特别委员会主席理查德·布尔（Richard Burr）和少数党成员黛安·芬斯坦（Dianne Feinstein）认为，五角大楼有时在向叙利亚和伊拉克已知的恐怖主义目标派出无人机时行动过于迟缓，导致“错过了机会”，因此应该让发现了这些目标的中央情报局无人机指挥官享有决定权。这一主张背后还隐藏着两个更加重要的考量。首先，参议院情报特别委员会的高层人士相信，由于《休斯-瑞恩法案》的报告程序，对于国会而言，中央情报局比五角大楼具有更强的可问责性。因此，应该由它们负责进行大多数无人机轰炸，也就是战场之外的那些无人机轰炸。战场则包括阿富汗以及“伊斯兰国”势力日益扩张的叙利亚、伊拉克和利比亚。其次，参议院和众议院的情报委员会高层希望保留自己对于中央情报局无人机轰炸行动的管辖权，因为这使得他们能够与白宫的决策圈高层保持密切的接触。但还有一些人认为，五

1 未署名社论“合法的致命力量”，《纽约时报》。

角大楼的无人机轰炸行动具有更强的可问责性，因为它们不必像中央情报局那样秘密行事。

即使当美国决定“中性化”（neutralize，也就是杀死）某个外国敌人时，这一任务要得以执行也是困难的。据说卡斯特罗躲过了中央情报局的32次暗杀企图。[1] 1993年，当美国短暂地介入索马里战事时，也未能杀死当地军阀艾迪德（Mohamed Ali Farrah Aidid）。美国在90年代未能找到萨达姆，在“9·11”事件之后近十年，本·拉登也逃脱了美国的侦察，奥拉基也躲藏了数年时间。独裁者和恐怖组织的高层都有着很强的戒备心，并且受到严密的保护。尤为令人担忧的是，美国采取的暗杀行动可能会刺激其他国家在美国总统和其他领导人出访外国时对其以牙还牙。

四、秘密行动的涨潮与退潮

尽管秘密行动不受美国某些当权者的青睐，但其他人还是为其投入了巨额资金。在冷战期间，从中央情报局成立伊始，秘密行动就受到了大力支持，从1947年的尚不存在发展成了1950至1953年朝鲜战争期间的引人注目。随后秘密行动的重要性有所降低，直到1968至1971年越南战争期间再度吸引到大笔资金。此后秘密行动再度衰退了十年时间，直到里根时期才再度兴起（见图3.2）。在中央情报局成立之初，朝鲜战争为秘密行动注入了最初的动力。正如拉内拉夫（Ranelagh）指出的，“在1951年1月至1953年1月，资金增长了十六倍”，人力增长了两倍。[2] 据彻奇委员会表示，在此期间秘密行动经费“如火箭般蹿升”。[3] 在伊朗（1953年）和危地马拉（1954年）取得的成功促使艾森豪威尔政府和肯尼迪政府更加倚重秘密行动，以实现美国的对外政策目标。多尔蒂（Daugherty）指出，伊朗和危地马拉的成功令中央情报局和艾森豪威尔政府的整个国家

1 特纳：《阅前即焚：总统、中央情报局局长和秘密情报》，第32页。

2 雷恩拉夫：《中央情报局的兴衰》，第220页。

3 彻奇委员会报告，第31页。

安全机器都“欣喜若狂”。[1]

即使是1961年猪湾行动的失败所引发的对秘密行动的疑虑，也是微弱和短暂的。肯尼迪政府很快就再度要求中央情报局帮助自己解决令人头痛的国际问题。在整个60年代、70年代初，中央情报局行动部及其下属海外雇用兵针对社会主义国家发动了一场隐秘的“第三次世界大战”，印度支那的丛林成了尤为重要的战场。有时候秘密行动会占到中央情报局年度预算的60%。[2]

到了70年代初，由于越战的失败、尼克松政府试图削减开支、与苏联关系的缓和、1975年国内间谍丑闻的爆发和针对经民主选举上台的智利政府的暗杀企图遭到曝光，“静悄悄的选项”的地位急转直下。彻奇委员会的调查结果尤其令美国公众及国会议员对秘密行动的价值和道德问题提出了质疑。据一名中央情报局高级官员回忆，公众的反应导致秘密行动“戛然而止”。[3]直到卡特政府时期，秘密行动才再度受到重视——讽刺的是，卡特在总统竞选过程中曾表示反对使用秘密行动这一“肮脏的伎俩”。促使卡特转变态度的关键因素在于苏联在1979年入侵阿富汗。在强硬的国家安全顾问布热津斯基（Zbigniew Brzezinski）的怂恿之下，卡特决定美国必须展开还击，中央情报局的秘密行动将成为还击的武器，因为与苏联开战不啻为同归于尽：苏联的上千枚核弹头可以在不到半个小时的时间里跨越北极，对从洛杉矶到纽约的美国城市予以打击。

对于秘密行动的支持者来说，接下来的十年乃黄金时代。里根政府对海外秘密干涉的支持力度创下了1947年以来的历史纪录——当然，这一纪录后来又被奥巴马政府打破了。80年代还是美国在并未卷入重大公开战争的情况下大力开展秘密行动的唯一一个时期。一般情况下，秘密行动往往是在美国重要海外军事干涉期间发挥为军事行动提供支持的作用，朝鲜、越南、伊拉克、阿富汗乃至针对“基地”组织、“伊斯兰国”、塔利班的反恐战争，莫不如此。但里根政府却表明，只要自己愿意，那么即使是在和平时期，秘密行

1 多赫蒂：《行政秘密：秘密行动与总统》，第140页。

2 1980年2月18日，本书作者对中央情报局行动部资深官员的采访。

3 1980年10月10日，本书作者对中央情报局行动部资深官员的采访。

动也能被大力倚重。

于是在 80 年代，中央情报局行动部就成为在从萨尔瓦多到柬埔寨等地推动反共的“里根主义”意识形态的首要工具。里根政府的首要目标是尼加拉瓜的桑地诺主义政权和阿富汗的苏军。为这两起行动投入了巨额资金（就尼加拉瓜而言甚至是非法资金，由此引发了伊朗门丑闻）。对尼加拉瓜的干涉是中央情报局秘密行动史上最为黑暗的一页，甚至比猪湾行动的失败还要糟糕。伊朗门丑闻是对美国宪法根本原则的侵犯，里根政府（尤其是国家安全委员会和中央情报局）试图绕过国会，暗地里为针对尼加拉瓜的秘密行动筹措资金，而这些行动是遭到国会《博兰修正案》明令禁止的。这项计划不仅违反了美国的法律，也未能实现推翻桑地诺主义政权的目标。尼加拉瓜领导人丹尼尔·奥尔特加（Daniel Ortega）此后仍屡屡在总统竞选中胜出。相较之下，在阿富汗展开的秘密行动经过了正式授权，遵循了《休斯-瑞恩法案》规定的报告程序，并且实现了将苏军赶出阿富汗的目标。

老布什曾表示，他认为秘密行动有时候是有用的。但在他担任总统期间（1989 至 1992 年），用于秘密行动的经费却大幅减少了，只占情报预算总额的不足 1%，远远低于里根政府时期的最高值。[1] 到 1991 年，秘密行动已经从冷战时期在美国领导的反共行动中占据显赫地位，滑落至几乎被人遗忘的地步。一名中央情报局行动部高级官员以悲伤的语气回顾了那段时间：

> 我认为如果获得适当资源，在秘密行动这一领域是可以大有作为的。我不是说要回到秘密行动占据中央情报局 60% 预算的那段岁月，但我真的觉得不足 1%，这实在是太少了。这是中央情报局一项正当、合法的使命。如果我们能够更好地理解这项使命，并清除围绕在它周围的一些争议，那么我们就可以拥有更多人力，以完成总统分派给我们的任务。[2]

1 1994 年 1 月 23 日，老布什给本书作者的信；1993 年 9 月 29 日，本书作者对伍尔西的采访。

2 1995 年 3 月 21 日，本书作者的采访。

在克林顿政府时期，中央情报总监多伊奇评论道："自从 80 年代的伊朗门丑闻和在中美洲开展的行动引发争议以来，我们极大地减少了秘密行动的数量。"[1] 在多伊奇任期内（1995 至 1996 年），秘密行动经费略有上升，这是为了帮助一些西方国家对抗敌对势力（例如海地），或是挫败恐怖分子、毒枭和武器贩子的企图（在克林顿政府时期，后者被列为 1A 级威胁）。与冷战时期相比，秘密行动的应用范围变得狭窄了。

在小布什政府时期，秘密行动先是依旧保持不温不火的状态。在"9·11"事件发生后，随着美国同时打响了三场战争（伊拉克、阿富汗和全球反恐战争），秘密行动经历了复兴，其目标主要对准了中东和西南亚。这使得秘密行动的次数和地位都足以与朝鲜战争时期和里根政府时期这些历史最高点相提并论。在奥巴马政府时期，秘密行动先是保持着小布什政府后期的地位，随后在阿富汗和巴基斯坦得到了更为频繁的运用，就政府对秘密行动的倚重而言，达到了历史最高水平。2011 年，奥巴马还授权通过秘密行动对与卡扎菲作战的利比亚叛军提供支持。当卡扎菲政权倒台、他本人被杀死后，奥巴马又授权对利比亚新出现的"伊斯兰国"暴动者展开秘密行动。

五、秘密行动的升级阶梯

1965 年，赫德森研究院的战略家赫尔曼·卡恩（Herman Kahn）出版了一部具有影响力的著作，为理解国际事务的强制性特征提出了"升级阶梯"这一概念。卡恩称这一清单"清晰地展示了战略家在双边冲突中面对的诸多选项"。[2] 与此类似，在关于秘密行动的升级阶梯中（见图 3.3），越靠上就表明这些选项对于国际法的违背程度以及对国家主权的侵犯程度越严重。正如这些例子所表明的，秘

1 1995 年 9 月 12 日，多伊奇的演说。

2 卡恩：《论升级：比喻与场景》（*On Escalation: Metaphors and Scenarios*），纽约：普雷格出版社，1965 年，第 37 页。

第四级　极端选项
29. 使用大规模杀伤性武器
28. 大型秘密战争
27. 暗杀
26. 小规模政变
25. 重大经济破坏：破坏庄稼和牲畜
24. 环境破坏
23. 对非战斗人员针对性的秘密报复
22. 通过折磨令对方屈服于某项政治交易
21. 非常规引渡
20. 重大的人质解救尝试
19. 提供精密武器

第三级　高风险选项
18. 在西方国家大幅增加资金
17. 小型人质解救尝试
16. 为外国军队提供战争训练
15. 出于进攻目的提供有限的武器
14. 出于制衡目的提供有限的武器
13. 不造成人员伤亡的经济扰乱
12. 在西方国家提供适度的资金
11. 在一些国家大幅增加资金
10. 在一些国家增加资金
9. 对西方国家政权散发虚假情报
8. 对一些国家政权散发虚假情报
7. 在西方国家进行真实但有争议的宣传
6. 在一些国家进行真实但有争议的宣传

第二级　适度的侵犯
5. 为友好团体提供少量资金
4. 在西方国家进行真实、友善的宣传

第一级　常规行动
3. 在一些国家进行真实、友善的宣传
2. 招募秘密行动“资产”
1. 为情报搜集行动提供支持

图 3.3　秘密行动的升级阶梯

来源：作者基于多年以来对情报官员采访以及研究工作的估算

密行动能够涵盖从下至上、从常规到极端的所有阶梯。[1]

1　中央情报局情报官员巴里（James A. Barry）向本书作者表示，对升级阶梯中不同等级之间的大体划分要比对各个等级内部的确切划分更加有用，因为很难判断在每个等级内部，哪些行动要比另外一些行动更加严重。他认为，关键在于“在提出秘密行动建议时，必须阐明这会导致的各种破坏——实体上的、经济上的、心理上的和道德上的”。1992 年 5 月 18 日，巴里写给本书作者的信。

高门槛与低门槛秘密行动之间的分界线有时并不清晰，这会引发争议和分歧。例如，1967 年，联合国大会友好关系委员会的某些人士提出，秘密宣传行动以及对于政党的秘密资助要比“以暴力方式推翻一国政府的严重程度低”。[1] 另外一些人则反对这种观点，他们不愿意赋予任何形式的秘密行动以合法性。意见分歧的结果是，该特别委员会以模棱两可的语气表示，既不支持、也不禁止秘密宣传行动以及对于政党的秘密资助。对此，一名敏锐的观察者总结称：“联合国大会通过的文字是妥协的产物，可以进行多种解读。”[2] 对于“升级阶梯”也可以进行多种解读，但这至少能够令读者了解各种秘密行动的严重程度。

第一级　常规行动

在秘密行动阶梯的最下端，即第一级，是相对而言较为友善的行为。例如，中央情报局与盟友国家情报机构之间有关在未来可能需要采取秘密行动的潜在“热点”地区或“不稳定国家”的常规性情报共享行动（基于搜集与分析的情报联盟）（第 1 档）；在当地招募秘密行动“资产”的行动——这些人常常正是负责在当地搜集情报的特工（第 2 档）；向一些国家有限度地传播真实的、没有争议的宣传主题（例如，中央情报局在开展秘密宣传的初期向南斯拉夫宣扬与西方进行贸易的好处）（第 3 档）。对于参与国际事务的大多数国家而言，此类低档活动都是司空见惯的。[3]

第二级　适度的侵犯

从第二级开始，对其他国家或团体的侵犯程度开始升级，风险

1　联合国特别委员会报告，第 161 页。

2　达姆罗施（Lori Fisler Damrosch）：“跨国界政治：对于国内事务的不干涉和非强制性影响”（Politics across Borders: Nonintervention and Nonforcible Influence over Domestic Affairs），《美国国际法杂志》（*American Journal of International Law*），1989 年 1 月，第 83 卷，第 6 至 13 页。

3　达姆罗施：“跨国界政治：对于国内事务的不干涉和非强制性影响”；墨菲委员会报告，1975 年 6 月。

也开始增加。这类行为包括：向西方国家的自由媒体中注入真实的、没有争议的宣传材料（第 4 档），也就是针对志趣相投的政府所展开的秘密行动；向支持反恐等美国外交政策目标的外国政党、工会、智库和个人支付少量资金（第 5 档）。

第三级 高风险选项

第三级由充满争议的行为构成。这些行为可能会引发严重破坏国际和睦的反应。在这一级里，宣传行动依旧是真实且与公开的政策立场相一致的，但主题可能引发争议，而且传播的对象既有其他国家（第 6 档）、也有西方国家（第 7 档）的媒体——例如，关于阿富汗塔利班士兵向上学的女孩泼硫酸或是杀害国际医疗工作人员的报道。在图 3.3 列出的第 8 档、第 9 档中，宣传行动变得肮脏了，开始使用欺骗和虚假信息，与公开的政策立场也是相悖的。例如，违背事实地谴责暗杀企图出自某个敌国，或是通过捏造的方式玷污敌国声誉。即使是对其他国家采取这样的行动也是令人担心的，因为这些消息可能“回流”美国，使得本国公民受骗。

第 10 档、第 11 档反映的是在其他国家政权内部用于政治意图的秘密资金数量的急剧增多。第 12 档是在西方国家内部通过一定数量的秘密资金来影响选举结果。这种做法是更具争议的。达姆罗施（Damrosch）强调了其中差异：“在我看来，不承认基本政治权利的政治体制，不再算得上是内部事务”，而是国际干涉的正当对象。[1]

第 13 档是向目标国的经济实体发起攻击。例如，破坏输电线路；污染石油库存；向外国政府的电脑中投放病毒；煽动敌国大城市的罢工。这些举措经过了精心策划，以便停留在骚扰行动的层面上，从而避免人员伤亡的发生。但从这一档开始，秘密行动已经开始带有强力性质了。

第 14 档是准军事行动，即作为制衡手段向目标国的反对派提供武装，同时还可能伴随着提供秘密的军事训练。从这一档开始，由

1 达姆罗施：“跨国界政治：对于国内事务的不干涉和非强制性影响”，第 36 页。

于涉及了武器，秘密行动的严重程度极大地提高了。情报机构提供的武器可能并不高级，但仍然具有足够的杀伤力。第 15 档是在未受到武装干涉的情况下就向自己支持的派别提供武器。第 16 档更进一步，是为了挑起战争而为外国军队或派别提供训练。第 17 档是解救人质，尽管小心从事，但这仍可能导致人员伤亡。

第 18 档是为支持西方国家内最为亲近自己的政党而投入大笔资金，以帮助它掌权。对于小国或许是 4000 万美元，对于大国或许是 1 亿美元以上。在支持者看来，这只是西方国家为了让世界更美好而采取的行为。在有些批评者看来，这种干扰自由社会选举结果的做法是令人担忧的。与此前提到的干涉行为相比，通过秘密行动来影响西方国家的选举结果，这显然违背了互不干涉内政原则，很难认为这种做法具有合法性。

第四级　极端选项

第四级的秘密行动开始进入危险和富有争议的领域，即秘密外交政策的“热区”。这些行动可能令无辜群众的生命处于险境。第 19 档提供给友好势力的武器要更具杀伤力，例如“毒刺”和“吹管”防空导弹和配备了“地狱火”导弹的无人机。这些武器使得该势力可以对共同的敌人展开攻势。尽管本意并非如此，但第 20 档所尝试的人质解救行动仍可能导致重大伤亡。第 21 档是非常规引渡，即绑架人质。这是针对特定个人所故意采取的、经过精心策划的武力行动。根据其不同的目的，这一行动可以划归为情报搜集或是反情报行动等类别，但如果劫持人质是为了将他当作针对某种政策目标的秘密谈判中的筹码，这就可以被划归为秘密行动。第 22 档更进一步，为了实现人质交换或其他秘密交易，人质会遭到折磨。第 23 档则是出于报复目的，对低级别的非战斗人员采取暴力行动，例如为了报复恐怖分子发动的突袭，对其亲属进行折磨和引渡。

在最为严重的那些条目中，秘密行动进一步升级为充满暴力成分的环境、经济和准军事行动，所针对的目标范围也要比上述行动更为宽广。无论有意或无意，平民人口中大量非战斗人员都可能成为行动目标。第 24 档的秘密行动试图对环境造成重大改变，例如促使树木落叶或是焚烧森林、污染湖泊和河流、通过破坏大坝引发洪水，以及通过控制云量来改变天气状况，进而破坏作物生长、引发饥荒。第 25 档的秘密行动试图通过投入大量伪钞来引发通货膨胀与金融动荡、通过破坏工业设施、通过寄生虫来破坏作物生长，或是通过向牲畜传播口蹄疫或非洲猪瘟等方式，对目标国的经济造成破坏。

第 26 档的秘密行动风险更大，以尽量避免人员伤亡的方式推翻外国政权（例如，1953 年的伊朗或 1954 年的危地马拉）。第 27 档是暗杀特定外国领导人或恐怖分子，近来包括通过“掠夺者”和“收割者”无人机进行暗杀——这种做法的风险在于会造成平民伤亡。在“升级阶梯”的最顶端是两种不可避免地会影响到大批战斗人员和非战斗人员的秘密战争，即对敌对政权发动全面、持久的准军事行动。第 28 档秘密行动是派出做好了战斗准备的情报官员，为当地叛军提供指导和武装，例如中央情报局 60 年代在老挝发动的秘密战争。第 29 档则是通过大规模杀伤性武器——核武器、生化武器或放射性武器——来造成目标国大量人口死亡。

六、评估秘密行动

正如这份“升级阶梯”所表明的，秘密行动会引发严肃的道德问题：哪些行动是可接受的？哪些行动是无法接受的？如何评估这些问题，取决于如何看待道德在对外政策中应该占据的位置。18 世纪德国哲学家康德（Immanuel Kant）警告称：“尽管世界将毁灭，也不要作恶。”将这一想法推至极端，康德信条的信奉者可能会拒斥升级阶梯上的所有行动。本着这一精神，冷战期间的一名美国副国务卿曾表示：

> 美国不应该鼓励进行乃至发动秘密战争的想法，因为当……我们破坏尼加拉瓜的港口时，……我们也就和苏联没有区别了。这样不符合我们的性格。……如果我们孩子气地去像苏联那样

对付苏联，我们就铸下大错，丢掉了我们最宝贵的一笔财富。[1]

另外一些人则怀揣着强烈的民族主义观点，认为只要有利于国家利益，任何一种秘密行动都是可接受的，秘密行动的结果——保护或是促进国家利益——要比其手段更为重要。在这些“结果论”者看来，由于我们身处的世界环境呈现敌对的无政府状态，国家必须以任何可能的方式保护自己，这其中就包括情报机构提供的各种“黑暗艺术”。正如胡佛委员会在1954年向美国领导人提出的建议：“我们必须学会如何通过比敌人更聪明、更精致和更有效的手段颠覆、破坏和摧毁我们的敌人。”[2]

冷战时期，两名中央情报局前官员曾赞扬过这种对待秘密行动的现实主义态度——这一逻辑如今应该也能应用到恐怖主义身上。中央情报局高级情报分析师克莱恩针对苏联表示：“美国面临的形势是，反对我国政府体制的大国正在试图通过秘密战争的手段扩充自己的实力。美国必须像进行肉搏的男人那样做出回应，怎么可能只遵守常规规则？”[3]中央情报局行动人员、后来的水门事件涉案者戈登·利迪（G. Gordon Liddy）则更加直率：“世界可不是比弗利山庄，而是像糟糕邻居凌晨两点钟的样子。”[4]中央情报局必须根据这种情况采取行动。

有一件事是确定的：秘密行动在许多层面上都十分微妙。要想取得成功，就必须具备特定的条件。例如，需要存在一个可供中央情报局支持的、反抗外国入侵的本地抵抗力量，比如20世纪80年代的阿富汗。如果周边地区存在一个愿意合作的伙伴，也大有裨益。例如，同一时期邻近阿富汗的巴基斯坦，或是“9·11”事件后与美国一同打击塔利班（为本·拉登及其他“基地”组织头目提供庇护）的北方联盟。此外，盟友越多越好。英国、埃及、沙特阿拉伯、巴

---

1 鲍尔（George Ball）：“中央情报局应该进行秘密战争吗？”（Should the CIA Fight Secret Wars?），《哈泼斯》（*Harper's*），1984年9月，第27至44页。

2 彻奇委员会报告，第9页。

3 鲍尔：“中央情报局应该进行秘密战争吗？”，第39、44页。

4 1986年5月4日，佐治亚大学公开课上的言论。

基斯坦和美国一道，对 80 年代反抗苏联入侵的伊斯兰圣战者表示了支持。[1]

另外，秘密行动的结果可能是极难预测的，因为历史往往具有反作用力。长期来看，秘密干涉常常会导致预料之外的不利后果。例如，就 1954 年的危地马拉政变而言，联合水果公司当时无疑会对这一结果感到满意，美国国会也是如此。但中央情报局干涉之后，该国贫穷的人民却不得不忍受新政权的压迫。正如记者安东尼·刘易斯（Anthony Lewis）所言："这场政变开始了危地马拉向野蛮坠落的漫长过程。"[2] 直到 1986 年，危地马拉才再次拥有了一个文职政府，这次还是拜中央情报局所赐。此外，在伊朗国王长达二十六年的残酷统治之后——是英国和美国将其扶植上台的——伊朗人民在 1979 年发动了起义，转而支持本国宗教政权，而这一新政权至今仍与西方国家不和。

就连 80 年代将苏联赶出阿富汗这一所谓"史上最有效的秘密行动"[3]，也产生了副作用。苏联的失败为塔利班政权兴起创造了条件，该政权支持的"基地"组织后来在 2001 年发动了"9·11"事件。此外，中央情报局提供的"毒刺"导弹和其他武器再也没有被退还给美国，而是留在了"基地"组织恐怖分子、塔利班极端主义者和在公开市场上进行购买的伊朗人手中。"你全力支持某个叛乱团体，是出于自己的理由，而不是他们的理由。你自己的理由不再成立了，但他们的理由仍然成立。"肯尼迪政府的国家安全顾问邦迪曾说道。[4]

---

1 比尔登（Milt Bearden）："阿富汗的教训"（Lessons from Afghanistan），《纽约时报》，1998 年 3 月 2 日。

2 刘易斯（Anthony Lewis）："中央情报局的代价"（Costs of the CIA），《纽约时报》，1997 年 4 月 25 日。

3 比尔登："阿富汗的教训"。

4 1987 年 10 月 6 日，邦迪（McGeorge Bundy）对本书作者的点评。媒体在 2016 年披露，中央情报局向约旦提供了分发给反对巴沙尔政权的叙利亚反对派的武器，但这批武器却被约旦情报机构中的某些人偷走了。被偷走的武器包括上千把 AK-47 步枪、上百万发子弹、迫击炮、火箭炮和反坦克导弹。2013 年，奥巴马总统基于对约旦情报机构的错误信任，批准了一个项目。不过，在过去约旦和美国的确有过密切的合作，例如联合反恐中心和中央情报局秘密监狱。

中央情报局暗杀外国领导人的企图最终为全世界所知晓，令人产生了美国是全世界的黑手党教父这一印象。美国在与共产主义国家的那场冷战中，本想赢得世界人民的效忠，这恐怕很难是美国当时希望为自己打造的形象。此外，假设肯尼迪政府时期暗杀卡斯特罗的计划取得了成功，那么他的继任者劳尔（Raoul）同样是一名反美斗士。另外，下达暗杀外国领导人的命令，很可能招致对本国领导人的报复，而西方国家领导人受到的保护并不是那么严密。暗杀计划会开启“潘多拉的魔盒”。正如一名耶鲁大学法学院教授所言：“任何形式的暗杀都会对世界秩序构成一连串威胁。”[1]以色列和巴勒斯坦之间的历史就是如此，暗杀计划在双方之间无休止地来回拉锯，彼此之间的重大政治分歧却无法得以解决。

当然，在有些人认为秘密行动会导致长期负面结果的同时，另外一些人会对其短期收益感到满意。例如，在回顾伊朗政变时，科尔比就认为，“在1953年帮助伊朗国王上台是非常出色的举动。在他被推翻之前，这令伊朗获得了二十五年的发展时期。二十五年可不短了。”[2]他或许还可以称赞一下长达二十五年的低油价，这正是伊朗国王向美国效忠的表现。[3]

在多尔蒂看来，中央情报局秘密行动“最光辉的时刻”发生在冷战结束前的波兰。当时，中央情报局帮助阻止了苏联对波兰的入

（接上页）见马泽蒂、尤尼斯（Ali Younes）：“中央情报局武器被偷”（Thefts Redirect Arms from CIA），《纽约时报》，2016年6月27日。2009年，一名作为中央情报局反恐特工潜伏进“基地”组织内部的约旦医生也背叛了美国，他在一场有许多中央情报局高级官员出席的宴会上发动自杀式袭击，导致包括中央情报局驻喀布尔站站长在内多人死亡。关于这一事件，见肖恩、施米特（Eric Schmitt）：“中央情报局人员死亡导致美国无人机轰炸数量剧增”（CIA Deaths Prompt Surge in US Drone Strikes），《纽约时报》，2010年1月23日。

1　1994年3月29日，赖斯曼（W. Michael Reisman）在国际研究协会研讨会上的评论。

2　1987年2月2日，在CNN电视台节目上的评论。

3　记者弗里德曼（Tom Friedman）曾评论称，美国只是将阿拉伯世界视作巨大的加油站：“我们告诉他们：‘这么办。保持油泵大开，保持油价低廉，好好对待犹太人。其他的你们想干什么就干什么。’”见帕克（Ian Parker）：“光明的一面”（The Bright Side），《纽约客》，2008年11月10日，第52至65页。

侵，并且支援了该国的民主化运动，令其成为中欧其他国家的范例。[1]另外一名中央情报总监特纳（1977 至 1980 年在任）则认为，冷战期间中央情报局针对社会主义国家的秘密宣传行动在所有秘密行动中格外有效。“人们当然会认为向苏东国家偷运批评社会主义和苏联体制的书籍这一行动与广播行动都取得了良好的效果。当你将事实传入一个真相并不常见的国家时，就会取得好的效果。”[2]

七、秘密行动的方针

这些例子表明，秘密行动能够发挥巨大的作用。“9·11”事件之后，美国迅速击溃塔利班，就证明了这一点。首个在打击“基地”组织和塔利班的行动中死亡的美国公民，是来自亚拉巴马州的中央情报局官员迈克·斯潘（Mike Spann）。美国对于特种部队、B-52 轰炸机和中央情报局准军事行动的综合运用，再加上 2001 至 2002 年北方联盟提供的帮助，为秘密行动和公开战斗力量的成功结合提供了一个范例。不过，我们也知道，秘密行动同样可能对一个国家的声誉造成严重损害，猪湾行动、暗杀企图以及伊朗门丑闻莫不如此。中央情报总监威廉·韦伯斯特（William H. Webster，1987 至 1991 年在任）为避免不当的秘密行动造成的尴尬后果，每当行动部提出执行秘密行动的建议时，都会提出下列问题：

· 合法吗？（指的是美国法律，不一定是国际法。）
· 与美国外交政策一致吗？如果不，为什么？
· 与美国价值观一致吗？
· 如果被公之于众，会得到美国公民的谅解吗？[3]

1　多赫蒂：《行政秘密：秘密行动与总统》，第 201、211 页。

2　1991 年 5 月 1 日，本书作者对特纳的采访。

3　阿斯平–布朗委员会职员的评论。同样，前国家安全顾问邦迪曾说过，“如果某项秘密行动曝光时你无法捍卫它，那么最好就不要进行这一秘密行动，因为短期之内它一定会曝光的。”特纳也曾评论道：“有一条情报行动的道德这些问题很有意义，并体现了一系列应该为所有秘密行动规划者铭记的原则。同样，值得铭记的还有前国家安全顾问、1947 年《国家安全法》起草者克利福德的警示。在 1975 年向彻奇委员会作证时，他强调称，只有在“国家安全真正受到影响”的场合才应该采取秘密行动。卡特政府时期的国务卿塞勒斯·万斯（Cyrus Vance）也对彻奇委员会提出了类似的观点，他强调称，只有在“绝对必要时”才应该采取秘密行动。[1]

根据这些标准来判断，在西方国家媒体进行宣传，或是干扰其选举，很难被认为是可接受的行为。人们的确应当对所有旨在操纵西方国家政权的秘密行动心存疑虑。哈佛大学法学院教授罗杰·费希尔（Roger Fisher）一语中的：“和某些敌人一样走进给标枪浸毒和秘密行动的怪诞世界，就等于放弃了我们手中最强有力的武器：理想主义、道德、正当法律程序和对发表异见的自由的信念——这也包括了其他国家对美国持有异议的权利。”[2]

针对某国环境和食品供应的秘密行动，或是针对个人的致命企图——犯有谋杀罪行且拒绝被捕和接受正当审判的恐怖主义头目除外，也应该遭到拒绝。“基地”组织要为导致 3000 名美国公民死亡的“9·11”事件以及在伊拉克、阿富汗、叙利亚和其他地方的杀戮负责。和“伊斯兰国”一样，“基地”组织也希望在西方造成更严重的伤亡。这些恐怖主义团体有理由成为“升级阶梯”最顶端的许多秘密行动选项的目标。除了情报搜集工作以外，西方国家还应该在针对这些敌人的秘密行动方面协调一致。恐怖分子的自杀式袭击、斩首、大规模处决等计划以及对女学生、医疗工作人员和其他无辜者的野蛮攻击都揭示了其野蛮性。但即使是面对如此残酷的敌人，西方国家也应该避免放弃自己的道德价值观，转而在定点清除“基地”组织、“伊斯兰国”和其他恐怖组织之外，肆意对其他目标采

（接上页）评判标准，就是在行动曝光时，批准行动者是否感到能够捍卫这些行动。”见《秘密与民主：转型中的中央情报局》，第 178 页。

1 彻奇委员会听证会上的证词，第 50 至 55 页。

2 费希尔（Roger Fisher）：“我国间谍体系的致命失误”（The Fatal Flaw in Our Spy System），《波士顿环球报》，1976 年 2 月 1 日。

取秘密行动。

在保护西方国家免受恐怖组织伤害和反对非西方国家的过程中，秘密行动将继续发挥重大作用。但在施展这些“黑暗艺术”的时候，西方国家面临着在某些方面变得与自己反对的敌人相似的危险。因此，秘密行动的范围必须被收紧，使用次数必须减少，并且受到严格的监管。

第四章 反情报

——抓内鬼

1969 年 10 至 11 月，上千名反战示威者来到了华盛顿，这是美国历史上规模最大的一次示威。不只是应征年龄段的青少年，整个美国都密切关注着这场战争。尼克松政府则密切关注着距离椭圆形办公室不远处抗议浪潮的起起落落。某天，总统的幕僚们用大巴将白宫围了起来，就好像示威者是印第安人，而总统官邸则是美国西部某个处于险境之中的马拉篷车一样。正如历史学家西奥多·怀特（Theodore H. White）所回忆的：“无论是他的幕僚、他本人，还是联邦调查局，都控制不了这整整一条街的疯狂情绪，对此困惑不已的尼克松搜寻着解决之道。”[1]

在年轻的示威者于 1969 年 4 月引发骚乱之后，尼克松命令自己最亲密的幕僚之一约翰·埃利希曼（John Ehrlichman）起草一份有关苏联可能向学生反战运动提供资金的报告。正如此前的约翰逊总统一样，尼克松也无法相信自己的政策竟然如此不受欢迎：幕后一定有外国黑手，通过收买或是洗脑，煽动那些大学里的极端分子反对自己的国家。埃利希曼求助于情报界，但它们并不认可外国势力介入的想法，因为根本没有证据。正如一名情报官员所言，这是一场“信用卡革命”，即使用父母的信用卡周游全国，为反对一场在他们看来既不合法、也没有价值的战争而示威。[2] 埃利希曼向尼克松汇报了这一结论，但两人都怀疑情报界并没有认真地考察苏联在幕后煽动这些骚乱的可能性。

两个月后的 1969 年 6 月，埃利希曼听说布坎南（Pat Buchanan）的演说写作团队中有一名 29 岁的年轻人汤姆·查尔斯·赫斯顿（Tom

1 怀特（Theodore H. White）：《失信：尼克松的坠落》（*Breach of Faith: The Fall of Richard Nixon*），纽约：雅典出版社，1975 年，第 133 页。

2 彻奇委员会听证会上的证词，第 137 页。

Charles Huston）。赫斯顿是一名活跃的共和党人，在印第安纳大学就读时曾担任右翼学生会组织“美国青年争取自由组织”的首领，他拥有与校园反战示威者对峙的一手经验，并且对于这些人缺乏“爱国热情”深感不满。他认为这些示威者不整洁、难以驾驭、蔑视权威。在他看来，这些常常留着胡子、衣着邋遢、位于政治谱系极左翼的人，由于反对约翰逊政府和尼克松政府在东南亚推行的遏制政策，从而威胁到了美国的安全。

大学毕业后，赫斯顿作为情报官员加入了美国陆军，并且被分派到了五角大楼工作。闲暇时间，他志愿参加了尼克松的总统竞选工作。他的聪明和勤奋很快吸引了尼克松高级助手的注意。从军队退伍后，他便被布坎南聘用了。赫斯顿向布坎南明确表示了对于那些衣衫褴褛的示威者的蔑视。当布坎南得知情报界未能发现示威者与苏联之间的联系后，他也像尼克松一样怀疑它们并未尽力，并向埃利希曼推荐由赫斯顿为白宫进行一番调查。毕竟，赫斯顿和多数示威者年纪相仿，在印第安纳大学近距离接触过他们的策略，并且比白宫的其他人都更加了解大学生的激进政治（“新左派”）。布坎南告知埃利希曼，赫斯顿也像尼克松一样怀疑苏联与美国国内的骚乱有关。

埃利希曼在其西翼办公室与赫斯顿进行了会晤，并且以总统的名义，要求他起草一份有关苏联可能向美国的反战运动提供资金的报告。随后，尼克松也在椭圆形办公室为赫斯顿打了打气。就这样，这名身材纤细、戴着眼镜、头发稀疏、对国家事务没有太多经验的英俊的印第安纳人，被赋予了对这些在他看来危害美国社会的嬉皮士进行调查的权力。热情满满的他来到了联邦调查局的三号人物（仅次于局长胡佛及其副手）、负责国内事务的副局长威廉·沙利文（William C. Sullivan）的办公室。沙利文是政府中的高级反情报官员，负责揭露和挫败美国国内的煽动威胁及敌对势力——尤其是苏联克格勃——在美国国内的行动。赫斯顿在他的办公室里迈出了阻止克格勃对美国反战学生示威者的支持、保护白宫的第一步。

赫斯顿将尼克松和埃利希曼下达的命令告知了沙利文。据沙利文回忆，赫斯顿向他表示，尼克松希望了解反战运动的方方面面，尤其是“与外国对‘新左派’的影响和资助有关的任何信息”。沙利文回复道，白宫必须向联邦调查局局长胡佛发出书面要求。当时令人敬畏的胡佛先生已经进入职业生涯的暮年，早已过了规定的退休年纪，对于可能令他失去这一职位的任何争议都越发感到不安。赫斯顿回到白宫，写信告知胡佛——美国关于“红色威胁”自封的至尊权威——美国情报界关于苏联对美国反战运动影响的调查是“不充分的”，尼克松希望了解在这方面存在的情报差距，以及关于这些正在撕裂美国的反战示威者的尽可能多的情报。赫斯顿向中央情报局（赫尔姆斯）、国家安全局（盖勒）和国防情报局（本内特，Donald Bennett）也传达了类似的信息，并且为他们规定了对白宫进行书面回复的截止期限（6 月 31 日）。

沙利文在对赫斯顿的回复中表示，联邦调查局需要进行更多信号情报工作来获取尼克松希望的信息。他强调，“国内激进分子和外国共产主义者今后愈发紧密的关系”依然是个实实在在的威胁。[1]白宫对情报界首脑们的回复仍不满意，希望能够坐实苏联情报机构与反战示威者之间的联系。

赫斯顿也并未罢休。在接下来的几个月里，他与年龄相当于自己父亲的沙利文建立起了紧密的工作关系。两人一同制订了说服胡佛和其他情报机构领导人令其放宽针对国内示威者情报搜集工作的法律限制的计划。一年之后的 1970 年 6 月，赫斯顿终于安排了一场总统与四名情报机构领导人的会面。根据赫斯顿汇报的情况，尼克松向赫尔姆斯、胡佛、盖勒和本内特表示，示威者是在“争取外国势力在意识形态和其他方面的支持”，而且这些极端分子试图“毁灭自己的祖国”。尼克松命令这些情报机构领导人“保证通过最大程度的部门间协作，调动所有资源，搜集各类信息，从而令我们得以在彻底失控之前，阻止这一恐怖主义的蔓延”。[2]

二十天之后的 1970 年 7 月 25 日，在与高级幕僚进行了一系列紧张的工作之后，这四名情报机构领导人再次在联邦调查局总部胡

1　1975 年 6 月 10 日，本书作者对沙利文（William C. Sullivan）的采访。另见彻奇委员会听证会上的证词，第 23 页。

2　彻奇委员会报告。

通信情报建议
应该放宽当前的解读，从而允许国家安全局监视使用国际设备的美国公民的通信

电子监视与渗透建议
应改变当前的程序，从而加大对美国国内对内部安全构成重大威胁的个人和团体的监视力度，并加大对外国的监视力度（其他内容仍未解密）

邮件审查建议
应该废除有关邮件检查（对信封和邮戳的检查）的法律限制，并放宽对在外国情报和内部安全方面事关重大的特定目标的秘密检查（阅读信件内容）的限制

秘密入室建议
应修改当前的限制，从而允许通过这种方式获得至关重要的外国情报（其他内容仍未解密），并允许有选择地针对其他内部安全重大目标人物采取这一手段

在大学里招募情报来源的建议
应放宽当前的限制，从而加大对于暴力倾向严重的大学和学生团体的监视，中央情报局还应加强对旅居国外的学生（或其他人）的监视

关于使用秘密军事特工的建议
应保留当前的限制

图 4.1 “赫斯顿计划”的关键主张

佛办公室进行了会晤。他们一同签署了长达 43 页的绝密“特别报告”（已解密），即所谓“赫斯顿计划”（Huston Plan）。这份报告列出了总统需要解除的一系列对于情报搜集工作的法律限制，这样情报机构才能对反战示威者采取间谍活动（见图 4.1）。在这起美国情报史上的惊人插曲中，这四名情报机构领导人全都在这份授权进行截至当时仍是非法的国内间谍活动的文件上签了字。赫斯顿和他的老板沙利文实现了将美国的情报机构用于打击反战示威者的目的。

历史学家怀特观察到，“赫斯顿计划”建议要深入“美国的每个邮箱、每个大学校园、每通电话、每个家庭”。[1] 提交给尼克松、由赫斯顿执笔的一份附带备忘录提出了关于两项情报搜集技术合法性的问题，但又很快打消了这一疑虑。这两项技术是秘密邮件检查

1 怀特：《失信：尼克松的坠落》，第 133 页。

和秘密入室。“秘密邮件检查是非法的，而且有着重大风险，但收益压倒了风险。”[1] 至于秘密入室，赫斯顿的建议是：“这项技术显然是非法的，这相当于抢劫。这也充满了风险，如果曝光将引发巨大的尴尬。但这也是最为有效的手段，能够提供其他方式无法获取的情报。”[2] 依据这份绝密文件的条款，“赫斯顿计划”相当于要求四大情报机构无视关于国内情报工作的一切法律。这些机构和赫斯顿一道提出了使用非法手段的理由。7 月 14 日，尼克松批准了这一计划。“赫斯顿计划”就这样成为总统的一项秘密政策，这真是令人不寒而栗。

但这一计划并未持续太长时间。司法部长米切尔得知了尼克松的这一行为并敦促他改变主意，理由是“被公之于众之后的危险……超过了可能的收益”。[3] 胡佛也开始转变立场，万一“赫斯顿计划”被公之于众，他丢掉工作的可能性就会极大地增加。只要媒体得知这些阴谋，他就免不了会被解职。在这项计划上签字仅仅几天之后，胡佛就收回了自己的支持，尼克松也取消了授权。由反战运动——除了气象派、黑豹党有违法行为外，其他成员都只是在践行《美国宪法第一修正案》赋予他们的抗议政府决定的权利——引发的对美国公民自由的大规模侵犯就此戛然而止。

但余波未平。五年之后，彻奇委员会发现，在“赫斯顿计划”出台前后，美国的情报机构都曾以反情报的名义——保护美国青年免受苏联的敌对影响，但事实证明这一影响根本不存在——对本国公民进行过不当间谍活动。[4] 1975 年，彻奇委员会请赫斯顿为关于令人震惊的国内间谍不法行动的首次公开听证会作证。时隔五年，他对当年起草那一计划的行为表达了懊悔之情：

> 危险在于，这会牵连那些只是受到政治考量影响，而非受

1　彻奇委员会报告。

2　赫斯顿备忘录，第 3 页。

3　1976 年 3 月 3 日，尼克松对彻奇委员会的回答。

4　更详细的叙述，见约翰逊：《美国的秘密权力：民主社会中的中央情报局》，第 133 至 156 页。

到国家安全考量影响的人，或者说会将政治考量当作国家安全考量，从拿炸弹的人转向拿标语的人，从拿标语的人再转向拿着反对派候选人贴纸的人。就这样越陷越深。[1]

这一案例为反情报提供了重要的、根本的一大教训：无论情报任务多么重要——毫无疑问需要由经过良好训练的反情报人员发现并挫败针对西方国家的威胁——都必须时刻警惕将这种手段用于对付守法的本国公民。情报机构之所以建立，正是为了保护他们。针对国内外的真正威胁，的确应该采取有效的安全措施，但不应该将西方国家转变成奥威尔笔下的“反情报国家”。

一、作为一项情报任务，反情报的恰当关注点

在美国，一项行政命令是这样定义反情报的：

反情报指的是为了发现、欺骗、利用、扰乱或是抵御外国势力、组织、个人或国际恐怖组织及其代理人采取的间谍、破坏、暗杀或其他情报活动，从而搜集信息或采取行动。[2]

简单来说，反情报就是要挫败外国情报机构、恐怖团体和国内颠覆者采取的敌对行动。

（一）对中央情报局的伏击

敌对国家和恐怖组织对自由社会造成的危险是显而易见的：从对电脑发起攻击（有些专家设想会出现一次网络珍珠港事件），到谋杀这些国家的公民。1993 年 1 月的某天早晨，就发生了一起骇人事件。某个工作日的早上八点，许多中央情报局工作人员的车辆在

---

1 彻奇委员会听证会上的证词，第 45 页。

2 第 12333 号行政命令。

高速公路上排成了长龙，准备左转驶入位于朗利的占地 213 英亩的总部。对于通勤族而言，这只不过是又一个普通的早晨。突然之间，传来了一阵奇怪的噪音，或许是这条长龙的某处发生了小小的意外。但噪音越变越大，听上去就如同鞭炮一般。随后，声音的来源变得显而易见了。

一个矮壮、身着深色服装的深发男子手持 AK-47 步枪，面无表情，眼睛一眨也不眨，走向了长龙最前方的一辆大众轿车，透过开着的窗户开了一枪，司机背部中弹，倒在了座位上。他随后将总共七十颗子弹射进了排在后面的轿车里。据目击者回忆，当时车窗玻璃纷纷破碎，车载警报声大作，人们或是尖叫，或是祈祷子弹早点用尽。[1] 此人名叫坎西（Mir Aimal Kansi），是一个巴基斯坦人。他又冲回了第一辆大众轿车处，杀死了司机——这名中央情报局工作人员的妻子则从另一侧车门逃出，躲了起来。坎西随后跑进自己停在不远处的车辆，加速逃离了现场。还有两名中央情报局工作人员身陷血泊之中，其他人也纷纷发出了悲痛的呼号。

坎西于当日乘飞机离开美国逃回了巴基斯坦。机场安保人员并未发现他的护照已经过期。中央情报局和联邦调查局花了四年半时间才在巴基斯坦的某个小村子里发现了他的踪迹，并将他押送至美国接受审判。1997 年，在他被定罪的一天之后，美国石油公司的四名高管在巴基斯坦卡拉奇被杀，显然是出于报复。2002 年，坎西被以注射处死的方式执行了死刑。临刑前几小时，他表示自己发动袭击的目的在于抗议美国对伊斯兰国家的政策。

（二）俄克拉何马城爆炸案

1995 年 4 月 19 日是美国历史上最为灾难性的日子之一。美国在这一天遭受了更加严重的袭击。当天早晨，在俄克拉何马城，一辆租来的货车停在了阿尔弗雷德·默拉联邦大楼入口处。在这辆货车的后备厢里，由 55 桶爆炸物组成的自制炸弹在被硝酸铵和硝基甲烷

1 韦弗（Mary Anne Weaver）：“陌生人”（The Stranger），《纽约客》，1995 年 11 月 13 日，第 59 至 72 页。

点燃后爆炸了。当天是联邦调查局对得克萨斯州韦科市附近的大卫教徒发动致命袭击的二周年。此次袭击导致76人死亡，在当地的“爱国”团体看来，这表明华盛顿的联邦政府已变得愈发危险。

制造俄克拉何马城爆炸案的是一名对政府心怀不满的退伍军人蒂莫西·麦克维（Timothy McVeigh）。这是自1920年9月16日以来在美国发生的最为严重的一次恐怖袭击。在1920年的袭击中，一枚炸弹在华尔街摩根银行门口爆炸，导致38人死亡。[1] 在爆炸之前写下的一封信中，麦克维写道，他决定从反政府运动中的一名“知识分子”变为“一只野兽”，要为自己的事业洒下鲜血。[2] 此次爆炸导致168人死亡，其中包括19名儿童，以及超过500人受伤。[3] 麦克维的逃跑计划漫不经心（例如，他的汽车牌照已经过期），他很快就被捕了，并被定罪和判处死刑。

俄克拉何马城爆炸案提出的许多问题之一是，联邦调查局在麦克维所属的“爱国”团体中安插反情报线人的工作有没有到位？一名优秀的线人本可以就此次袭击向联邦调查局发出警告。[4]

（三）中央情报局和联邦调查局内部的叛国行为

有时候，美国反情报工作的失败导致的不是本国公民的死亡，而是其海外特工和行动人员成为被打击的目标。中央情报局的阿姆斯（Aldrich Hazan Ames）和联邦调查局的汉森（Robert Hanssen）

---

1 盖奇（Beverly Gage）：《华尔街爆炸之日：美国首个恐怖时代的故事》（*The Day Wall Street Exploded: A Story of America in Its First Age of Terror*），纽约：牛津大学出版社，2009年。这起案件从未被破获。

2 托马斯（Jo Thomas）：“麦克维的信揭露其内心”（Letter by McVeigh Told of Mind-Set），《纽约时报》，1977年5月9日。

3 赖特（Stuart A. Wright）：《爱国者、政治和俄克拉何马城爆炸案》（Patriots, Politics and the Oklahoma City Bombing），纽约：剑桥大学出版社，2007年。

4 研究人员赖特在2007年根据美联社的一篇报道，指控联邦烟草、酒精和武器局在麦克维的团体中安插了一名线人，他就俄克拉何马城爆炸案发出了预警，但遭到了无视。《爱国者、政治和俄克拉何马城爆炸案》，第183页。

就是最著名的两个例子。[1]两人都从1984年开始为苏联从事间谍活动，阿姆斯是中央情报局的一名负责苏联事务的资深反情报官员。因此，他掌握了中央情报局在苏联的大部分特工的身份，并且了解中央情报局针对苏联的情报搜集行动、秘密行动和反情报行动。揭露了阿姆斯叛国行为的资深反情报人员保罗·雷德蒙（Paul J. Redmond）在1995年向阿斯平–布朗委员会表示，阿姆斯几乎摧毁了中央情报局在冷战最后几年对苏联进行间谍活动的能力。[2]

1984至1994年，阿姆斯曾先后为苏联和俄罗斯从事间谍活动，直到他的欺诈被揭穿。他的叛国行为早已露出了蛛丝马迹：在所有中央情报局雇员都要定期接受的测谎检测中表现可疑（不过，他还是通过了测验）；在弗吉尼亚州阿尔林顿不通过按揭就购买了一套价值54万美元的房产；购买了一辆昂贵的捷豹跑车；进行了昂贵的牙齿整容；购买了一个新的衣柜；频繁出国旅游。而他的年薪只有7万美元。阿姆斯不是唯一拥有香车和豪宅的中央情报局工作人员。但还有许多人是凭借爱国热情或是为美国侦察情报这一冒险生活挣得的财富。

阿姆斯在其他方面也与众不同。早在他的叛国行为被揭露之前，中央情报局内部就流传开了关于他的流言蜚语。他被普遍视为一个酒鬼。这一事实再加上远超过其工资水平的开销，令许多同事都对他抱有质疑。然而，当被问及捷豹和豪宅的来历时，阿姆斯却编造了自己的哥伦比亚妻子——她其实是阿姆斯间谍活动的搭档——继承了一笔遗产的谎言。此外，由于阿姆斯的父亲是一名备受尊敬的情报人员（这给他的儿子带来了光环），而且酗酒在中央情报局也算不上是大新闻，所以同事们也就接受了他的说法。

对于阿姆斯而言，叛国的主要动机就是金钱。早先的离婚诉讼

1　对于阿姆斯案件的国会调查委员会报告，1994年11月1日；怀斯：《夜行者：阿姆斯如何为了460万美元将中央情报局出卖给克格勃》（*Nightmover: How Aldrich Ames Sold the CIA to the KGB for $4.6 Million*），纽约：哈珀科林斯出版社，1993年；怀斯：《间谍：联邦调查局汉森叛国内幕》（*Spy: The Inside Story of How the FBI's Robert Hanssen Betrayed America*），纽约：兰登书屋，2003年。

2　约翰逊：《地平线上的威胁：冷战后美国对于安全的追求的内部叙述》。

使得他的银行账户早已空空如也。此外，躲避侦察这一挑战对他而言成了刺激的游戏。报酬是丰厚的，苏联和冷战后的俄罗斯先后向他支付了460万美元。雷德蒙向阿斯平–布朗委员会透露了揭露阿姆斯这个苏联“鼹鼠”身份的侦察工作的惊人细节。这证明了当中央情报局和联邦调查局精诚合作时，工作成效能有多大。对于阿姆斯间谍活动的危害评估表明，美国的情报工作遭受了重大损失。他出卖给克格勃及其后身对外情报局[1]的情报导致至少十名驻莫斯科政府的特工被杀。此外，俄罗斯对外情报局的反情报机构（部分基于阿姆斯的泄密）还成功地挫败了200起针对克里姆林宫的行动。

当时在华盛顿没有人知道，当阿斯平–布朗委员会对阿姆斯案件展开调查时，他的脏活正由苏联在美国政府内部安插的另一名特工加以弥补，这就是联邦调查局的汉森。他断断续续地为克格勃和对外情报局工作了长达二十年时间。直到2001年，联邦调查局才发现了俄罗斯安插的这名内鬼，这要得益于俄罗斯对外情报局内部的中央情报局特工提供的情报（阿姆斯和汉森都不知道这名莫斯科特工的存在）。在联邦调查局对苏反情报机构担任要职的汉森，跟阿姆斯一样，也为克里姆林宫提供了许多有关美国对苏和对俄间谍活动的情报。阿姆斯为莫斯科谍报首脑提供的许多信息，都被汉森进一步强化了。汉森和阿姆斯一道，几乎将美国在俄罗斯所有特工的信息都透露给了克格勃和对外情报局。此外，汉森还告知了对外情报局关于联邦调查局在俄罗斯驻美新使馆（乔治敦威斯康辛大道）内放置窃听设备的确切位置，关于同俄罗斯核战争爆发时美国计划如何实行紧急状况下的统治的绝密信息，以及关于美国追踪敌国潜艇的水下信号情报搜集能力的重要信息。[2]

在汉森的叛国动机中，金钱所占的分量比阿姆斯案件要轻一些，

---

1 克格勃（KGB），全称苏联国家安全委员会（1954年3月至1991年11月），前身为捷尔任斯基创立的契卡（Cheka）。当前俄罗斯情报界包括：负责对外情报事务的对外情报局（SVR）；负责国内安全事务的联邦安全局（FSB）；负责军事情报工作的总参谋部军事情报总局［又称“格鲁乌”（GRU）］。——编注

2 雷德蒙（Paul J. Redmond）：“反情报的挑战”（The Challenges of Counterintelligence），约翰逊主编：《牛津国家安全情报手册》，第537至554页。

尽管汉森也要求对方向自己支付了价值140万美元（约为支付给阿姆斯的四分之一）的宝石。汉森将这笔钱花在了华盛顿一名颇有姿色的脱衣舞娘身上，他是在一个酒吧里与她相识的。身为虔诚的天主教徒，汉森没怎么将这笔不义之财用在自己身上，而且看上去似乎对这场猫捉老鼠的反情报游戏乐在其中（他能避开联邦调查局和中央情报局的反情报同事吗？），并且试图将那名脱衣舞娘从堕落的生活中“拯救”出来。

他们二人露出的马脚，再加上中央情报局在俄罗斯对外情报局安插的特工提供的情报，最终使得阿姆斯和汉森的叛国行为遭到了揭穿。如今他们正在联邦监狱中服无期徒刑。

（四）“9·11”事件

美国历史上最严重的反情报失败发生在反恐领域，也就是未能阻止“基地”组织发动“9·11”袭击。曾经出现过阻止此次袭击的机会。早在1995年，中央情报局反恐中心就曾警告白宫和其他政府官员，美国可能遭到“空中恐怖主义”的打击，即恐怖分子劫持民航客机，将其撞向摩天大楼。[1]“9·11”事件正是如此。但正如第二章曾提到的，这一警告并未提及任何细节，例如此类事件可能发生的时间和地点，也就是说，这并非是能够引发行动的情报。此外，这只是一系列警告中的一例，其他威胁还包括恐怖分子通过驾驶撒药飞机播撒炭疽病毒或用喷淋罐播撒致病菌等方式发动生化袭击，用有毒物质污染美国的水供给，或是轰炸美国的核反应堆。

一下子列出这么多危险似乎起到了令官员麻痹大意的作用，导致他们面对这些令人不安的可能性无所作为。不过，人们有理由认为，克林顿政府至少应该与负责机场安全的交通部和美国飞行员协会分享这些警告。行动面临的另一大障碍无疑在于，为防止空中恐怖主义而采取的手段耗资巨大。例如，加强机场安保、加固驾驶舱门、雇用空中警察，等等。尽管与“9·11”事件造成的人力和物力损失相比，这些措施的开销只是九牛一毛。认为空中恐怖主义在美国本

1　阿斯平–布朗委员会报告。

土永远不会发生的一厢情愿的情绪，压倒了为避免这些事件而主张增加开支的政治风险。亟须处理的日常事务和其他诸多风险的麻痹效应，也起到了推波助澜的作用——避免这些风险要耗费巨资。

2005 年，“卡特里娜”飓风造成的灾难有着类似的警示意义。如果新奥尔良的政治领导人和公民愿意支付数十亿美元，在五级飓风来临前巩固防洪堤，这个大城市的民众就会免遭洪水侵害，巨大的人员伤亡也就不会发生。“9·11”事件和“卡特里娜”飓风事件都表明，公共政策面临一项重大挑战：当涉及高成本、低概率的紧急情况时，政治领导人应该怎么做？

就“9·11”事件而言，如果在加利福尼亚对后来劫持了飞机的十九个恐怖分子中的两个进行更强有力的监视，就有可能挫败这一图谋。然而，中央情报局和联邦调查局都没有完成这一任务。联邦调查局总部的工作人员也未能对特工发出的关于怀疑恐怖分子正在明尼阿波利斯（明尼苏达州）和菲尼克斯（亚利桑那州）两地进行飞行训练的警告做出回应。鉴于 1995 年的那份关于空中恐怖主义的报告，这些特工的报告本应受到联邦调查局总部的重视。考虑到在明尼阿波利斯进行训练的恐怖分子穆萨维（Zacarias Moussaoui）已被证实与外国恐怖分子有联系，情况就更是如此。[1] 此外，国会情报委员会中的议员们在 1995 至 2001 年也无所作为，只是召开了几次关于恐怖主义、反情报以及中央情报局与联邦调查局监控合作问题的听证会。

2001 年 1 月，当克林顿政府的反恐长官理查德·克拉克（Richard A. Clarke）警告新任国家安全顾问赖斯（Condoleezza Rice），国家安全委员会应立刻对“基地”组织针对美国的恐怖行动采取防御措施。但赖斯直到 9 月 4 日才召开了关于这一问题的首次主管人员会议。[2] 在“9·11”事件发生前的十年间，反情报工作的失误似乎就像是癌

1 迈尔：《阴暗面》；泽加特：《盲目的间谍活动：中央情报局、联邦调查局与“9·11”事件的起源》。

2 克拉克（Richard A. Clarke）：《反对一切敌人：美国反恐战争内幕》（*Against All Enemies: Inside America's War on Terror*），纽约：自由出版社，2004 年，第 237 页。

症一样转移了。总而言之，美国的情报机构在“基地”组织内部缺少内线，其情报分析师对这一恐怖主义组织也缺少历史性的认识。

（五）一系列叛国者

这都是美国近年来最著名的反情报和反恐失误的案例，但并不是仅有的案例。早在第二次世界大战期间，美国就在应对苏联在“曼哈顿计划”中安插了多名内线。正如海因斯、克莱尔和瓦西里耶夫的报告所言，英国科学家克劳斯·富克斯（Klaus Fuchs）在秘密地为苏联工作，并且窃取了大量关于核武器建设的秘密，从而令克里姆林宫在研制自己的原子弹时节省了数年时间和大笔资金——苏联制造原子弹的时间要比中央情报局所预测的快得多。[1] 苏联还有其他原子间谍，例如戴维·格林格拉斯（David Greenglass）、拉塞尔·麦克纳特（Russell McNutt）和埃塞尔·罗森堡（Ethel Rosenberg）。他们都是朱利叶斯·罗森堡（Julius Rosenberg）间谍团伙的成员。在搜集信号情报方面，苏联还招募了威廉·韦斯班（William Weisband），他向苏联透露了美国监听其军事通信的能力（维诺那计划）。根据海因斯等人的报告，克格勃还成功地招募了具有左翼倾向的记者斯通（I. F. Stone）。大多数专家表示，在苏联负责军事情报工作的格鲁乌很有可能招募了美国国务院资深官员阿尔杰·希斯（Alger Hiss）为高级特工。

根据海因斯等人的估算，从二战结束到50年代，苏联共招募了约500名美国公民做间谍，他们主要是私营部门的工程师，而不是政府官员。这些“间谍”大多对美国安全并未造成太大伤害，有可能还令克里姆林宫误以为自己比实际情况更具价值（招募反情报或情报搜集特工总免不了会遇到这一问题）。不过，富克斯和韦斯班

1 海因斯（John Earl Haynes）、克莱尔（Harvey Klehr）、瓦西列夫（Alexander Vassiliev）：《间谍：克格勃在美国的兴衰》（*Spies: The Rise and Fall of the KGB in America*），纽黑文：耶鲁大学出版社，2009年；吉布斯（Timothy Gibbs）：“捉住一名原子间谍：军情五处与对富克斯的调查”（Catching an Atom Spy: MI5 and the Investigation of Klaus Fuchs），约翰逊主编：《牛津国家安全情报手册》，第555至568页。

等人显然是发挥了重大作用的苏联间谍。

苏联在冷战期间对美国采取间谍活动的另一成功案例是，沃克家族在 60 年代将美国海军通信情报透露给了苏联。沃克一家出卖给克格勃的信息包括有关美国情报界大西洋水下监听网络的绝密情报，这一网络能够追踪苏联潜艇的动向。沃克一家还为苏联提供了美国潜艇发射弹道导弹的发射密码，使得苏联在战争期间能够令美国的这一重要核威慑无从发挥作用。如果苏美两个超级大国之间爆发战争，那么沃克一家的间谍活动对美国造成的伤害会比阿姆斯和汉森更大。1985 年，离婚后因未获得赡养费而怀恨在心的芭芭拉·沃克终于向联邦调查局揭发了自己的前夫、该间谍团伙首领约翰·沃克。

转而对自己的祖国采取间谍活动的这些人形形色色，动机不一。[1]其中某些较为著名的美国情报界和外部承包商中的叛国者名单如下：

·杰克·邓拉普（Jack E. Dunlap），在 60 年代为国家安全局工作，为苏联从事间谍活动，向莫斯科提供了许多有用的信号情报。[2]

·克莱德·康拉德（Clyde Konrad），美国陆军军士，1975 至 1985 年通过捷克斯洛伐克和匈牙利中间人为苏联提供了有关如果美苏在西欧开战，美国陆军将如何行动和采取何种通讯程序的信息。[3]

·威廉·坎派尔斯（William Kanpiles），在中央情报局刚刚任职一年的情报人员，为了少量津贴，在 1977 年向苏联出卖了一份关于美国监视卫星的文件，竟然希望在与苏联建立深入联系后，中央情报局会因此将自己雇用为双面间谍——这要么是一个离奇的想法，要么是一个愚蠢的借口。[4]

·威廉·贝尔（William Bell），为国防承包商工作，在 1981 年

1 克拉姆（Cleveland C. Cram）：“内鬼与抓内鬼者：反情报文献评论（1977—1992）”（Of Moles and Molehunters: A Review of Counterintelligence Literature, 1977-92），中央情报局情报研究中心，1993 年 10 月。

2 马丁（David C. Martin）：《充满镜子的荒野》（Wilderness of Mirrors），纽约：哈珀罗出版社，1980 年；雷恩拉夫：《中央情报局的兴衰》。

3 雷德蒙：“反情报的挑战”。

4 波尔马（Norman Polmar）、艾伦（Thomas B. Allen）主编：《间谍百科全书》（*The Encyclopedia of Espionage*），纽约：格拉默西出版社，1997 年。

试图将关于敏感技术的信息出卖给一名波兰情报官员，结果却被联邦调查局逮捕。

·爱德华·李·霍华德（Edward Lee Howard），中央情报局工作人员，在1983年（早于阿姆斯一年）与克格勃达成协议，出卖有关中央情报局在莫斯科行动的秘密情报，随后当联邦调查局试图逮捕他时逃至苏联。[1]

·乔纳森·杰·波拉德（Jonathan Jay Pollard）及其妻子，因为被犹太复国主义所吸引，向以色列政府提供了美国海军情报（不过，也没有拒绝对方提供的每年3万美元的报酬），在1985年被揭发。[2]

·罗恩·佩尔顿（Ron Pelton），国家安全局情报人员，在1980至1985年向苏联提供了高度机密的信号情报文件，在1985年被捕。

·托马斯·帕特里克·卡瓦纳（Thomas Patrick Cavanagh），为国防承包商工作的科学家，向苏联提供了关于美国高级雷达能力的信息，随即在1985年被联邦调查局逮捕。

·詹姆斯·霍尔（James Hall），陆军通讯专家，向克格勃出卖了关于美国在东欧信号情报行动的秘密信息，在1988年在反情报调查行动中被捕。

·克莱顿·隆特里（Clayton J. Lonetree），美国驻莫斯科大使馆守卫，唯一一名被判决间谍罪名成立的海军陆战队队员，被克格勃安排的色情交易所吸引，作为回报为其提供窃取自大使馆地下室的秘密文件，他因负罪感最终在1986年承认了自己的罪行。

·哈罗德·尼科尔森（Harold J. Nicholson），被指控为叛国罪的最高级别的中央情报局官员，在阿姆斯、汉森和霍华德从事间谍活动的同一时期为苏联和俄罗斯服务，直到1996年被捕——这要部分归功于阿姆斯案发后执行的要求情报人员向上级透露其个人财政状况的新措施。[3]

1　怀斯：《逍遥法外的间谍：霍华德的内幕故事》（*The Spy Who Got Away: The Inside Story of Edward Lee Howard*），纽约：兰登书屋，1988年。

2　赫希（Seymour M. Hersh）：“叛徒”（The Traitor），《纽约客》，1999年1月18日，第26至33页。

3　约翰斯顿（David Johnston）、魏纳：“一名中央情报局情报官员的轨迹”

·厄尔·皮茨（Earl Pitts），为俄罗斯从事间谍活动的联邦调查局特工，在 1997 年被捕。

·罗伯特·金（Robert C. Kim），在 1997 年被判决为韩国从事间谍活动罪名成立。[1]

·布莱恩·雷根（Brian P. Regan），在国家侦察局从事情报分析工作的美国空军军士长，试图将监视卫星数据出卖给伊拉克、利比亚，被揭发后在 2003 年被判处终身监禁。

有些叛国者是在 80 年代被揭发的，因而这段时期常常被称为“间谍十年”。其中，格外突出的年份是 1985 年，这一年被专家称为“间谍之年”。

这一长串名单代表着一系列令人沮丧的反情报失误，这使得中央情报局的一名反情报官员也不得不承认，“美国在抓内鬼方面的反情报表现，总体而言并不出色”。[2] 不过，在这方面表现不佳的不只有美国。在冷战期间，苏联对英国、法国和德国政府的渗透甚至比美国级别还高。令人感到安慰的或许是，西方同样成功地对苏联进行了渗透。[3] 此外，还需要强调的是，在这些年间担任过政府要职和享受过公众信任的上百万联邦雇员中，这些叛国者所占的比例是很小的。

（接上页）（On the Trail of a CIA Official），《纽约时报》，1996 年 11 月 21 日；平克斯、苏罗（Roberto Suro）：“除掉中央情报局内的‘烂苹果’”（Rooting Out the “Sour Apples” Inside the CIA），《华盛顿邮报》，1996 年 11 月 25 日。

1 魏纳：“韩国人间谍罪名成立”（Former South Korean Pleads Guilty in Spying Case），《纽约时报》，1997 年 5 月 8 日。

2 韦特林（Frederick L. Wettering）：“反情报：破碎的三角”（Counterintelligence: The Broken Triad），《国际情报与反情报杂志》，2000 年秋季刊，第 13 卷，第 265 至 299 页。

3 克拉多克：《了解你的敌人》；古德曼：《监视核熊：英美情报与苏联核弹》（*Spying on the Nuclear Bear: Anglo-American Intelligence and the Soviet Bomb*），斯坦福：斯坦福大学出版社，2007 年；雷恩拉夫：《中央情报局的兴衰》；西奥哈里斯（Athan Theoharis）：《追逐间谍》（*Chasing Spies*），芝加哥：伊万·迪出版社，2002 年。

二、叛国的动机

反情报的核心问题在于，这些公民为何会叛国？记者斯科特·肖恩（Scott Shane）表示，专家认为存在着四大标准答案：金钱、意识形态、不利处境（被抓到把柄后受到勒索）和自负心理（如阿姆斯、汉森等人表现的“我能战胜体制”的精神）。他指出，还应加上第五条和第六条原因：民族主义，即某些移民出于对祖籍国的深厚感情，可能为其从事间谍活动；性诱惑。[1] 在政治学家斯坦·泰勒（Stan Taylor）和丹尼尔·斯诺（Daniel Snow）看来，冷战期间这些美国公民叛国的原因，可以分为以下五类：[2] 排在第一的是“贪婪”（金钱），占 53.4%；第二是“意识形态”，占 23.7%；第三是“迎合心理”，即为了友情或爱情，或是为了给上级或性伴侣留下好印象，占 5.8%；第四是“不满情绪”，大多由于仕途不顺导致，占 2.9%；第五是“其他”，占 12.2%，包括与外国情报机构接触来寻求詹姆斯·邦德一般的刺激感。

国防承包商凯瑟琳·赫比希（Katherine L. Herbig）认为，几名间谍被捕的案例表明叛国动机发生了转变。[3] 根据她的分析，意识形态是 20 世纪 40 年代和冷战初期叛国者的首要动机，例如富克斯就相信，如果苏联在原子武器上能够与美国匹敌，就能够更加有效地促进世界和平。赫比希（同泰勒、斯诺一样）发现，此后至冷战末，贪婪开始成为叛国的主要因素。近来又出现了归化的美国公民为祖籍国从事间谍活动这一新的趋势。这些人大多都宣称忠于美国，但同样也忠于祖籍国，由此引发的对事关美国国家安全的敏感信息的未经授权的披露行为，显然是令人无法接受的。

1 肖恩：“间谍的动机：为了对另一国家的热爱”（A Spy’s Motivation: For Love of Another Country），《纽约时报》，2008 年 4 月 20 日。

2 泰勒（Stan A. Taylor）、斯诺（Daniel Snow）：“冷战间谍：他们为何这么做以及是如何被捉住的”（Cold War Spies: Why They Spied and How They Got Caught），《情报与国家安全》，1997 年 4 月，第 12 卷，第 101 至 125 页。

3 肖恩：“间谍的动机：为了对另一国家的热爱”。

三、抓内鬼

抓内鬼并不容易。即使是在1954至1974年担任中央情报局反情报长官的超级侦探詹姆斯·安格尔顿（James Angleton），也至少被苏联人欺骗过一次。[1]英国军情六处的情报人员金·菲尔比（Kim Philby）在60年代驻华盛顿期间成了他的朋友。两人经常共进午餐和参加其他社交活动，还常常交流针对苏联的反情报工作的经验。两人都接受过良好的教育（安格尔顿毕业于耶鲁大学、哈佛大学，菲尔比毕业于剑桥大学），都学识渊博、温文尔雅，也都是经验老到的反情报专家。然而，菲尔比却和好几位大学同学（所谓“剑桥间谍团伙”）一样，都是为苏联工作的间谍。当调查人员快要揭露真相时，菲尔比逃到了莫斯科。安格尔顿已经开始对这名午餐伙伴心生怀疑，正开始着手调查。当菲尔比的真实身份被揭露之后，他显然感到无比尴尬。[2]

此后，安格尔顿的“被迫害妄想症”这一反情报人员的职业病变得更加严重了。他加强了在中央情报局内部抓内鬼的努力，这或许是为了补偿在菲尔比案件上受到的羞辱。批评者声称安格尔顿开始不加区分地怀疑同事，在没有足够证据的情况下就指控他们可能是苏联间谍。这在中央情报局内部造成了麦卡锡主义一般的氛围。

1　关于安格尔顿，见赫希：“安格尔顿的故事”（The Angleton Story），《纽约时报杂志》，1978年6月25日；胡德、诺兰（James Nolan）、哈尔珀恩（Samuel Halpern）：“围绕着安格尔顿的迷思：美国反情报的教训”（Myths Surrounding James Angleton: Lessons for American Counterintelligence），情报改革工作组论文集，1994年；约翰逊：“安格尔顿与彻奇委员会”（James Angleton and the Church Committee），《冷战研究杂志》（*Journal of Cold War Studies*），2013年秋季刊，第15卷，第128至147页；曼戈尔德（Tom Mangold）：《冷战勇士安格尔顿：中央情报局反情报主管》（*Cold Warrior: James Jesus Angleton, the CIA's Master Spy Hunter*），纽约：西蒙与舒斯特出版社，1991年；温克斯（Robin W. Winks），《斗篷与长袍：秘密战争中的学者（1939—1961）》（*Cloak and Gown: Scholars in the Secret War, 1939-1961*），纽约：莫罗出版社，1987年，第322至438页。

2　安格尔顿早期对菲尔比的疑虑，见雷恩拉夫：《中央情报局的兴衰》。

批评者还抱怨称，安格尔顿在向华约国家（苏联在东欧的卫星国）渗透方面表现得过于被动，因为他认为由于中央情报局已经遭到了克格勃特工的渗透，此类行动将会是徒劳的，这些间谍很快就会向克里姆林宫通风报信。[1]

安格尔顿的支持者反驳称，他只是在尽一名坚决且不知疲倦的反情报专业人员的职责而已，如果他在“间谍十年”仍担任反情报长官，就可以捉住阿姆斯。此外，他们还认为，安格尔顿一点也不被动，事实上，他是中央情报局历史上最为积极的反情报长官，甚至还在行动部开展了渗透和虚假情报行动。这些行动受到中央情报局总部第七层楼的监管很少，看上去更像是秘密行动，而不是反情报行动。一个广为人知的案例是，据说安格尔顿篡改了赫鲁晓夫在斯大林逝世后所做的“秘密报告”，加入了虚假内容，并将其在东欧传播，显然是希望通过进一步抹黑斯大林时代来煽动反苏起义。[2]

一名英国记者捕捉到了安格尔顿的反情报长官任期之所以会引发争议的原因。他写道，反情报工作是个“浑浊的世界，充满了风险、危险、个人嫉妒和无休止怀疑：你身边的同事可能是苏联间谍。这种情况会导致被迫害妄想症，会损害人的性格”。[3]政治学家杰维斯（Jervis）补充道：“对于何种程度的疑心才是适度的这一问题，没有简单的答案。”[4]

1974 年，对于安格尔顿举止过分的指控已经在中央情报局流传开来，于是科尔比解除了他的职务。表面上的理由是他对于中央情报局和以色列情报机关的关系插手太多，但实际原因在于他的过分举止引发了越来越多的抗议。有些人甚至指控安格尔顿本人就是苏

1　雷德蒙：“反情报的挑战”。

2　赫希：“安格尔顿的故事”。

3　布兰登（Henry Brandon）：“间谍的自白”（The Spy Who Came and Told），《华盛顿邮报》，1987 年 8 月 24 日。

4　杰维斯：“情报、反情报、感知和欺骗”（Intelligence, Counterintelligence, Perception and Deception），西姆斯、格贝尔（Burton Gerber）主编：《金库、镜子和面具：重新发现美国的反情报》（*Vaults, Mirrors and the Masks: Rediscovering US Counterintelligence*），华盛顿特区：乔治敦大学出版社，2009 年，第 69 至 79 页。

联间谍。其他人则毫无根据地认为科尔比也是苏联间谍。难怪安格尔顿常常将反情报工作称作“满是镜子的荒野”。[1] 在这个超现实的领域中，很难分清楚谁说的是真话，谁又在撒谎。

一名经验老到的反情报官员曾写道：“除了间谍丑闻被揭发后和重大行动失败后的短暂时期，中央情报局一贯不是太重视反情报工作。”[2] 某个总统委员会在 2005 年做出了更加直率的判断：“美国反情报工作依然是支离破碎的、短视的、不怎么有效的。”[3] 和其他情报使命一样，美国的反情报行动也过于分散了，缺乏统一领导。2004 年《情报改革与反恐法案》至少创立了一个直接向白宫和国家情报总监办公室报告的国家反恐中心。国家反恐中心有助于协调美国针对“伊斯兰国”和其他恐怖组织的反情报工作，尽管大多数观察者都认为国家反恐中心在实现反情报工作的全面融合方面只取得了部分成功。

1995 年，中央情报局的一名资深反情报人员向阿斯平-布朗委员会警告称：“我们永远无法阻止人们‘自愿地’为敌国从事间谍活动。我们只能学习如何尽早抓获他们，并鼓励人们举报那些举止可疑者。”[4] 抓内鬼需要出色的反情报技能——围猎“鼹鼠”法。

四、反情报技能：安全和反间谍

反情报技能由两个互补的成分组成：安全和反间谍。前者指的是被动的、防御性的反情报行动，后者指的是积极的、进攻性的反情报行动。

---

1 艾略特（T. S. Eliot）的诗《小老头》（*Gerontion*），1920 年。

2 雷德蒙：“反情报的挑战”。

3 西尔伯曼-罗布委员会报告，2005 年，第 490 页。

4 加拿大情报学者沃克斯（Wesley Warks）也有着类似的评论：“叛国的事例会不断发生。能够获得秘密的人有时会屈服于过上双重生活的诱惑，或是屈服于贪婪和愚蠢。”见“为了金钱”（For Love of Money），《渥太华公民报》，2009 年 2 月 7 日。

国家安全情报

（一）安全

在文艺复兴时期的威尼斯，无所不能的十人委员会采取的一项安全措施是“狮子的嘴”，即在威尼斯全城各地都放上张着大嘴的大理石狮子，从而令“威尼斯人能够通过将举报信塞进狮子嘴里的方式，匿名揭发可疑的邻居”。[1]当时，不存在公开审判和上诉。较轻的惩罚是将被告头朝下埋进地里，只有双腿伸出地面。幸好这种做法已经成为历史——尽管“伊斯兰国”还在以中世纪的方式进行反情报行动。2016 年，当一名“伊斯兰国”高级领导人在叙利亚北部被美国无人机炸死后，该组织的反情报机构展开了对其组织内部高层线人的搜捕行动。拥有一部手机或是能够上网，都足以成为涉嫌西方间谍的罪证，遭受斩首、活活烧死或硫酸浸泡的刑罚。

在西方国家，反情报工作依赖的是在情报机构内部维持良好的安全状况，针对某国的敌对行动采取静态防御措施。这种防御手段包括对人员的筛查、对求职者的背景加以广泛调查，并且建立敏感材料的保护机制。

此外，还存在其他安全措施。例如，中央情报局所有新入职者都要接受测谎仪测试，其他工作人员也要定期接受检验。不过，正如阿姆斯的案例所暴露的，测谎仪也会出错。早在阿姆斯之前，在国家安全局就已经有数名叛国者通过了测谎仪测试，但他们为苏联从事的间谍活动从未得到揭发。[2]测谎仪的不可靠有时会毁掉在接受测试时表现糟糕的无辜者的声誉。用中央情报局一名情报官员的话来说就是：“测谎仪对我们的人事和特工系统造成了巨大伤害。”[3]不过，测谎仪有时候也能够揭发真正的可疑人员。例如，一名中央情报局求职者就在接受测谎仪测试时说漏了嘴，承认自己杀害了妻子，并将她埋在了后院。这自然无法通过中央情报局的安全审核。

1　普朗布（J. H. Plumb），《意大利文艺复兴》（*The Italian Renaissance*），波士顿：霍顿·米夫林出版社，1961 年，第 102 至 103 页。

2　爱泼斯坦（Edward Jay Epstein）：“间谍战”（The Spy War），《纽约时报杂志》，1980 年 9 月 28 日，第 108 页。

3　2010 年 4 月 15 日，与本书作者的通信。

总体而言，对待测谎仪测试结果应该抱有一定程度的怀疑。额外安全措施还包括：电子栅栏；武装警卫和警犬；护栏、刺钢丝和路桩；上锁的保险柜和大门；表明身份的徽章；安保教育；对敏感文件的严密看护；内部安全人员对电脑、邮件、传真和电话进行的监控；对情报官员所写下的公开材料的审查；伪装；加密。

在国外也要注意安全问题。大使馆必须对其人员和机密文件加以保护。此外，美国情报官员常常处于世界的敌对地区。1983 年，一名吸食了大麻的恐怖分子开着一辆满载爆炸物的货车驶向了美国驻贝鲁特大使馆，炸死了上百名海军陆战队队员和数名情报官员。2000 年，也门的“基地”组织恐怖分子袭击了停靠在该国首都亚丁的美国海军“科尔”号驱逐舰，此次自杀式袭击杀死了 17 名美国海军人员。2009 年，身为双面间谍、假装为中央情报局工作的约旦医生巴拉维（Humam Khali Abu-Mulal al-Balawi）在阿富汗库纳尔和自己一同参加一场战略会议的许多情报官员身旁点燃了自己身着的自杀式袭击背心。这些情报官员中包括阿富汗站站长珍妮弗·马修斯（Jennifer Matthews）。更加严格的安保措施本可以避免上述悲剧的发生。例如，在巴拉维发动袭击之前，至少可以由反情报专家对他的真实身份加以更加仔细的审查；作为常规程序，在会议开始前也应该对他加以彻底的搜身。[1]

安全的网络维度

近年来，同样容易受到攻击的，还包括西方国家的电脑系统。“9·11”事件之后，美国加强了与其他国家通过电脑共享信息的力度，这使得情况更加严重了。美国正试图将十七个情报机构以及州和地方反恐机构的电脑连接起来。信息共享固然重要，但这却为反情报工作带来了困难：如果未来再出现阿姆斯或汉森这样的案例，那么出卖的就不只是自己所处情报机构的情报，而是整个情报界电脑系统的情报。一名反恐官员警告称：“尽管自‘9·11’事件以来，

1 马泽蒂：“情报官员未能在袭击前对中央情报局发出预警”（Officer Failed to Warn CIA Before Attack），《纽约时报》，2010 年 10 月 20 日。

我们的情报共享工作得到了极大扩展，但还是需要考虑某些信息的安全性和敏感性问题。”[1] 情报机构的专家和外部信息技术顾问正在加紧建设可靠的防火墙，以防止整个情报界的信息遭到泄露的情况出现。在冷战结束之后不久，一名资深的中央情报局反情报官员曾将这一问题称为反情报工作面临的头号挑战。国家情报总监克拉珀也常常将网络安全称为美国情报工作面临的重大挑战。[2]

网络安全尽管重要，但美国在这一领域的防御手段还处于原始状态。权力体系和职责范围仍处于混乱状态，分散而非集中对付黑客乃至更多的网络攻击仍然是政府网络安全部门的特征。每个安全机构都有着自己的网络安全部门，这些部门之间的整合程度不够。情报机构那种碎片化的状况在网络安全领域重现了。网络安全的防御性措施正在得到加强，筑起了更为强大的防火墙，针对未来类似政府承包商斯诺登 2013 年披露机密文件这样的“内部威胁”，也采取了进一步的措施。但网络安全的进攻性措施还需要得到更多重视，尤其是美国采取网络攻击这一新形式的秘密行动——电子破坏的可行

1 迪拉尼安：“美国的反恐机构依旧受困于情报分享方面的失败”（US Counter-Terrorism Agents Still Hamstrung by Data-Sharing Failures），《洛杉矶时报》，2010 年 10 月 5 日。

2 雷德蒙对阿斯平-布朗委员会做出的评论。克拉珀早在 2013 年就开始强调网络威胁的重要性，他多次在公开场合做出了类似的评论。例如，见马泽蒂、肖恩：“情报主管称网络攻击是美国面临的首要威胁”（Spy Chief Calls Cyberattacks Top Threat to the US），《纽约时报》，2013 年 3 月 13 日。网络威胁的一个例子是，伊朗伊斯兰革命卫队向数家美国银行发动了网络攻击，甚至还尝试控制纽约郊区的一个小型水坝。见桑格（David Sanger）：“美国指控七人与伊朗的网络攻击有关”（US Indicts 7 Tied to Iranian Unit in Cyberattacks），《纽约时报》，2016 年 3 月 25 日。一个重要的道德问题在于，西方国家在发动极具侵略性的网络攻击打击敌人方面应该走多远。据说，美国的情报机构与以色列情报机构一道，在伊朗重要部门的电脑中植入了病毒，以破坏德黑兰的核武器项目。这一行动破坏了伊朗 20% 的核能力。见克什纳（Isabel Kershner）：“伊朗核项目的扰乱者达甘去世”（Meir Dagan, Israeli Who Disrupted Iranian Nuclear Program, Dies at 81），《纽约时报》，2016 年 3 月 18 日；桑格：《对峙与隐瞒：奥巴马的秘密战争以及对美国权力的惊人运用》（*Confront and Conceal: Obama's Secret Wars and Surprising Use of American Power*），纽约：王冠出版社，2012 年。

性与道德性问题。

电脑反情报领域的另一要素在于网络间谍和网咯战。网络间谍行为是指外国政府通过网络手段获取美国国家安全信息或商业信息的行为。通过在网上散发宣传材料和招募年轻的潜在圣战者，恐怖组织也展现出了出色的电脑技术。此外，青少年黑客也常常做出冒失之举。网咯战要更进一步，试图破坏或是摧毁电脑网络，这相当于网络形式的秘密行动。公司、证券交易所、政府电脑、空管机构、地铁和电网都是网络间谍和网咯战的潜在目标。例如，专家就曾警告称，就网络间谍行为而言，中国“发动了全面的经济攻势”，尽管实际上没有证据表明北京向美国发动了网咯战。事实上，中国对华尔街的投资如此巨大，以至于这样做就相当于攻击自己。

尽管美国、俄罗斯等国家如果改善政治和贸易关系，要比互相采取间谍行为更加有利，但现实情况是，1985 至 2016 年美国共发现了 161 名俄罗斯间谍。联邦调查局调查的经济间谍案件数量在 2014 至 2015 年增长了 53%。外国间谍的目标包括美国钢铁、铝业、通用电气和西屋等公司。网络间谍不停地搜寻关于美国战斗机发动机和无人机设计图纸等信息。[1]

反情报问题的出现还由于在“9·11”事件之后，各个情报机构之间的信息共享受到了重视，这包括情报机构和执法机构之间合作的加强。但情报机构和执法机构之间的合作常常仍不够密切。例如，情报机构希望秘密地追踪有嫌疑的外国特工，以找出其团伙的其他成员、该团伙的目标和他们的运作方式。相较之下，执法机构往往希望立即将其绳之以法。

1 赫希：“网络威胁”（The Online Threat），《纽约客》，2010 年 11 月 1 日，第 44 至 55 页。关于俄罗斯，近来的一份基于公开情报的报告指出，其对外情报局在过去十年间规模大幅扩张了，办公面积翻了一番，停车场面积增加了三倍。2016 年，美国反情报机构指控俄罗斯间谍入侵了民主党全国委员会的电脑。有些知情观察家认为，俄罗斯总统普京下令采取这些行动，以找到令民主党难堪的信息，从而增加特朗普取胜的机会。如果真是这样，这将是一起试图操纵美国总统选举的严重行为。见桑格、施米特：“情报机构愈发就俄罗斯入侵了民主党全国委员会电脑达成共识”（Spy Agency Consensus Grows That Russians Hacked DNC），《纽约时报》，2016 年 7 月 27 日。

2010年，华盛顿的执法机构官员透露，在美国存在着一个俄罗斯间谍团伙，并且逮捕了该团伙中已知身份的成员，将其遣返回了俄罗斯（在俄罗斯他们被视为英雄）。中央情报局的反情报官员则更希望继续监视他们的一举一动，从而增加对该团伙的目标的了解。不过，就这一案件而言，他们还是表示同意联邦调查局执法人员的意见，即认为有必要逮捕这些特工，因为他们担心俄罗斯情报机构就要对该组织内部的某个美国内线动手了，此人向中央情报局透露了美国境内俄罗斯情报网络的举动。这名线人及其家人被转移到了其他地方，更改了身份，过上了隐姓埋名的生活，直到被抓获和遭到处决。尽管就这一案例而言，情报机构和执法机构达成了一致，但二者之间的分歧和争执才是常态。[1]

（二）反间谍

发现具体的敌人并详细了解其计划或行动，是成功的反间谍活动的起点。雷德蒙将反间谍活动定义为："对间谍活动的侦察和破坏。"[2] 反间谍人员通过在敌对的情报机构或恐怖团体安插内线——这种行为也被称为"渗透"——或是通过操纵手段来误导敌人，以此达到破坏间谍活动的目的。

渗透

渗透的潜在价值在所有反情报技能中是最高的。[3] 由于反情报的

1 列维（Clifford J. Levy）："变节者帮助挫败了俄罗斯间谍"（Turncoat Aided in Thwarted Russian Spies, Article Says），《纽约时报》，2010年11月12日。关于美国警察和间谍之间的关系，见贝克（James E. Baker）：《共同防御：危险时代的国家安全法律》（*In the Common Defense: National Security Law for Perilous Times*），纽约：剑桥大学出版社，2007年。

2 雷德蒙："反情报的挑战"。

3 见以下关于反情报的图书。约翰逊主编：《牛津国家安全情报手册》；约翰逊主编：《战略情报：反情报和反恐怖主义，保卫国家免受敌对势力侵犯》（*Strategic Intelligence: Vol. 4: Counterintelligence and Counterterrorism, Defending the National against Hostile Forces*），韦斯特波特：普雷格出版社，2007年；约翰逊主编：《情报研究手册》；巴特维尼斯（Raymond J. Batvinis）：《联邦

首要目标是遏制和破坏敌人的情报机构，就有必要事先了解敌人的意图和能力。实现这一目标的最佳方式就是在敌国的情报机构、政府或恐怖组织内部，安插一个高层内线。用麦科恩（肯尼迪时代的中央情报总监）的话来说就是："经验表明，渗透是针对苏联情报机构最为有效的应对方式。"[1] 国家情报总监布莱尔在2009年评论称，情报界判断某个恐怖组织是否对美国构成直接威胁的"首要方式"是"对其进行渗透，从而了解他们是否打算对美国发动袭击"。[2] 此外，一个优秀的内线还能够判断本国的情报机构是否遭到敌人的渗透。例如，要是中央情报局没有得益于一名克里姆林宫内线提供的信息，那么阿姆斯和汉森还可能隐藏更长时间。

潜伏特工

向敌国情报机构进行渗透的方式有许多种。通常而言，最为有效的方式是招募潜伏特工。此人已经在敌国的情报机构或是恐怖组织内任职，因此很接近美国希望窃取的那些文件。

双面间谍

另一种常见的渗透方式是使用双面间谍，即某人假装为本国的情报机构从事间谍活动，但事实上是在为敌国服务。这种做法费时费力，需要为敌人提供某些真实的文件，从而加强特工的伪装。这种做法还具有很大的风险，因为特工的忠诚度常常值得怀疑，同时出卖双方利益的情况时有发生。某个双面间谍究竟是在为美国服务呢，还是在为敌人服务呢？或者是在玩弄双方，从而赚取双倍的报酬？更加复杂的是，这些特工还有可能成为三重间谍。欢迎来到安格尔顿的镜子迷宫。

（接上页）调查局反情报的起源》（*The Origins of FBI Counterintelligence*），劳伦斯：堪萨斯大学出版社，2007年；西奥哈里斯，《追逐间谍》。

1 彻奇委员会报告，第167页。

2 德扬（Karen DeYoung）、平克斯："打击'基地'组织取得的成功"（Success Against al-Qaeda Cited），《华盛顿邮报》，2009年9月30日。

叛逃者

几乎和潜伏特工同样出色，并且比双面间谍更容易管理的就是携敌国情报机构机密或恐怖组织内幕的叛逃者。不过，潜伏特工终归还是要优于叛逃者，因为前者能够持续不断地从敌人内部获取关于最新计划和行动的有用信息。但由于担心身份暴露，潜伏特工往往不愿意在敌国内部待上太长时间。对于伊朗、朝鲜等国家或“伊斯兰国”等恐怖组织而言尤其如此，这些地方的安保措施十分严密，对于叛徒的惩罚也十分迅速和严厉。随着身份暴露的危险渐渐增大，大多数潜伏特工都会在某个时候要求转移。

叛逃者信息的可信度在美国一直是个引发争议的问题，中央情报局和联邦调查局的关系也经常因此而变得紧张。例如，20 世纪 60 年代，关于某名苏联叛逃者究竟是真是假的争论就导致这两个机构的反情报官员之间爆发了激烈的龃龉。就连中央情报总监赫尔姆斯和联邦调查局局长胡佛都在几个月的时间里拒绝与对方交谈。四十年后，中央情报总监特内特还将联邦调查局和中央情报局之间糟糕的关系称为导致“9·11”事件中反情报工作失误的最大弱点。[1]

许多像潘科夫斯基那样最为出色的特工都是潜伏特工，其他人则是主动接触美国大使馆的叛逃者。这些人要么实实在在地走进了美国大使馆，自愿提供间谍服务，要么将机密文件送进了大使馆，从而与美国进行接触——潘科夫斯基的做法就是这样，尽管他是一名潜伏特工，而不是叛逃者。如果中央情报局愿意接受他们为美国服务——潘科夫斯基起先遭到了美国公民的拒绝，但英国人接受了他——那么叛逃者可能会被送往美国接受问讯，并获得一个新的身份；或是待在原来的情报机构里，成为潜伏特工——这正是潘科夫斯基采取的模式。他无疑最终对这种做法感到后悔，因为他的身份暴露后遭到克格勃的处决。

在肯尼迪总统遇刺后不久，中央情报局为一名叫尤里·诺森科（Yuri Nosenko）的苏联叛逃者提供了避难身份，在接受讯问时提

1　泽加特：《盲目的间谍活动：中央情报局、联邦调查局与“9·11”事件的起源》，第 113 页。

供了这样一则信息：苏联与刺杀肯尼迪一事无关，尽管被指控的凶手奥斯瓦尔德（Lee Harvey Oswald）在行刺前曾一度叛逃至苏联。在对诺森科进行了大量盘问之后，联邦调查局认为他的说法是可信的。然而，中央情报局反情报长官安格尔顿在该机构盘问了诺森科之后，却并不赞同联邦调查局的结论。中央情报局在严酷条件下将诺森科关押了 1277 天。最终，包括中央情报局大多数审问者在内的情报界人员都认为诺森克在与苏联的对抗中是个值得信赖的盟友。他在华盛顿重新安顿了下来，成为中央情报局的一名顾问。但安格尔顿从来不曾信任他和他提供的关键信息。

欺骗与虚假情报

反间谍活动的另一种方式是向敌人提供虚假信息，使得他采取与自己的利益相悖的行动。正如杰维斯所言："反情报和欺骗是交织在一起的。显而易见的是，国家肯定担心敌国会利用特工向自己提供虚假的信息。硬币的另一面则是，国家也会利用敌国的情报机构向其提供虚假信息。"[1] 这又是一座镜子迷宫。

使得德国人误以为盟军将在加来海峡而非诺曼底登陆，就是美国和英国在二战的转折关头成功施展骗术的一个经典例子。杰维斯强调了此类骗术的潜在重要性："如果希特勒知道盟军将于诺曼底登陆，或是在盟军登陆之时就派出自己的军团，那么他就又可能将盟军赶入大海。"[2]

秘密监视和挑衅

反间谍人员还十分擅长通过使用声音、邮件、实体或者"光学"监视技术来追踪可疑的内鬼。1975 年，一个名叫"九月十七日"的地方恐怖组织杀死了中央情报局雅典站站长。当他的尸体被运回美国埋葬时，东欧"外交官"（实际上是反情报人员）混入了出席葬

1　杰维斯："情报、反情报、感知与欺骗"，第 71 页。

2　杰维斯："情报、反情报、感知与欺骗"，第 77 页；霍尔特（Thaddeus Holt）：《欺骗者：二战中盟军的欺骗行动》（*The Deceivers: Allied Military Deception in the Second World War*），纽约：斯克里布纳出版社，2004 年。

礼的媒体队伍，拍下了参加葬礼的中央情报局情报官员的照片，并且记录下了他们的车牌号。

由于进攻性反情报手段关注的是破坏敌人的情报机构，因此挑衅行为就可以成为反间谍活动的一大要素。这种做法的目的在于通过干扰广播电视信号或是打断社交媒体通信等方式对敌人进行骚扰。其他手段还包括公开披露敌国特工的姓名，或是在敌人的情报机构内安插一名专门制造麻烦的虚假叛逃者——此人事实上是潜伏的挑衅特工，在执行完煽动混乱与分歧的短期任务后就将离开。有些反情报专家认为，俄罗斯对外情报局的尤尔琴科（Vitaly Sergeyevich Yurchenko）扮演的正是这样的角色。尤尔琴科在1995年“叛逃”至美国，但三个月之后就在与中央情报局接头人共进午餐后前往了俄罗斯大使馆，再次叛逃回了俄罗斯（半数叛逃者都会再度叛逃）。对这起事件的调查依然没有得出确切的结论：尤尔琴科究竟自始至终就是一名虚假的叛逃者，还是由于担心俄罗斯情报机构伤害自己仍留在俄罗斯的家人才选择回国并与当局合作？尤尔琴科并未被杀死，甚至也从未被监禁起来，这一事实增添了认为他是负责弄清中央情报局反情报手段的虚假叛逃者这一假设的可信度（尽管他也向中央情报局透露了关于俄罗斯针对美国间谍活动的有用信息）。

《纽约时报》在2016年8月报道了另外一起与伊朗叛逃者相关的事件，表明了改变心意、返回祖国的叛逃者常常会遇到的情况。2009年，中央情报局招募了年轻的伊朗核科学家阿米里（Shahram Amiri），令其作为潜伏特工对本国的大规模杀伤性武器项目尤其是原子弹计划采取间谍活动。当中央情报局感到伊朗情报机构已经盯上了阿米里之后，便将他转移到了美国图森市，并给了他500万美元奖励。但阿米里十分想念仍然留在伊朗国内、与感情不和的妻子待在一起的儿子，于是便在2010年冒着危险返回了德黑兰，并且向伊朗反情报机构表示，自己从未以任何具有实质内容的方式与华盛顿进行过合作，希望和儿子一起重新在德黑兰生活。但等待着阿米里的命运与尤尔琴科迥然不同。2015年，伊朗司法部的一名发言人宣布，因间谍罪被关押了五年之后，阿米里因“向敌国泄露绝密信息”被处以绞刑。

引渡和审问

自“赫斯顿计划”以来，或许最具争议的反情报技能要数中央情报局进行的非常规引渡和严酷审问。在小布什政府时期，中央情报局在欧洲绑架恐怖主义嫌疑人，将其用中央情报局飞机运回开罗或是中欧某处秘密监狱（“黑牢”），对其进行审问乃至酷刑折磨，以得知关于“基地”组织活动的更多消息的做法被公之于众。此类非常规引渡行为是根据小布什政府的命令执行的，司法部宽松的规定导致了过分行为的发生。[1]通过将被拘留者运送至另外一个不受美国宪法约束的国家，政府官员就自欺欺人地认为美国逃避了审问期间可能发生的任何不道德行为的责任。毕竟，中央情报局并没有亲自对受害者进行电击。有时候，弄错身份还会导致引渡错了对象。还有些时候，审讯者想听什么内容，受折磨者就会说出什么内容，只求能够摆脱痛苦，但事后他们又会翻供。

例如，2003年，中央情报局在巴基斯坦抓获了“9·11”事件的策划者穆罕默德（Khalid Sheikh Mohammed）。媒体猜测穆罕默德可能遭到了中央情报局审问者的虐待乃至折磨。中央情报局官员回应称，不会对他动用强力，因为精神压力比肉体痛苦更加有效。也许会进行睡眠剥夺，但只要他肯合作，就会收到回报：美食、香烟、书籍、休息和电视。但中央情报局官员也承认，被抓获的恐怖分子可能会被强迫以难受的姿势或站或坐数小时时间，但不会拉伸其肢体。事后才被披露，穆罕默德被处以了多达183次水刑，这种酷刑会令人产生溺水的感觉。

另一名在巴基斯坦抓获的“基地”组织军事领导人祖贝达（Abu Zubaydah）因为腹股沟中弹，正在服用止痛药。审问者拿走了他的药物，直到他肯合作为止。参议院情报特别委员会的民主党成员在2015年发布的关于酷刑折磨问题的报告进一步表明，“基地”组织成员被脱光了衣服，吊在审讯室的天花板上，常常遭到踢踹，从而令他们保持清醒状态。他们被铐得如此之紧，以至于流往四肢的血

1 迈尔：《阴暗面》。

流都停止了。最令人不安的指控是，两个“基地”组织成员在阿富汗美军基地接受审讯期间被用钝器击打致死。[1]这些手段是否带来了有价值的情报信息仍有争议（多数专家表示并没有），但有一项结论是公认的：在世界舆论看来，使用酷刑损害了美国的声誉，而这一点在争取其他国家及其公民的效忠这一竞争中是至关重要的。[2]

在小布什政府时期，对于可接受的和不可接受的审讯手段的区分十分模糊，考虑到“9·11”事件造成的严重后果，对于“9·11”事件仍感到愤怒并且担心新的袭击突然发生的审问者可能会令二者之间的界限变得更加模糊。在这种担忧“定时炸弹”的心理促使下，必须尽一切手段从受审问者口中获取信息。在美国遭到恐怖袭击之后，中央情报局反恐中心主任布莱克（Cofer Black）曾称：“存在着‘前“9·11”时代’和‘后“9·11”时代’。在‘后“9·11”时代’，我们脱下了手套。”[3]然而，在脱下手套的同时，宪法常常也被扔到了一边。

五、保密与国家

避免国家秘密被（有意或无意地）泄露，是反情报官员的职责

1　坎贝尔（Duncan Campbell）：“阿富汗囚犯被击打至死”（Afghan Prisoners Beaten to Death），《卫报》，2003 年 3 月 7 日。

2　关于认为严酷的审讯手段是不适当的且收效甚微这一观点，见约翰逊：“获取信息：审讯的科学与艺术”（Educing Information: Interrogation: Science and Art），《情报研究》，2007 年 12 月，第 51 卷，第 43 至 46 页；约翰逊（Wiiliam R. Johnson）：“交易的技巧：反情报审讯”（Tricks of the Trade: Counterintelligence Interrogation），《国际情报与反情报杂志》，1986 年第 1 卷，第 103 至 133 页；迈尔：《阴暗面》；苏凡（Ali H. Soufan）：“酷刑永远不会告诉我们的”（What Torture Never Told Us），《纽约时报》，2009 年 9 月 6 日。作为联邦调查局审讯者的苏凡称，严酷的审讯手段是“无效、不可信赖、没有必要和具有破坏性的”。

3　哈登（Toby Harden）：“中央情报局向‘基地’组织领导人施压”（CIA “Pressure” on al-Qaeda Chief），《华盛顿邮报》，2003 年 3 月 6 日。

所在。在美国建国之初，华盛顿就曾提到过独立战争时期国家机密的重要性。

> 优秀情报工作的必要性是显而易见的，不必多加赘述。我想要补充的只是，整件事要尽可能地保密，因为对于大多数事情而言，成功都取决于保密。如果不够保密，那么即使计划再周详，也免不了会失败。[1]

近年来，英国军情六处局长约翰·索尔斯（John Sawers）在一份史无前例的公开演说中谈到了西方国家中秘密的重要性："秘密不是一个肮脏的词汇。秘密不是要掩盖。没有秘密，就不会有情报工作，也就不会有特种部队等资产。这样一来，我们的国家将面临更多危险。"[2] 西方国家依旧面临的一大挑战是如何避免敌人取得好秘密，同时避免向公众掩盖坏秘密，即政府的不当行为。

（一）好秘密与坏秘密

西方国家有些秘密是合法的，即使针对自己的公民也必须保守这些秘密，否则敌人可能就会有机可乘。此类秘密包括：战争时期部队的出发时间和目的地；隐形轰炸机等复杂的高端武器系统；信号情报监听手段和地缘情报手段等敏感的情报技术；海外特工的姓名；在贸易或裁军谈判中的立场；等等。

然而，其他许多理由不太充分的事务往往也会成为要求保密的对象。行政部门官员常常希望秘密行事，这仅仅是为了避免在议员、法官、媒体和公众面前捍卫自己的政策。前国家安全顾问庞德克斯特（John M. Poindexter）在伊朗门丑闻调查期间作证称，他之所以

1 华盛顿写于 1777 年的一封信，私人藏品，重刊于《耶鲁校友杂志》（*Yale Alumni Magazine and Journal*），1983 年 12 月，第 7 页。

2 多兹（Paisley Dodds）："军情六处局长不同寻常地公开捍卫间谍工作"（Chief of Britain's MI6 Takes Unusual Public Stand to Defend Spies' Work），《华盛顿邮报》，2010 年 10 月 29 日。

没有告知国会有关在伊朗和尼加拉瓜开展的秘密行动的情况，是因为他“不希望受到任何外部干预”。作为回应，调查委员会联合主席汉密尔顿（Lee H. Hamilton）说道：“你不仅瞒着总统的高级顾问（国务卿舒尔茨和国防部长温伯格都不知情），事实上，你连总统都瞒着。”[1]

议员及其代表的公众开始对这种保密的要求感到警觉，因为他们屡次发现自己受到了官员的误导：约翰逊总统关于越南战争进展的说法常常自相矛盾；尼克松总统在水门事件上撒了谎；洛克菲勒、派克和彻奇委员会在 1975 至 1976 年揭露了情报机构在国内外的一系列密谋；政府在 1986 至 1987 年伊朗门丑闻上撒了更多的谎；近来中央情报局海外秘密监狱、酷刑和非常规引渡手段的使用；小布什政府在未获得许可的情况下便开展监听行动等情况的曝光。多年以来，公开辩论——这是西方制度的支柱——常常都被抛弃了。正如思想深刻的电视评论员、作家比尔·莫耶斯（Bill Moyers）在冷战期间所言：

> 出于恐惧而抛弃美国传统价值观，为了打败敌人而仿效敌人，也就放弃了那些使得我们与众不同的特殊之处。归根结底，将我们与自由世界的敌人区别开来的，不仅是我们的价值观，还包括我们采取的手段。我们做出的决定是内在于我们做出决定的方式的。在秘密的政府统治之下，开放社会无法幸存。[2]

但即使爆发了诸多丑闻，而且人们提出了支持开放的强有力的论据（除了上述例外情况），对于行政部门官员而言，保密依然是一项几乎无法抗拒的诱惑。历届政府都不断动用“行政特权”，就证明了这一点。

1　伊努耶–汉密尔顿委员会听证会上的证词，1987 年 7 月，第 159 页。

2　莫耶斯：“秘密政府，宪法危机”（Moyers: The Secret Government, the Constitution in Crisis），《公共事务电视节目》（*Public Affairs Television*），1987 年 11 月 4 日。

（二）行政特权

在行政部门官员看来，美国的情报机构的最大吸引力在于它们能够在不经过或少经过公开辩论的情况下推行某种外交政策。例如，1985 至 1986 年向伊朗偷偷出售武器期间，里根政府将保密工作做到了极致，不仅拒绝告知国会相关情况，还将行动严格地局限于少数国家安全委员会成员、实际参与者和少数中央情报局人员，甚至连总统和国家安全委员会的其他主要成员都被排除在外。

将某项行动局限在少数人员之内这一目标常常是通过行政特权这一手段实现的，即总统根据宪法赋予的权力，拒绝向政府的立法和司法分支提供相关信息。在向调查水门事件的埃尔文委员会作证时，尼克松的司法部长克莱因丁斯特（Richard Kleindienst）声称，“宪法赋予总统的自由裁量权”使得当总统认为披露某些信息会“导致宪法赋予自己的职责的正常行使受到损害”时，可以拒绝提供这些掌握在总统或是“掌握在行政部门手中”的信息。这意味着总统可以禁止国会与行政部门上百万雇员中的任何一位交谈。

尼克松甚至更进一步，声称不仅现任总统的班子成员可以拒绝包括埃尔文委员会在内的国会委员会的传唤，而且过去总统的班子成员也享有这一特权。这种说法史无前例地扩大了行政特权，因此立刻被某些参议员称为“永久特权”。尼克松还认为，所有“总统文件”——“所有出自总统或总统的班子成员之手，或是由他们接收的文件”——都可以免受国会调查。对白宫有利的是，这样的定义将白宫的录音记录包括在内。埃尔文委员会希望调查这些录音中是否有与水门事件相关的内容——事实上，录音中的确含有相关内容，这也导致了总统弹劾程序的启动。对于总统及其幕僚，埃尔文含沙射影地问道：“他们吃了些什么，竟然膨胀得如此厉害？”埃尔文继续说道：“我不愿意将他们抬升到比美国老百姓更高的地位。我不认为美国有王室或贵族这一类能够在晚上召见任何人、对他说些其他人不得耳闻的话的事物。这不是行政特权，这是行政胡扯。”

1974 年，最高法院同样对尼克松对于行政特权的宽泛解读表示了反对。在“美国对尼克松”这一判例中，多数法官要求总统将录音带提交给埃尔文委员会。

接下来的福特政府在“三叶草行动”（SHAMROCK）上又将总统特权发挥到了更加夸张的程度。“三叶草行动”是一项拦截美国公民发往或是接收自国外的电报的项目。起初应杜鲁门政府的要求，美国无线电公司（RCA）、美国环球电信公司（Global）、美国国际电话电报公司开始用磁带存储大量国际电报信息，并提交给国家安全局。由于担心这项行动违反了宪法对于通信隐私的保护，众议院某个下属委员会在1976年决定对此事展开调查，并传唤上述公司负责人前来作证。这些公司高层寻求白宫的意见，福特总统则通过司法部长列维（Edward H. Levi，芝加哥大学法学院前院长）声称，这些公司有权拒绝前往国会作证，因为“三叶草行动”是由白宫授权的一项敏感的、绝密的行动。行政特权就此被扩展到了私营部门。

众议院下属委员会成员对这一回应深感不安。备受尊敬的资深众议员莫斯（John E. Moss）宣称：“司法部长无权做出这样的决定。这种说法实在耸人听闻，是我见过历任司法部长最为傲慢的举动。总统任命的这些小人物可不是这个国家的立法者。”[1] 该委员会通过投票决定，任何不出席听证会的行为都会被视为藐视国会。几天后，当听证会开始时，这三个公司的CEO都改变了主意，出现在了该委员会面前，准备回答问题。此次听证会并未涉及国家安全局所采取的敏感手段，但提及了白宫和这些公司对美国隐私法的侵犯。

（三）延迟与欺骗

立法分支与行政分支之间因保密问题而爆发如此严重冲突的情况很少见。更常见的情况是，行政分支会通过拖延的方式拒绝与立法分支分享信息。研究行政特权的专家、哈佛大学法学院教授拉乌尔·伯格（Raoul Berger）观察道：“当被要求提供信息时，官员就会无休止地拖延。”[2] 这样的事例发生过上千次，例如自从1945年核

1 《纽约时报》，1976年2月26日。

2 伯格（Raoul Berger）：《行政特权：一项宪政迷思》（Executive Privilege: A Constitutional Myth），马萨诸塞州剑桥：哈佛大学出版社，1974年，

时代到来以后，关于政府设施中核废料的危害问题，更加关心核武器制造而不是公众健康的官员们就采取了拖延战术。[1] 伯格提到了这一问题的意义：

> 本质上，这一问题关系到国会和民众在重大问题上参与决策的权利。总统声称有权阻挠国会和民众参与，或是以各种理由拒绝提供对于有效参与必不可少的信息，这种做法破坏了国会和民众的权利，侵蚀了西方制度的基础。[2]

（四）事前限制

尽管西方国家民众享有对几乎一切政府事务的知情权，但行政分支希望想方设法地封锁信息。他们采取的手段之一便是阻挠被认为是敏感材料的出版。这种剥夺公众知情权的方式通常被称为“事前限制”。真实和透明是西方制度顺利运行的必要条件，因此美国法院向来都对事前限制的做法感到厌恶。最高法院在“《纽约时报》对美国（1971 年）”这一受到赞扬的判例（以“五角大楼文件”判例闻名）中宣称：“针对任何对表达的‘事前限制’，本法庭都强烈认为这可能是违宪的。”

在这一案例中，尼克松政府未能说服多数最高法院法官相信，有必要通过“事前限制”的手段，阻止越战时期国防部秘史的出版。政府的律师坚持表示，这部秘史的出版将损害美国外交政策。但泄露这些材料的国防部分析师丹尼尔·埃尔斯贝格（Daniel Ellsberg）却有着不同的想法，他认为美国公民对于越战有知情权，这将使得关于是否应该在这一遥远的地方继续作战的争论更有意义和更加准确。埃尔斯贝格确信，这些文件中并不包含真正重要的秘密信息，

（接上页）第 7 页。

1 例如，见参议员和前宇航员格伦（John H. Glenn）的评论：“靠近辛辛那提处的小广岛”（The Mini-Hiroshima Near Cincinnati），《纽约时报》，1989 年 1 月 24 日。

2 伯格：《行政特权：一项宪政迷思》，第 14 页。

相反，这些材料之所以被当成秘密，只是因为官员们希望向公众隐瞒导致美国在这场战争中越陷越深的一系列错误。与之形成鲜明对比的是，埃尔斯贝格的批评者认为他的做法近乎叛国，因为他在未经授权的情况下透露了机密信息，这是反情报工作的一大禁忌。

埃尔斯贝格将这些材料泄漏给了《纽约时报》和《华盛顿邮报》。白宫则试图禁止首份刊登节选内容的报纸《纽约时报》继续公开这些文件。这一事关重大的问题很快就被转交给了最高法院。最高法院法官斯图尔特（Potter Stewart）在以 6 比 3 的投票结果通过的反对“事前限制”的判决中表达了多数派的意见。

> 我们收到了禁止两家报纸刊登行政分支坚持认为出于国家利益不应公开的内容的要求。我确信就某些内容而言，行政部门是对的。但我无法表示，披露任何内容都一定会对美国或美国公民造成直接、立刻、无法弥补的伤害。既然如此，根据《美国宪法第一修正案》就只能做出唯一的决定。我赞同本法庭的意见。[1]

2010 年，另外一起大型泄密事件吸引了全世界的关注。一个名叫维基解密的爆料团体从伦敦获得了超过 40 万份关于美国在伊拉克和阿富汗战争中的机密文件。这或许是 2013 年斯诺登事件之前美国历史上规模最大的未经授权泄密事件。维基解密捍卫自己的行为，声称公民有权知道关于这两场战争的全部真相，包括这些地区比官方数字更高的平民伤亡率。奥巴马政府则对维基解密展开了刑事调查。泄露的文件中含有美国特工的姓名，这无疑会导致他们成为塔利班和“基地”组织报复的目标，这也使得维基解密在公众心中失去了大部分信誉。[2]

2013 年，斯诺登揭露了国家安全局在未经许可的情况下监听并搜集美国公民通信“元数据”的行为。斯诺登的举动就和前述“五

1　美国最高法院的判决。

2　见《纽约时报》2010 年 10 月 24 日系列文章，特别是第 A1、A11 版。

角大楼文件”案一样富有争议。下一章将要详细探讨，斯诺登向媒体提供了超过 100 万份从国家安全局电脑中窃取的机密文件。

（五）保密与民主

行政部门出于反情报考虑希望保护某些信息，这种主张在一定程度上是合理的。没有美国公民希望情报机构公务员、海外特工或国内联邦调查局线人的生命陷入险境，也没有有理智的人会支持披露其他“好秘密”。历史表明，这些秘密都受到了良好的保护。前国务卿腊斯克曾多次表示，据他所知，从未发生过对美国国家安全造成重大伤害的泄密事件。[1] 同样，一名著名参议员在 1976 年表示：

> 应该被保守的秘密都被保守了。例如，除了菲利普·阿吉（Philip Agee，前中央情报局情报人员，叛逃后写了一本关于自己在中央情报局经历的图书，披露了几名海外情报人员的名字）的图书外，中央情报局的情报来源和手段、敏感谈判的机密——例如正在进行的部分禁止核试验条约谈判和冷战期间朝鲜释放“普韦布洛”号船员的谈判——几乎没有被披露。[2]

最为严重的违规行为发生在行政部门内部，而不是来自媒体、议员或其他“局外人”。例如，国务院曾将高度机密的信息泄露给了一名正在准备撰写一篇恭维基辛格（时任国务卿）的文章的作家，针对泄密者未采取任何法律行动。此外，正如本章曾提到的，中央情报局和其他情报机构的情报人员（比如霍华德、沃克家族、阿姆斯和汉森等人）都曾向美国的敌人出卖过秘密情报。改善行政部门内部的反情报工作，要比侵犯《美国宪法第一修正案》赋予记者和

---

1 1983 年 7 月 4 日，对本书作者的评论。

2 1976 年 10 月 16 日，本书作者对彻奇的采访。另见彻奇：“应该保守哪些秘密？”（Which Secrets Should Be Kept Secret?），《华盛顿邮报》，1977 年 3 月 14 日。阿吉的《中央情报局日记》（*Inside the Company: CIA Diary*）一书在 1975 年由企鹅出版社出版，该书使得其作者在美国和欧洲的许多西方国家都很不受欢迎。

其他写作者的权利，更有助于保护“好秘密”。

尽管如此，维基解密暴露美国特工身份的做法显然越出了界限。斯诺登披露大批机密文件的做法同样如此。这些文件包括情报机构的详细预算信息，这是与他出于道德和法律理由对国家安全局元数据项目的反对无关的。反对斯诺登泄密行为的另一理由在于，他本可以向国会情报委员会提出不满，他的意见也将受到国会议员的倾听，其中有些人也和他一样对元数据项目持批评态度。然而，斯诺登选择将窃取来的文件交给了媒体，随后又先后逃往了中国香港和俄罗斯。国会情报委员会的大多数成员可能并不赞同他对元数据项目的批评意见。斯诺登可以继续在情报界内部和针对国会情报委员会安静地展开游说活动。当议员进一步考虑元数据项目的影响后，斯诺登最终也有可能取得成功。

向公众隐藏的大量信息导致公民无法对外交决策的优劣做出判断，这显然令人感到不安。“五角大楼文件”对美国并未真正造成严重的伤害，只是告诉了公众一些关于美国卷入越战的情况。政府的其他秘密同样是可疑的，例如关于联邦调查局非法行动的文件、中央情报局不当行为的文件和国家安全局监听项目的文件。多年来，其他并不适当的政府秘密还包括：水门事件中的录音带；五角大楼内部关于美军在越战中犯下暴行的内部报告；军事情报机构在伊拉克阿布格莱布监狱和其他海外秘密监狱动用酷刑的报告；60 年代秘密轰炸柬埔寨的文件；等等。此类保密通常冠以“国家安全”之名，目的只是想把“爱管闲事”的公众和议员阻拦在决策进程之外，确保政府大权独揽——有时候，这甚至是与总统的意愿相悖的。正如历史学家施莱辛格（Arthur M. Schlesinger）所言：“到了六七十年代，保密这一‘宗教’成为美国总统用来隐瞒企图、掩盖错误、操纵公民、将权力最大化的万能手段。”[1]

---

1 布钱（Alistair Buchan）：“越南问题”（Questions about Vietnam），法尔克（Richard Falk）主编：《越南战争与国际战争》（The Vietnam War and International War），普林斯顿：普林斯顿大学出版社，1969 年，第 345 页。考虑到有些情报行动甚至把白宫都蒙在了鼓里，1947 年《国家安全法》起草者、数位总统的顾问克利福德评论道：“我相信这样的情况发生过许多次：采取某项

多年来，行政部门发明了多种绕开立法部门和公众对于外交政策监督的方法。参议员莫伊尼恩（Daniel P. Moynihan）在 1992 年总结道：

> 要是没有这套保密体系，伊朗门事件就不会发生。每年的秘密文件有上百万份，或许达到了七百万份，因为秘密文件的数量也是个秘密。这样做的目的是向美国公民隐瞒他们需要知道的信息。在行政部门内部，这样做的效果则是相互隐瞒……
>
> 你也许认为这种情况已经过去。但并非如此。许多大人物离开了。但问题只是变得不同了而已。这套保密体系依旧存在。这是冷战遗留下来的最老、最持久的机构。[1]

当莫伊尼恩在 1995 年领导一个特别委员会调查滥用保密之名的情况时，他总结称，政府仍在不恰当地将大量文件归为保密文件，这部分文件约占总数的 85%。[2] 维基解密披露的信息表明，这一保密和欺骗的体系仍然存在。1998 年，国会通过了《情报界吹哨人保护

（接上页）秘密行动的计划被提交给了国家安全委员会，要求获得令中央情报局采取从 A 点到 B 点这一行动的授权。获得授权后，将展开该行动。但当到达 B 点后，行动负责人又会觉得有必要采取从 B 点到 C 点的新行动，并且认为原先的授权依旧有效，于是便采取了行动。此后，他们又会将 D 点、E 点乃至更远的点作为自己的目标。”见克利福德在彻奇委员会听证会上的证词，1975 年 12 月 4 日。引自约翰逊：《重访调查季：彻奇委员会与美国情报机构的对峙》（*A Season of Inquiry Revisited: The Church Committee Confronts America's Spy Agencies*），劳伦斯：堪萨斯大学出版社，2015 年，第 148 页。

1 莫伊尼恩：“秘密体系对骗子很有利”（System of Secrecy Has Served Liars Well），《奥尔巴尼联邦时报》，1992 年 5 月 3 日；国家安全研究中心：《首要原则》（*First Principles*），1992 年 7 月，第 17 卷，第 11 至 12 页。

2 关于对这段经历的反思，见莫伊尼恩：《保密》（*Secrecy*），纽黑文：耶鲁大学出版社，1998 年；格伦农（Michael J. Glennon）：《国家安全与双重政府》（*National Security and Double Government*），纽约：牛津大学出版社，2015 年；施瓦茨（F. A. O. Schwarz）：《黑暗中的民主：政府保密的诱惑》（*Democracyc in the Dark: The Seduction of Government Secrecy*），纽约：自由出版社，2015 年。

法案》（Intelligence Community Whistleblower Protection Act）[1]，目的是使得情报界人员更容易表达自己的疑虑。然而，正如斯诺登事件（以及许多其他名气较小的事件）表明的，吹哨人即使有着最好的意图，也对这一法案抱着小心翼翼的态度。该法案要求吹哨人经由本情报机构的内部渠道反映情况，这会使得他们的前途受到损害。改革者在继续研究如何才能更好地保护吹哨人的前途，与此同时又保持对机密信息必要的掌控。国会情报委员会和白宫情报监督部门肩负着为吹哨人提供合法的表达异议的通道这一职责。

六、反情报与问责

经验表明，反情报会促使情报机构展开过分的行动，甚至包括对本国的守法公民采取间谍行动。美国的赫斯顿计划和 20 世纪 70 年代的中央情报局间谍丑闻就证明了这一点。其他令人不安的案例还包括：联邦调查局的非法反情报项目、中央情报局对于非常规引渡和酷刑折磨的使用，以及国家安全局在美国和欧洲的监听行动。

（一）美国与朝鲜

冷战期间，中央情报局存储了 150 万名进行合法反战（越战）示威活动的美国公民的信息。许多人的邮件、电话和日常生活都遭到秘密监视。此外，联邦调查局还对所谓“煽动分子”（大多数都是反战者和民权人士）进行了 50 万起调查，但未能将任何一人定罪。[2]在此期间，联邦调查局特工还试图通过写匿名信的方法煽动非洲裔美国公民的暴力行为。胡佛的反情报项目内容，不只包括对反战者和民权人士采取间谍活动，还包括对其进行骚扰，试图通过破坏其

1 “吹哨人”（whistleblower），最早被用来指称某个职业是从美国警察和足球裁判开始的，现在指的是雇员或前雇员对雇主的违法违规、危险或不端行为向组织内部或外部进行披露从而拉响警报的人。——编注

2 约翰逊：《重访调查季：彻奇委员会与美国情报机构的对峙》。

亲友关系来达到阻止这两场运动的目的，这些行动都是以反情报的名义开展的。肆无忌惮地追求反情报目标，会对美国制度的基础构成威胁，将美国的基本法律和表达自由这一宪法权利弃之不顾。只是当中央情报局的越轨行为在 1974 年被泄漏给媒体后，国会对反情报行动才展开了首次深入调查，这些非法行为才暂时告一段落。

（二）国家安全密函和未经授权的监听

安全与公民自由之间的恰当平衡，在“9 · 11”事件之后再度经历了考验。小布什政府提出要由联邦调查局启用国家安全密函这一手段，并命令国家安全局对美国公民进行未经授权的监听。前者要求收到密函者将要求的信息和文件交给联邦调查局，并且对于收到密函一事不得声张。这实际上是要限制美国公民受到法律保护的基本权利。国家安全密函的数量从 1978 年的寥寥几起上升到了 2005 年的 19000 起。

“9 · 11”事件之后未经授权的监听行为更加令人担忧。2005 年 12 月，《纽约时报》报道称小布什通过秘密的行政命令，授权国家安全局在未事先获得司法许可的情况下对美国公民进行监听。批评者们认为，这项秘而不宣的项目有违《外国情报监控法案》的初衷。这项国会在 1978 年通过的法案设立了外国情报监控法庭，以对联邦调查局、中央情报局和其他情报机构的监听请求进行审查。该法案源自彻奇委员会的一个发现：国家安全局对美国公民展开了广泛的监听行动。国家安全局的“三叶草行动”在 1947 至 1975 年监视着美国公民从海外收到或发往海外的每一封电报；“尖塔行动”（MINARET）则监听着 1680 名美国公民的电话通话记录。彻奇委员会资深成员蒙代尔（Walter Mondale）表示，此类间谍行为旨在“扼杀异议”。这些监听行为都未经过司法部门审查。当蒙代尔在公开听证会上询问国家安全局副局长是否对该项目的合法性感到担心时，副局长尴尬地回答：“讨论不曾涉及这一方面。”[1]

---

1 国家安全局副局长巴弗姆（Benson Buffham）在彻奇委员会听证会上的证词，第 45 页。

国家安全情报

奥巴马政府在2013年进行的改革使得外国情报监控法庭更加有效了。这些改革是在国会的坚持要求下做出的，内容包括通过《美国自由法案》，要求一名以公共利益为衡量标准的律师在该法庭上对情报机构提出的可疑主张表示反对，并阻止国家安全局存储美国公民的电话通话记录和社交网络信息。小布什政府认为需要对《外国情报监控法案》加以修订，才能适应“9·11”事件之后的反恐新形势。适当的做法应该是由总统向国会提出修改法律的建议。然而，白宫却只是暗自绕开了法律，没有给国会委员会对国家安全局大规模的未经授权监听行为详加审查的机会。

当情报机构的反情报行动越轨时，人们就会一再想起镌刻在国会图书馆大理石墙壁上麦迪逊的警告：“掌握在人类手中的权力，总是容易被滥用。”如果没有可靠的反情报能力，自由社会就不能长久地保持自由；但如果不具备针对反情报行动有效问责的能力，自由社会同样不能长久地保持自由。如果在举止过分的反情报专家眼中，某个手持反对派候选人竞选标语的孩子被与手持炸弹的孩子等同了起来，西方国家就不再是所谓民主制国家了。

第五章　防止秘密权力滥用的措施

1977 年 12 月 6 日，卡特政府的中央情报总监特纳出席了众议院常设情报特别委员会的听证会，汇报了总统批准的秘密行动的情况。作为对 1975 至 1976 年揭露了情报界大量违法行为的国会调查的回应，这一委员会是在不久前成立的。参议院的动作更快，在 1976 年就设立了参议院情报特别委员会。根据国会的传统，这两个委员会都根据其主席的名字分别被称为博兰委员会和伊诺耶委员会。

博兰是一位 65 岁、说着悦耳的带爱尔兰口音的男中音的单身汉，在众议院里他是个有分量的人物。他是众议院议长奥尼尔（Thomas O'Neill）的室友和密友，还是强有力的拨款委员会的成员。博兰不像许多身居高位者那样傲慢，但他总是习惯于实现自己的目的。当天早晨，在受到严密守卫的众议院常设情报特别委员会的办公室里，博兰向走进这个天花板很低、如同地堡一般的房间的特纳及其幕僚致以了问候。这是特纳首度造访众议院常设情报特别委员会。该委员会十三名成员中的七名出席了这次听证会，此外在场的还有其他三名被允许出席这一敏感会议的职员。所有人都对能够与总统的情报事务长官会面感到好奇。不能出席的六名成员显然有更为紧迫的要务在身。作为众议院常设情报特别委员会下属监督委员会的行政主任，我也出席了此次会议。

特纳携带着大量绝密文件。据说在卡特政府初期，他为了开一个玩笑，曾身穿超人的衣服出席国家安全委员会的一场会议，但并不是所有人都对此感到有趣。特纳壮硕、敦实、英俊、满头银发，曾是美国海军学院美式足球队里一名凶狠的中卫，在大四那年赢得了罗德斯奖学金，随后在海军里一路高升至上将。据说他将海军作战部长一职作为自己在中央情报局短暂任职——他是应欣赏自己的同学卡特邀请出任这一职务的——之后的最高目标。

特纳友善地向众议院常设情报特别委员会主席和其他成员点了

点头。他们坐在一张厚重的红木椅子上，前方就是等待特纳及其幕僚入座的桌子。在寒暄了几句之后，特纳从文件包里取出了一份文件，花了不到五分钟就向委员会阐明了卡特总统近来所批准的秘密行动。自从《休斯-瑞恩法案》在 1974 年 12 月通过以后，这样的汇报就是法律所要求进行的。

特纳汇报完毕后，房间里安静了下来，只有天花板上的霓虹灯不时发出嗡嗡声。议员们起初以为特纳只是停下来喝一口水，但特纳却环顾四周并咧开嘴笑了："完事了。"

身材矮小、精力充沛的肯塔基州民主党众议员罗曼·马佐利（Roman Mazzoli）清了清喉咙，对某次秘密行动的方方面面展开了批评：这次秘密行动的目标国并不重要；此次行动耗资过大；汇报内容过于空洞。特纳注视着身前的笔记本，咬紧了牙齿，面部肌肉收缩了起来。马佐利讲完话后，特纳坚定地捍卫了此次秘密行动。但马佐利依然心存疑虑，并提出了新一轮的反对意见。

众议院常设情报特别委员会主席博兰为特纳解了围："我希望进行一场严肃的争论，但不是在这里。"至于为什么不应在这里辩论，人们就不得而知了。毕竟，难道这里不是一场在戒备森严、不可能被人窃听的国会办公室里召开的闭门会议吗？审查情报机构的行动，尤其是秘密行动，不正是这个新设立的委员会的职责所在吗？

博兰皱紧了眉头，接着说道："我不希望本委员会和情报机构之间有任何不愉快。"他暗示特纳已经尽到了自己的职责，可以离开了。在国会中资历尚浅的马佐利只得坐回座位上，既意外，又恼火。有几名成员也不满地看着博兰，但并没有帮马佐利说话。毕竟博兰有能力成就或是摧毁希望为自己的选区争取经费的任何人——也就是任何议员——的职业生涯。冒犯委员会的主席本就是不明智的，当这个人还是议长的挚友和拨款委员会里的要员时，就更是如此。博兰结束了此次会议，特纳微笑着离开了房间。

众议院常设情报特别委员会主席之所以反对马佐利对向特纳提出质疑，是吸取了众议院派克委员会的前车之鉴。派克委员会在 1975 年成立，该委员会类似于参议院的彻奇委员会，目的都在于审视有关中央情报局在国内展开间谍活动的指控。前海军陆战队飞行员派克为人友善、正直，但他却无力掌控这个委员会。最终，派克委员会陷入了自我毁灭之中，政治观点不一的各个成员和其他职员努力的方向各不相同。其他众议员也对派克委员会感到不满，拒绝为其最终报告背书，甚至不愿将其报告的删节版向公众发表。有些迄今身份不明的人士公然违背了安全条款，将绝密报告泄露给了记者丹尼尔·绍尔（Daniel Schorr），他又将这些报告转交给了纽约市的左翼报纸《村声》（*Village Voice*）。派克委员会残存的一丝声望也化为了乌有。

这起严重的泄密事件发生两年之后，博兰决心表明是可以放心地将机密信息交给众议院，众议院也是可以与情报界维持和谐的关系的。国会和情报机构将拥有一段全新的、合作性质的关系。如果有必要与中央情报总监进行争论，也应该由博兰在私底下进行，而不是在众议院常设情报特别委员会所有成员都在场的情况下进行。正如博兰和众议院议长一致认为的，现在国会和情报界不应进行激烈的言语交锋，而是应该达成和平。礼让应该取代冲突。博兰委员会不会重蹈派克委员会的覆辙。众议院常设情报特别委员会主席无意让这个委员会像派克委员会一样声名扫地，这是可以理解的。但博兰对于众议院对情报行动的监督作用所持的消极态度却势必会使得中央情报总监和其他情报官员认为，这一新的监管机构是无足轻重的。第三章开头提及的那位睡眼惺忪、50 年代反对“国会行动”的参议员的影子在这里再度出现了。

然而，博兰的这一立场遭遇众议院常设情报特别委员会几位成员更加严格的挑战。几周之后，特纳再度来到众议院常设情报特别委员会的办公室，向其汇报卡特总统新批准的一系列秘密行动。出席此次会议的人员中多了一名记录员。联邦调查局对这名记录员进行了细致的审查，赋予了他接触绝密信息的许可。他的职责是逐字记录议员、特纳及其幕僚在会议期间的言论。特纳开始汇报后，目光依旧停留在记录员身上。仅仅过了两分钟，他突然停了下来，向该委员会表示，他认为逐字记录汇报的内容会破坏安全，如果记录员在场，他就不会继续汇报。几乎有整整一分钟的时间，房间里只有霓虹灯闪烁的声音，此外是一片死一般的寂静。

博兰终于打破了沉默："好吧，请记录员离开。"

正当记录员收拾设备，准备离开时，众议院常设情报特别委员会的一名幕僚向委员会中资历较浅的阿斯平递去了一张纸条，上面写着："我们必须记录下汇报的内容，否则我们怎么能记住中央情报总监说了些什么？一年之后，又怎么能确定中央情报局是否兑现了他的承诺？到时候就是中央情报局说一套，我们说一套了。"这名幕僚建议阿斯平不顾博兰注视的目光，挺身而出。阿斯平不仅知道记录下汇报的内容对于问责情报官员来说是至关重要的，他也一向敢于出头。他立刻表示不同意让记录员离开。坐在桌子另一头的博兰露出了不悦的神情。当马佐利表示赞同阿斯平的意见后，博兰的脸色更加阴沉了。

博兰的面容如同准备惩罚两名淘气学童的校长一样，再度要求记录员离开。特纳对博兰表示了支持，说自己在汇报结束后将提供一份关于总统批准的秘密行动的简报。但阿斯平坚持认为简报的内容不够充分（已公布简报的一个罕例，见图 5.1），关于秘密行动的目标、方式、代价和风险的解释等更加重要的内容都未包含在内。博兰不为阿斯平和马佐利所动，再次命令那个左右为难的记录员离开。

此时，阿斯平挺起身来，从长桌的另一端注视着博兰，冷静地说道："主席先生，我请求就此事进行投票。"马佐利随即表示附议。博兰的阴沉面容变成了深红色，愤怒地将座椅往后推了推。他命令委员会的文员开始点名。在众议院的政治拳击台上，阿斯平和马佐利将重量级冠军的鼻子打出了血。

委员会的文员开始缓慢地点名。最终，阿斯平以 6 比 5 的优势取胜，众议院常设情报特别委员会将逐字记录中央情报总监关于秘密行动的汇报内容。这意味着这一原则还将应用于任何委员会认为足够重要的汇报。博兰被迫对情报机构进行更加严格的监督，由众议院常设情报特别委员会根据中央情报总监在听证期间许下的承诺来考察其表现。这场冲突的情况很快就传遍了国会，参议院情报特别委员会也要求对汇报内容加以记录，从而确保拥有关于情报机构长官在听证期间许下承诺的准确内容。

里根政府上台后，情报长官从特纳换成了凯西（商人，还是里我认为在外国采取的下列行动（包括所有必要的支持行动）对于美国国家安全而言具有重要意义。我命令中央情报总监或其指定者依照法律将这一申请汇报给相关国会委员会，并进行必要的汇报。

范围	目的
中美洲	为中美洲与美国合作的各个政府提供各种训练、设备和相关援助，以抵御外国资助的颠覆和恐怖主义行为。 （部分内容仍未解密。） 鼓励并影响世界各地的政府，令其支持上述目标。

图 5.1　有关总统批准的秘密行动的汇报内容样本：
1981 年的伊朗门丑闻

来源：《里根总统公文》。里根总统于 1981 年 3 月 9 日批准了这一申请。这份文件起初被列为“顶级机密”，在 1987 年的伊朗门丑闻听证会期间，部分内容得到解密。“意图”这一节言简意赅，为中央情报局的具体执行留有大量自由活动空间。国会通过《博兰修正案》禁止在尼加拉瓜展开进一步的秘密行动，于是里根政府转到地下，创建了“事业”这一组织，在国会不知情的情况下，继续开展这些秘密行动。

根的竞选经理）。凯西脾气暴躁，根本不认为情报机构需要对国会负责。他立刻与博兰以及参议院情报特别委员会主席、中央情报局的坚决捍卫者巴里·戈德沃特（Barry Goldwater）展开了争斗。由于凯西的好斗性格，博兰很快就认可了阿斯平和马佐利所主张的对情报机构进行严格监督的重要性。出乎所有人意料甚至也出乎他本人意料的是，一度曾经比博兰更乐于与情报界保持良好关系，而不是对其加以严格监督的戈德沃特也转变了态度。

一、防止美国情报机构滥用权力的措施的演变

（一）信任的时代（1787 至 1974 年）

博兰在担任众议院常设情报特别委员会主席初期处理与情报界

图 5.2　1974 年以前中央情报局与国会的关系

来源：《费城探究者报》

关系的方式，即友善地听之任之，在从美国建国的 1787 年到国内间谍丑闻爆发的 1974 年间一直占据着主流。《费城探究者报》（*Philadelphia Inquirer*）的漫画作家奥思（Auth）刻画了冷战初期中央情报局与国会之间亲密的关系（见图 5.2）。在整个“信任的时代”，情报机构受到了不同于其他政府部门的特殊待遇。国会大多数议员的态度是，必须信任情报界那些值得尊敬的人士，这样才能保护美国免受国内外危险、凶恶的敌人伤害。1973 年，当中央情报总监施莱辛格试图向资深参议员约翰·斯滕尼斯（John Stennis）详细汇报中央情报局在海外采取的行动时，斯滕尼斯却对施莱辛格说道：“我的孩子，请不要告诉我这些。放手去做吧，我可不想知道你们都做了些什么。”[1]

大多数情报官员固然是值得尊敬的，但宪法的起草者早已预计到了，权力——或许尤其是秘密权力——最终会被滥用。最高法院

1　1994 年 6 月 16 日，本书作者对施莱辛格的采访。

法官布兰代斯（Louis Brandeis）呼应了政府问责这一核心原则，在1926年的一份判决中提醒美国公民，宪法的目的“不在于提升效率，而在于预先排除滥用权力的可能。目的不在于避免摩擦，而在于通过三权分立导致的不可避免的摩擦，来避免民众遭受专制”。[1]

然而，这一良好的意愿却常常让步于同敌人——从北非海盗，到冷战期间的社会主义阵营，再到当下的恐怖分子——作战的紧急情况。美国的行为和世界各地以及历史上的各种政权并无二致，在作为开放和自由社会标志的分权制衡框架之外同样设立了情报机构。在敌对的世界中需要这样做，效率应该优先于公民自由。

但这并不意味着美国的情报机构就完全不受问责。自冷战时期以来，情报机构的大多数行为都受到了白宫和国家安全委员会的批准。此外，中央情报局也总是要向（或者说至少试图向）国会议员汇报，尽管对方常常只是像斯滕尼斯那样充耳不闻，或是像第三章开篇提到的那位参议员那样睡眼惺忪。在猪湾事件、U-2侦察机在1960年被苏联击落或是美国学联在1968年引发的争议之后，会有少数几名议员呼吁对情报机构进行调查和改革，但国会中改革者的人数从来都不足以推动重大的变革。巴雷特认为，学术界和大众确实低估了议员对情报界发挥的监督作用，但在“信任的时代”国会对于情报机构的态度的确是听之任之的。在大多数情况下，总统和议员授予了中央情报总监和其他情报机构长官宽泛的职权，令其能够在国内外开展他们认为合适的一切秘密行动。[2]

---

1 迈尔斯诉美国案，1926年。

2 巴雷特（David M. Barrett）：《中央情报局与国会：从杜鲁门时代到肯尼迪时代未被讲述的故事》（*The CIA and Congress: The Untold Story from Truman to Kennedy*），劳伦斯：堪萨斯大学出版社，2005年。关于论述美国早期情报机构可问责性微弱的作品，见兰森（Harry Howe Ransom）：《情报建制》（*The Intelligence Establishment*），马萨诸塞州剑桥：哈佛大学出版社，1970年；沃尔登（Jerrold L. Walden）：“中央情报局：对行政权力的轻侮”（The CIA: A Study in the Arrogation of Administrative Power），《乔治·华盛顿法学评论》（*George Washington Law Review*），1975年1月，第39卷，第66至101页。关于当今国会对于情报机构依旧缺乏足够监管的作品，见克拉克（Kathleen Clark）：“开放的新时代？奥巴马时代情报机构向国会的汇报”（A New Era of

1974 年秋天，一起间谍丑闻引发了对情报机构最为彻底的调查，监督部门这种听之任之的态度随之发生了改变。紧接着的 1975 年，被称为“情报之年”。

（二）不稳定的伙伴关系（1974 至 1986 年）

《纽约时报》在 1974 年报道称，中央情报局在国内开展了间谍活动。[1] 对于情报界特殊地位的信念随之发生了急剧改变。猪湾事件、U-2 侦察机被苏联击落和美国学联引发的争议是一回事，对美国公民进行间谍活动又是另一回事了。《纽约时报》披露的这一令人震惊的情况，加上对中央情报局针对智利阿连德政府采取的秘密行动的报道，令中央情报局的秘密行动饱受批评与质疑。国会罕见地响应了这一情绪，在 1975 年 1 月设立了一系列调查委员会。先是参议院彻奇委员会，接下来是众议院派克委员会。福特政府也设立了由副总统洛克菲勒牵头的委员会。

本书作者曾担任彻奇委员会主席的助理。该委员会的调查工作是三个委员会中最为深入的，共花费了十六个月的时间，发布了足足有 6 英尺高的公开报告，另外还完成了同样有 6 英尺高的机密报

（接上页）Openness? Disclosing Intelligence to Congress under Obama），《宪法评论》（*Constitutional Commentary*），2010 年，第 26 卷，第 1 至 20 页；基贝：“国会对情报机构的监督：答案也是问题的一部分吗？”（Congressional Oversight of Intelligence: Is the Solution Part of the Problem?），《情报与国家安全》，2010 年 2 月，第 25 卷，第 24 至 49 页；奥康纳（Anne Joseph O’Connell）：“智慧情报的架构：重组和监督后‘9·11’时代的情报机构”（The Architecture of Smart Intelligence: Structuring and Overseeing Agencies in the Post-9/11 World），《加利福尼亚法学评论》（*California Law Review*），2006 年 12 月，第 94 卷，第 1655 至 1744 页；泽加特：“非理性情报监督的国内政治”（The Domestic Politics of Irrational Intelligence Oversight），《政治学季刊》（*Political Science Quarterly*），2011 年春季刊，第 126 卷，第 1 至 27 页；泽加特、奎因（Julie Quinn）：“国会情报监督：选举上的割断”（Congressional Intelligence Oversight: The Elec-toral Disconnection），《情报与国家安全》，2010 年 12 月，第 744 至 766 页。

1 见赫希 1974 年秋天、冬天在《纽约时报》的报道，尤其是 12 月 22 日。

告。[1] 彻奇委员会确认《纽约时报》关于中央情报局在美国国内采取监视行动和针对阿连德政府采取秘密行动的报告是准确的，但发现这些报道仍然只触及了情报机构不法行为的表面。例如，彻奇委员会发现，中央情报局拆开了某些美国公民寄出或收到的信件，并且在电脑数据库中存储了150万人的姓名信息［“混沌行动”（CHAOS）］。陆军情报机构在越南战争期间还编纂了10万名美国公民的卷宗。国家安全局庞大的电脑系统在1947至1975年监视着寄往和收自国外的每一封电报（“三叶草行动”），还在国内开展了未经授权的监听行动（“尖塔行动”）。

彻奇委员会最为令人不寒而栗的发现来自联邦调查局［“反间谍行动”（COINTELPRO）］。联邦调查局编纂了超过100万名美国公民的档案，并在1960至1974年对“颠覆分子”进行了50万次调查，却没能将任何人定罪。正如彻奇委员会成员蒙代尔所言，在联邦调查局眼中，“一切会议都是大规模的，一切团体都是举足轻重的”。[2] 1956至1971年，联邦调查局对上千个团体和个人展开了秘密的抹黑行动，仅仅因为这些团体和个人表达了反对越战的观点或是对民权运动进展缓慢提出了批评。包括三K党在内，一切不符合胡佛心中“忠诚的美国人”这一形象的团体都上了联邦调查局的打击名单。不过，胡佛的头号打击目标是民权运动领袖马丁·路德·金，他是联邦调查局进行的许多污蔑和造谣行动的受害者。这些行动包括1964年金博士接受诺贝尔和平奖前夕，试图通过讹诈迫使其自杀。

1　彻奇委员会报告，1975年9月25日。关于该委员会的工作，见约翰逊：《调查季》（*A Season of Inquiry*），列克星敦：肯塔基大学出版社，1985年；后以《重访调查季：彻奇委员会与美国情报机构的对峙》为名再版。另见施瓦茨、胡克（Aziz Z. Huq）：《无制约和不平衡：恐怖时代的总统权力》（*Unchecked and Unbalanced: Presidential Power in a TIme of Terror*），纽约：新出版社，2007年；斯米斯特（Frank J. Smist）：《国会对美国情报界的监督（1947—1989）》（*Congress Oversees the United States Intelligence Community, 1947-1989*），诺克斯维尔：田纳西大学出版社，1990年。

2　2000年2月17日，本书作者的采访。蒙代尔（Walter F. Mondale）：《精彩的一战：投身自由主义政治的一生》（*The Good Fight: A Life in Liberal Politics*）第7章，纽约：西蒙与舒斯特出版社，2010年。

历史学家康梅杰准确地观察到，“彻奇委员会发现的证据中最令人感到不安的或许是情报机构对于宪法约束力的漠然态度”。[1]《纽约时报》的报道以及国会和洛克菲勒委员会的调查促使国会议员发誓要通过立法、监管和改变对于情报行为进行审查的态度，来使得情报机构对于宪法约束力不再能够漠然视之。是时候与此前那种听之任之的态度说再见了。

彻奇委员会得出的核心结论是，新的法律将能够奏效。即使情报机构不再进行“反间谍行动”“混沌行动”“三叶草行动”“尖塔行动”等这些违法的秘密行动，总统及其幕僚在冷战期间所追求的一切安全目标也都是可以实现的。如果美国要忠于其民主价值观和传统，就需要在自由与安全之间保持平衡。

《纽约时报》1975 年的报道和国会及总统委员会的调查导致美国国内关于对情报机构施加更严格监管的态度发生了剧变，并且很快就传播到了其他西方国家。早在设立彻奇委员会和派克委员会之前，国会就在 1974 年 12 月底通过了《休斯-瑞恩法案》。该法案具有革命性。它要求重大秘密行动必须受到总统的明确许可。通过要求美国总统明确地为秘密行动背书，这实际上终结了“合理的推诿”这种做法。接下来，总统的许可意见必须被“及时地”汇报给国会。从1976、1977年开始，汇报是以口头方式向国会情报委员会进行的（就如同本章开篇的那个例子一样）。

《休斯-瑞恩法案》并没有要求秘密行动也受到国会的批准，但为议员提供了对这些行动施加影响的机会。在收到关于秘密行动的汇报后，国会情报委员会可以表达对秘密行动的反对意见，或是就其必要性进行投票。委员会的意见或投票结果都不具备法律约束力，但情报机构长官和总统如果忽视对秘密行动必要性感到不满的国会委员会的意见，是要冒政治风险的。国会的反对态度是能够发挥作用的。如果反对者只是一两名资历尚浅的议员，那么总统可能会对此置之不理。但如果反对者中还包括委员会里的大人物——例如主

---

1 康梅杰（Henry Steele Commager）：“情报：背叛宪法”（Intelligence: Constitution Betrayed），《纽约书评》（*New York Review of Books*），1976 年 9 月 30 日，第 32 页。

席——那么情况就不同了，总统可能会三思而后行。对于遭遇两个委员会中多数成员反对的总统而言，退后一步将是明智的。因此，尽管《休斯-瑞恩法案》并未赋予国会阻止秘密行动的正式法律权威，但提出了就这些行动向国会进行汇报的要求，并且为议员通过国会情报委员会表达反对意见，进而阻止秘密行动的推进创造了机会。

此外，如果国会情报委员会反对某项秘密行动，但总统无视了他们的意见，那么这两个委员会的成员可以召开一次秘密会议，就是否为该行动提供资金进行投票。这是一种极端的做法，但国会的确通过这一方式（《博兰修正案》）在 20 世纪 80 年代阻止了在尼加拉瓜的秘密行动。从宪法角度而言，如果国会议员愤怒至极，甚至可以对被认为对某项受到反对的秘密行动失去控制的总统提出弹劾，不过这种情况还从未发生过。

在不采取这些极端手段的情况下，议员可以通过投票拒绝为中央情报局拨发紧急情况预备资金——国会每年都通过这笔拨款为秘密行动提供准备资金，从而使得白宫在必要时可以迅速采取行动。人们不会轻易去摸老虎的尾巴，总统和国家情报总监也不会轻易与国会委员会发生冲突。行政部门的谨慎态度赋予《休斯-瑞恩法案》条文之外的额外威力，尽管该法案并未明确赋予议员批准或否决秘密行动的权力。

悬而未决的问题之一在于，总统有时会批准某些宽泛、含糊的采取秘密行动的申请。例如，总统可能会以这种含糊其词的方式批准秘密行动："总统支持对世界范围内的恐怖分子动用致命的武力。"这可能是在以含糊其词的方式下令对任意数量的海外目标——包括宣扬反西方圣战思想的美国公民在内（例如 2011 年被美国无人机杀死的奥拉基）发动暗杀和无人机轰炸。批评者主张，尤其是当涉及暗杀时，要针对各个目标提出特别申请，这样议员以及负责秘密行动决策的其他人士才能够对其分别做出审查。

《休斯-瑞恩法案》之后，很快又通过了另外一些旨在规范情报机构行为的法案，例如至关重要的 1978 年《外国情报监控法案》。该法案禁止了未经授权的监听行为。两年后，国会又通过了一项影响深远的法案，以进一步加强对情报机构的监管。尽管长度仅有两页，但1980年《情报监督法案》（Intelligence Oversight Act）具有很强的效力，要求事前（而不是事后）及时向国会情报委员会就一切重大情报行动——除了秘密行动，也包括信息搜集与反情报行动——进行汇报。

从《休斯-瑞恩法案》起，直到1987年的伊朗门丑闻曝光，国会、总统和中央情报总监都试图在这段“不稳定的伙伴关系”时期实现民主开放性和有效的间谍活动之间，也就是自由与安全之间的平衡，结果就是，国会对情报活动的关注大幅增加了。就国会对情报机构的监督而言，1974年前后这两个时代的反差如同白天和夜晚一样强烈。然而，伊朗门事件表明这一新的监督机制远不是万无一失的。

（三）不信任的插曲（1986至1991年）

国家安全委员会和中央情报局在里根政府时期绕过国会，对尼加拉瓜的桑地诺主义政权采取秘密行动——这种秘密行动是被《博兰修正案》禁止的——的行为令人担忧地表明，1974至1980年建立起来的监督机制失败了。[1] 尽管国会情报委员会的领导人直接向包括麦克法兰（Robert C. McFarlane）和庞德克斯特在内的国家安全委员会成员就关于“事业”这一机密组织的传言提出过质疑，但国会议员却遭到了欺骗。关于这些秘密行动，国家安全委员会的高层人士向议员撒了谎。

在对伊朗门丑闻的调查之后，议员通过新的立法进一步加强了行政部门和立法部门对于情报机构的监督。1989年《总监察长法案》（Inspector General Act）设立了中央情报局总监察长这一职位，该人选由参议院批准，职责是定期、充分地向国会汇报中央情报局的任何不当行为。此外，1991年《情报监督法案》明确了秘密行动的定义和范围，并且要求秘密行动必须获得总统的正式书面批准，而

1 关于越来越严格的《博兰修正案》，见“《博兰修正案》评论”（Boland Amendments: A Review），《国会季刊周报（网络版）》（*Congressional Quarterly Weekly Online*），1987年5月23日，第1043页；基辛格：“平衡”（A Matter of Blance），《洛杉矶时报》，1987年7月26日。

不只是口头同意。这些措施使得政府可以再度试图保持情报机构的可问责性。

（四）党争时代（1991至2001年）

由于重新划分选区的决定催生了大量安全选区，再加上新任议长金里奇（Newt Gingrich）的严厉态度，后伊朗门时代华盛顿的氛围不利于民主党与共和党在国会情报委员会内达成一致，并为情报工作提供支持。情报监督委员会中突如其来的党争与过去的情况形成了鲜明对比。[1] 除了里根政府时期在是否允许中央情报局在尼加拉瓜开展秘密行动这一问题上发生过分歧之外，国会情报委员会几乎总是能够达成一致，两党成员都认为情报事务格外敏感，应该置于党争之上。

然而，阿伯巴赫注意到，在共和党在20世纪90年代在国会中占据多数之后，情况发生了改变，“不仅对被任命者的意图和行为产生了敌意，而且对许多联邦机构的使命都产生了敌意”。[2] 国会情报委员会都受到了党争风暴的影响。诺特将严重的党争归咎于共和党对克林顿外交政策的不满，以及“在民主党欺负共和党总统多年之后的报复情绪”。[3] 1991年，任命盖茨为中央情报总监一事就受到了党争的严重影响，只是在第二次投票时这一任命才以微弱的优势得以通过。1997年，情报领域也和其他政策领域一样充满了谩骂声。1996年，来自民主党的国家安全顾问莱克（Anthony Lake）被提名为中央情报总监，这引发了国会内民主党与共和党的一场激烈争斗，最终以莱克主动退出收场。一名旁观者将相关听证会描述为“尖酸

1 巴雷特：《中央情报局与国会：从杜鲁门时代到肯尼迪时代未被讲述的故事》，第459页。

2 阿伯巴赫（Joel D. Aberbach）：“关注之眼发生了什么？”（What's Happened to the Watchful Eye?），《国会与总统》（*Congress and the Presidency*），2002年第29卷，第20至23页。

3 诺特（Stephen F. Knott）：“监督的共和党大转型”（The Great Republican Transformation on Oversight），《国际情报与反情报杂志》，2002年第13期，第13卷，第49至63页。

刻薄的”，其言辞激烈程度创下了参议院情报特别委员会的历史记录。[1]

党争还在继续。在参议员罗伯茨（Pat Roberts）领导下的参议院情报特别委员会接下来又拒绝了对小布什政府在“9·11”事件后绕开法律要求对外国族裔美国公民进行未经授权的监听行动展开调查的申请。来自民主党的该委员会副主席洛克菲勒宣称该委员会“基本上被白宫通过其主席控制了”。罗伯茨则声称该委员会里的民主党人只是在企图打击小布什。[2] 党争成了国会情报委员会里的常态。

（五）大规模监视的时代（2001 至 2012 年）

“9·11”事件后，党争仍在影响着国会情报委员会。在某位敏锐的观察者看来，交锋甚至更加激烈了。前参议院情报特别委员会顾问斯奈德写道：“人们难以想象党争对两个委员会的正常工作造成了多大的干扰。这两个委员会一度被视为榜样，如今却和其他委员会别无二致。”[3] 除了党争之外，国会情报委员会成员对于情报机构的态度再度出现了分歧。当议员暂时抛开党派之见，对“9·11”事件背后的情报失职展开调查时，情况就是如此。有些成员指责情报机构的失职导致了“9·11”事件。就连中央情报局的坚定捍卫者罗伯茨曾在 2004 年哀叹道，情报界没有任何人因与“9·11”事件和伊拉克战争相关的失职“遭到处分，就更别提被炒鱿鱼了”。他沮

1　奥特（Marvin C. Ott）：“党派之争与情报监管的衰落”（Partisanship and the Decline of Intelligence Oversight），《国际情报与反情报杂志》，2003 年第 16 卷，第 69 至 94 页。

2　巴宾顿：“参议院情报特别委员会受困于党争”（Senate Intelligence Panel Frayed by Partisan Infighting），《华盛顿邮报》，2006 年 3 月 12 日。

3　斯奈德（L. Britt Snider）：“‘9·11’之后的国会情报监督”（Congressional Oversight of Intelligence after September 11），西姆斯、格贝尔主编：《转变美国的情报》（*Transformaing US Intelligence*），华盛顿特区：乔治敦大学出版社，2005 年，第 245 页；斯奈德：《中央情报局与国会的关系（1946—2004）》（*The Agency and the Hill: CIA's Relationship with Congress, 1946-2004*），华盛顿特区：中央情报局情报研究中心，2008 年。

丧地总结称：“情报界否认其工作的任何不足。”[1]

尽管罗伯茨对情报机构的感情变得爱恨交织，但他并没有摆脱党派之见。他提出了一系列情报机构改革方案，其支持者只有一名来自共和党的委员会成员。但他从未与任何民主党成员分享过这些计划。罗伯茨试图将中央情报局的部分职能划拨给其他情报机构，但此举令国会观察者困惑不已。罗伯茨曾经被视为现状的坚决维护者，但如今却改变了心意。不过，他对于情报机构的忠诚度并未减弱太多。尽管罗伯茨想要对情报界的组织架构做出调整，中央情报总监和其他情报机构长官依然能够依靠他获得所要求的资金。

罗伯茨和其他几名情报机构的坚定支持者偶尔会表露出不满的情绪，但国会委员会中的大多数成员都陷入了神情恍惚的状态。他们忘记了麦迪逊提出的警告和宪法的智慧。监督变成了团结在总统和情报界身后，为伊拉克、阿富汗和反恐战争提供支持。这是早在“9·11”事件之前就已出现趋势的放大。当时，参议院情报特别委员会召开的关于“基地”组织的听证会就寥寥无几。众议院在这方面的表现同样不佳，1998 至 2001 年就恐怖主义问题只召开过两次听证会，是同期召开听证会次数最少的安全或外交委员会。[2] 1976 至 1990 年，这两个委员会平均每年只召开不到两次听证会。泽加特发现，国会中关于情报工作的听证会数量同样很少。[3] 即使召开了听证会，出席率也很低。国会情报委员会本可以在不危及国家机密的情况下召开更多听证会。此外，还可以公布闭门会议的出席情况，使得选民得以知道其代表是否在认真履行监督和改善情报工作的职责。

共和党参议员麦凯恩（John McCain）在 2004 年表示：“国会对情报机构仍没有实行有效监督。”[4] 同年，“9·11”委员会总结称：

1　德罗金（Bob Drogin）：“参议院表示情报机构拒不配合”（Senator Says Spy Agencies Are “in Denial”），《洛杉矶时报》，2004 年 5 月 4 日。

2　基恩委员会报告，2004 年。

3　约翰逊：《情报机构：敌对世界中的美国情报》，第 96 页；泽加特：“非理性情报监督的国内政治”。

4　NBC 电视台节目的评论，2004 年 11 月 21 日。

“国会对情报工作和反恐工作的监督运转不良。”[1] 彻奇委员会前职员也在2009年表示：“不幸的是，国会对包括秘密行动在内的情报工作的监督在20世纪70年代曾经过精心设计，如今却变成了华盛顿的一个笑话。”[2]

当2005年12月有关小布什政府进行未经授权的监听行为的消息曝光后，国会情报委员会的某些成员公开抱怨了《外国情报监控法案》遭到侵犯一事，但并没有进一步的举动。根据一名资深情报事务记者的报道，监管委员会和情报界之间的关系“退化成了情报机构的互敬互爱”。[3] 议员似乎认为应该团结在情报机构身后，尽管有些人（例如罗伯茨）有时候会因为2001至2003年情报机构令人不安的失职而对其心存疑虑。

（六）再平衡的时代（2013年至今）

国家安全局元数据项目

2013年，美国历史上最为严重的泄密事件曝光了一个极具争议的“元数据”监视项目。国家安全局在2013年临时雇用了来自私营部门（博思艾伦咨询公司）的电脑专家斯诺登，他同时还为中央情报局工作。斯诺登对国家安全局过度搜集美国公民通信信息的行为深感震惊，这些信息包括任何在美国使用电话或是社交媒体者的姓名和联系方式（不过，不包括实际通信内容）。斯诺登将关于这一项目的信息透露给了媒体。为了与在未经《外国情报监控法案》授权的情况下搜集信号情报的“棱镜行动”做比较——该项目由《纽约时报》在2005年12月披露——用代号将其称为“215”。斯诺登还向媒体提供了上千份其他秘密文件，包括绝密的情报机构详细预算。此后，斯诺登逃往海外，最终定居俄罗斯。[4]

1　基恩委员会报告，第420页。

2　特雷韦顿（Gregory F. Treveton）：《恐怖时代的情报》（*Intelligence in an Age of Terror*），纽约：剑桥大学出版社，2009年，第232页。

3　格茨：《崩溃》（*Breakdown*），华盛顿特区：雷格内里出版社，2002年，第113页。

4　关于斯诺登事件，见格林沃尔德（Glenn Greenwald）：《无处可藏：斯斯诺登披露的国家安全局元数据项目文件以及《纽约时报》披露的“棱镜行动”，生动表明了“9·11”事件催生的恐惧和愤怒之情导致美国对于安全的强调迅速超过了自由。由于公众对斯诺登披露情况的反应，这股（甚至在美国本土）肆无忌惮的情报搜集行动的趋势在2013年初发生了逆转。人们就小布什政府和国家安全局搜集美国公民通信信息的做法是否过分提出了质疑，绝大多数公民都和全球恐怖主义毫无关系。

然而，面对公众的强烈反应，参议院情报特别委员会中只有少数几位成员对继续该项目投了反对票，他们是来自华盛顿的民主党人怀登（Ron Wyden）和来自科罗拉多的民主党人乌道尔（Mark Udall）。他们将该项目解密的尝试也失败了。怀登点评道：“你刚有所举动，情报界马上就会制止，表示这些问题很棘手。最终只有一方的观点得到了反映。”他继续说道：“我们的工作是实行严格的监督，而不是变成情报界工作的大使。”[1] 在共和党参议员麦凯恩看来，“元数据”项目事件其实十分简单：“显然，参议院情报特别委员会成员被情报界同化了，毫无疑问是这样。”[2] 布鲁金斯学会进行的一项研究表明，“斯诺登的披露暴露了国会在理解和考量政府这一大规模电话、邮件信息搜集项目时的严重失职。这涉及是否有必要将决策过程仅仅局限于总统或情报机构，同时假装符合了程序规定这一问题。”[3]

（接上页）诺登、国家安全局与美国的国家监视机器》（*No Place to Hide: Edward Snowden, the NSA and the US Surveillance State*），纽约：大都会出版社，2014年。

1 迪拉尼安：“国家安全局在泄密前曾考虑结束电话项目”（NSA Weighed Ending Phone Program before Leak），美联社，2015年3月30日。

2 萨穆埃尔松（Darren Samuelsohn）：“国会因对国家安全局的监督引来批评之声”（Hill Draws Criticism over NSA Oversight），《政治》（*Politico*），2014年3月2日，第2页。

3 基尔克（Paul J. Quirk）、本迪克斯（William Bendix）：“保密与放任：国会是如何对国内监视行为失控的”（Secrecy and Negligence: How Congress Lost Control of Domestic Surveillance），《治理研究问题》（*Issues in Governance Studies*），布鲁金斯学会，2015年3月2日，第9、13页。

随着更多细节的曝光，尤其是奥巴马任命的由芝加哥法学院教授斯通（Geoffrey Stone）牵头的调查小组发表了强烈的批评意见，国会情报委员会中支持元数据项目者的人数开始减少了。[1]哈佛大学法学院著名教授戈德史密斯（Jack Goldsmith）表示："该项目是个典型，表明了政府在根据不充分的法律理由和错误的法律观点独自秘密行事。"[2]随着批评声浪日益高涨，奥巴马对于此前无条件继续小布什政府电子监控项目的做法也改变了主意。

在许多议员和其他人看来，小布什政府和奥巴马政府对于与恐怖主义相关的可以催生行动的情报的需求盖过了隐私和自由等基本美国价值观。震惊、恐惧、不安和复仇等心理压倒了早已确立的关于监控行为的法律标准（1978 年《外国情报监控法案》）。"9·11"事件之后，小布什政府用一刀切的方式——而不是像维护公民自由的人士主张的那样更具针对性——来处理电子监控行为。

随着公开辩论愈演愈烈，国会在 2015 年以 338 比 88 的票数通过了《美国自由法案》。该法案是对 2001 年《爱国者法案》（2015 年 6 月 1 日到期）的全面修订。新的法律试图对《爱国者法案》和国家安全局元数据项目的范围做出调整。同时，美国纽约第二巡回上诉法院宣布该项目非法，这一判决鼓舞了那些更加重视隐私的议员，他们力图重建安全与自由之间的平衡。

接下来，奥巴马总统对元数据项目的某些方面表示了支持，但提出了新的监管措施，并签署了含有他提出的隐私保护条款的《美国自由法案》。这些新的举措包括将元数据搜集局限于恐怖主义嫌疑人的两条通信链接，存储地点也从国家安全局转移到了通信公司，存储时间缩短到了五年。在获得授权的情况下，国家安全局可以登录这些与恐怖主义嫌疑人相关的文档。此外，外国情报监控法庭在对情报机构进行监视和接触由私人电话公司［例如威瑞森（Verizon）］

1　该委员会认为，作为"自由的核心方面"，"隐私"必须得到保护。《变动世界中的自由与安全》（*Liberty and Security in a Changing World*），华盛顿特区：美国政府出版局，2013 年 12 月 12 日，第 47 页。

2　戈德史密斯（Jack Goldsmith）："秘密的美国：项目"（United States of Secrets: The Program），PBS 电视台节目，2015 年 5 月。

所持的元数据申请进行听证期间还可以派出一名公共利益律师。

纽约联邦法院的判决和《美国自由法案》的通过，强烈表明关于国家安全和个人隐私——两者对于西方制度的顺利运转都至关重要——之间恰当平衡的态度发生了改变。参议员孔斯（Chris Coons）表示："我不会支持将《爱国者法案》延期，联邦巡回法院最近判决该法案不合法。"参议员保罗（Rand Paul）也在参议院里质问道："你们真的想要为了安全放弃自由吗？"[1] 如今，钟摆再度从主张国家安全的鹰派一方摆向了主张个人自由的鸽派一方。正如《纽约时报》分析师所言，国会正在"从单纯关注国家安全、不顾公民自由，转而试图在后斯诺登时代在二者之间达成新的平衡"。[2] 希望促成这一再平衡的人士，包括民主党人和重视公民自由的共和党人。根据《纽约时报》的报道，这些人"改变了后'9·11'时代的趋势，促使许多人都像重视国家安全一样重视个人隐私"。[3]

令这场关于国家安全支持者和公民自由捍卫者的辩论更加复杂的是，外国情报监控法庭在 2015 年夏天做出判决：至少在国会为监视行为划定明确的界限之前，国家安全局有权继续元数据项目。法官莫斯曼（Michael W. Mosman）宣称："第二巡回法院的判决没有约束力。"[4] 莫斯曼认为，如果在 2001 年就存在这样的元数据项目，那么"9·11"事件可能就会避免。但其他的报道指出，中央情报局

---

1 施泰因豪尔（Jennifer Steinhauer）："参议院在是否延长国家安全局电话项目这一问题上陷入严重分裂"（Senate Is Sharply Split over Extension of NSA Phone Data Collection），《纽约时报》，2015 年 5 月 22 日；佚名社论："保罗及时对《爱国者法案》出手"（Rand Paul' s Timely Takedown on the Patriot Act），《纽约时报》，2015 年 5 月 22 日。

2 魏斯曼（Jonathan Weisman）、施泰因豪尔："两党都支持对《爱国者法案》施加限制"（Patriot Act Faces Curbs Supported by Both Parties），《纽约时报》，2015 年 5 月 1 日。

3 施泰因豪尔："在关于电话项目的议案遭到阻挠后，参议院将在下周再度进行尝试"（Senate to Try Again Next Week after Bill on Phone Records Is Blocked），《纽约时报》，2015 年 5 月 24 日。

4 萨维奇（Charlie Savage）："监控法庭判决国家安全局可以恢复大规模数据搜集项目"（Surveillance Court Rules that NSA Can Resume Bulk Data Collection），《纽约时报》，2015 年 7 月 1 日。

早就掌握了关于两个躲藏在加州圣迭戈的恐怖分子的大量信息，但从未与负责国内反情报工作的联邦调查局分享过这些信息。一名颇有思想的评论员总结称："元数据搜集项目毫无必要，需要的是中央情报局与其他机构加强合作。"[1]

国会无疑会对国家安全局元数据项目的长期命运进行进一步的考量，但截至2016年总统选举，此事已告一段落。如果国家安全局的这些行动成功地抑制了恐怖主义袭击，那么支持延续该项目的论据就将更具说服力。但事实上，国家安全局和白宫都无法提出足够令人信服的事例来压倒公民自由的主张者。这和中央情报局针对恐怖主义嫌疑人动用酷刑的情况如出一辙。

参议院关于酷刑的报告

"9·11"事件发生后不久，小布什总统赋予了中央情报局逮捕、拘禁和在必要时杀死世界各地"基地"组织成员的权力。次年，他又废除了《日内瓦公约》第三条关于禁止"残酷对待和酷刑折磨"的规定。（里根总统在1988年签署了《反酷刑公约》。）2002年，司法部法律咨询办公室主任又赋予了中央情报局动用严厉的审讯手段的权力。[2]迈尔（Jane Mayer）写道，"不可想象的残酷"正在成为美国的官方政策。[3]

中央情报局对"9·11"事件的反应

2002年9月，中央情报局终于向国会情报委员会的少数成员汇报了关于其审讯行为的情况。参议院情报特别委员会主席格雷厄姆（Bob Graham）要求获得更多信息，但遭到了中央情报局的拖延，

---

1 赖特（Lawrencec Wright）："'基地'组织的总机"（The al-Qaeda Switchboard），《纽约客》，2004年1月13日，第3页。

2 关于一系列酷刑，见安德鲁斯（Wilson Andrews）、帕尔拉皮亚诺（Alicia Parlapiano）："中央情报局秘密审讯手段的历史"（A History of the CIA's Secret Interrogation Program），《纽约时报》，2014年12月9日。

3 迈尔："酷刑与真相"（Torture and the Truth），《纽约客》，2014年12月22日。

因为中央情报局知道，再过几个月他就要从这一职位上退休了。一名不持党派之见的外部观察者总结称，在这段时期内中央情报局对待国会情报委员会的态度是“轻蔑和推诿”。[1]

2005 年，中央情报局的审讯项目开始土崩瓦解。11 月份，《华盛顿邮报》记者普里斯特（Dana Priest）揭露了中央情报局在海外设立秘密监狱的情况。之后不久，中央情报局负责秘密行动的最高长官、情报部主任销毁了记录着动用酷刑场景的录像带，尽管此前国会委员会命令保存这些录像带。[2] 又过了两年时间，《纽约时报》才得知并报道了录像带被毁一事。“销毁这些录像带只有一个理由：有些人希望这些信息永远无法公之于众。”参议院情报特别委员会主席芬斯坦总结称。芬斯坦支持国家安全局通过有争议的信号情报搜集手段进行反恐工作，但坚决反对动用酷刑。她认为，销毁录像带的原因就是为了掩盖真相。[3]

2006 年秋天，参议院情报特别委员会在成立以来的五年间第一次收到了有关审讯情况的汇报。中央情报局局长海登（Michael V. Hayden，他在国家安全局局长任上启动了元数据项目）以典型的自负和好斗语气进行了汇报。他保证审讯手段是有效的，在国会山上弄虚作假的恶名昭彰时刻，甚至还声称这些手段其实相当温和，只是“敲敲肚皮而已”。[4] 芬斯坦后来回忆，海登表示“所有手段带来的伤害都微不足道，而且进行审讯的方式都十分专业——但压根并非如此”。[5]

鉴于这些情况，参议院情报特别委员会在 2009 年 3 月决定——

---

1 阿夫特古德：“中央情报局酷刑报告：监督，但尚未补救”（CIA Torture Report: Oversight, but No Remedies Yet），《保密新闻》第 83 卷，2014 年 12 月 10 日，第 2 页。

2 众议院常设情报特别委员会的一名高级成员早在 2003 年就敦促该机构不要销毁录像带，见“美国的情报机构需要升级”（America's Spy Agencies Need an Upgrade），《外交事务》，2015 年 3/4 月刊，第 103 页。

3 芬斯坦（Dianne Fenstein）：“中央情报局不能不顾法律”（Dianne Fenstein: The CIA Cannot Shove the Laws Aside），《夜线》（*Nightline*），第 2 页。

4 芬斯坦：“中央情报局不能不顾法律”，《夜线》，第 1 页。

5 芬斯坦在国会听证会上的评论，2014 年 12 月 3 日、9 日。

在批评者看来这实在是太晚了——对中央情报局的审讯活动展开调查。公众则要求设立一个真相委员会来对酷刑、向被拘押者施加的其他严酷手段和销毁录像带一事展开调查。在民意推动下，参议院情报特别委员会以 14 比 1 的投票结果决定展开调查。唯一一名反对调查的参议员是该委员会副主席钱布利斯（Saxby Chambliss）。[1]

但参议院情报特别委员会中的共和党成员很快就以调查变得政治化为由选择了放弃。民主党人则继续施压。在花费了五年时间用于调查、写作以及与中央情报局、参议院情报特别委员会的共和党成员争斗之后，他们终于向中央情报局和白宫发出了要求审查机密信息的报告。又过了几个月时间，筋疲力尽的参议院情报特别委员会终于以 11 比 3（1 票弃权）的结果决定不公布完整报告，而只是争取公布其摘要部分——如果能够做到。三名投反对票的议员都来自共和党，他们甚至连解密摘要部分都不愿意公布。

关于应该解密哪些内容，参议院情报特别委员会又进行了八个月的来回拉锯，最终在 2014 年底从奥巴马政府处获得了公布摘要部分的许可。（在此期间，奥巴马总统对芬斯坦关于该委员会的调查结果未置一词。）经过删减的摘要部分依然十分冗长：长达 499 页，有 2725 个脚注。

对酷刑报告的反应

当参议院情报特别委员会的共和党成员放弃调查后，民主党成员授权六名专业人员继续调查，以确定谁应该为中央情报局动用酷刑的行为负责。调查人员审视了昼夜不停的各种审问手段，从水刑到强制喂食（被怀疑是“9·11”事件幕后主要策划者的穆罕默德经受了多达 183 次水刑），从假处决到长达数日的睡眠剥夺（有人整整七天半都没能睡觉）。有些人被关押在拥挤、如同棺材一般的小隔间里。根据参议院情报特别委员会的报告，一名经受了 83 次水刑的被拘押者祖贝达，“完全失去了意识，口吐白沫”。[2] 该报告还表

1 关于酷刑的报告发布不久，钱伯利斯就从国会中退休了，如今他是中央情报局顾问委员会成员。

2 关于这份报告，见菲锡恩编：“关于酷刑的报告特刊”（An INS Special

示，中央情报局采取了一种名为“硬拆卸”的手段，即五名中央情报局工作人员扑向一名被关押者，蒙住他的头，脱掉他的衣服，击打他并拖在地上走。

中央情报局局长布伦南表示，这份报告充满了夸张和错误，是对事实不充分和选择性的刻画。参议院情报特别委员会的共和党成员在一份少数派报告中提出了同样的观点。然而，2016 年，关塔那摩的首席军事检察官马丁斯（Mark Martins）在阅读了完整报告后公开表示，据他对审讯过程的了解，报告中提及的事实是准确的。[1]

调查人员还探讨了通过这些手段是否获得了有助于保卫美国免受新的恐怖袭击的情报这一问题。最终，布伦南也承认：“我们并不认为是这些审讯手段令我们从被关押者那里获得了有用的信息。”但在他看来，酷刑是否有用这一问题是“不可知的”。[2] 相较之下，参议院情报特别委员会调查人员的结论却是，中央情报局用来从被关押者处获取情报的那些手段要比该机构声称的更加野蛮得多。（一名因被弄错身份而遭到美国关押的人，在 2002 年半裸着死于体温过低。）此外，这些手段的有效性则被海登以及中央情报局、白宫和司法部的所有人都夸大了。

许多观察者指出，更加重要的问题在于动用酷刑在全世界对于美国声誉造成的损害。关于参议院情报特别委员会的报告，奥巴马表示：“它强化了我一直持有的观点：这些严酷的措施既不符合我们的价值观，也不符合我们的广泛反恐事业或我们的安全利益……维护我们信奉的这些价值观不会令我们变弱，反而会令我们变强。”[3] 这份报告提出了这样一个严肃的问题：情报机构动用有违美国基本

（接上页）Forum: The US Senate Select Committee Report on the CIA's Detention and Interrogation Program），《情报与国家安全》，2016 年 1 月，31 卷 /1 期，第 8 至 27 页。

1　戈德曼：“军事检察官：参议院关于酷刑的报告是准确的”（Military Prosecutor: Senate Report on CIA Interrogation Program Is Accurate），《华盛顿邮报》，2016 年 2 月 10 日。

2　对布拉德纳（Eric Bradner）的评论，“布伦南捍卫中央情报局”（John Brennan Defends CIA），CNN，2014 年 12 月 12 日。

3　2014 年 12 月 9 日，奥巴马的声明。

道德原则的反恐手段，这种做法在安全方向上是否越界。

中央情报局对参议院情报特别委员会的攻击

同样在2014年，在参议院情报特别委员会展开调查的同时，中央情报局的做法令人们愈发感到，重建安全与自由之间的平衡已经迫在眉睫。中央情报局工作人员四度入侵参议院情报特别委员会调查人员使用的电脑，此举的厚颜无耻和对国会的蔑视程度创下了新高。中央情报局的网络攻击者在一次入侵中删除了870份文件，在另一次入侵中删除了50份文件。[1]布伦南声称，参议院情报特别委员会先入侵了中央情报局的电脑。这种说法是虚假的，尽管他可能当时以为他的陈述正确。事实上，中央情报局无意间将本机构对于审讯行为的内部调查结果[以时任局长帕内塔姓氏命名的《帕内塔评述》（Panetta Review）[2]]发到了参议院情报特别委员会调查人员的电脑。收获这一意外之喜——按道理中央情报局理应与参议院情报特别委员会分享这一文件——的参议院情报特别委员会成员发现，其内容与自己的调查结果十分接近。

包括布伦南在内，中央情报局内部某些人士对于参议院情报特别委员会获得了这份《帕内塔评述》感到不悦，于是便声称是参议院情报特别委员会通过入侵自己电脑的方式偷走了这些文件。中央情报局常常在海外施展欺骗和操纵等手段，如今将这些招数用到了参议院情报特别委员会的身上。事实上，参议院情报特别委员会变成了中央情报局又一起秘密行动的目标。就连中央情报局的铁杆支持者钱布利斯也对中央情报局的这一指控惊愕不已，他用温和的语气驳斥道："布伦南在这件事上做得不太对。"[3]另一名参议院情报特别委员会成员则表示："中央情报局和参议院之间爆发了战争。"[4]

1　芬斯坦："中央情报局不能不顾法律"。

2　也称《帕内塔报告》（Panetta Report）。——编注

3　布鲁克（Connie Bruck）："内部战争"（The Inside War），《纽约客》，2015年6月22日，第45页。

4　赫布（Jeremy Herb）：《国会山报》（*The Hill*），2014年3月6日，第11页。

芬斯坦在写给布伦南的信中斥责了中央情报局入侵参议院情报特别委员会调查人员电脑的做法，她表示此举侵犯了三权分立这一宪法的核心原则（更不必提的是，这还违反了创立中央情报局的1947年《国家安全法》，该法案明确禁止中央情报局在美国国内开展行动）。布伦南过了好几周时间才做出回应。芬斯坦在参议院中的一名同事向她表示，布伦南此举的意图在于“威吓监督者、转移其注意力并阻挠其监督行为”。[1] 接下来，布伦南在参议院情报特别委员会作证时承认，在参议院情报特别委员会与中央情报局之间出现了“信任缺失”的局面，并且为入侵参议院情报特别委员会调查人员电脑的行为向芬斯坦和钱布利斯道了歉。

中央情报局还对参议院情报特别委员会调查人员进行了其他骚扰。其首席律师向参议院情报特别委员会调查人员发出了报复的警告，或许是因为自己的名字在该委员会的酷刑报告中出现了1600多次（在白宫决定哪些内容将被解密的拉锯战中，他成功地删掉了所有出现过的自己的名字）。这名律师将参议院情报特别委员会调查人员的名字交给了司法部，供其进行调查。

鉴于这些情况，中央情报局对关于问责的现存法规的态度引发了国会和媒体的担忧。参议院多数派领袖里德（Harry Reed）警告芬斯坦：“听着，你支撑不下去的！中央情报局正在向外泄露信息，他们将抹黑你手下的调查人员。”[2] 中央情报局对参议院情报特别委员会的调查人员展开间谍活动的做法，是对监管与被监管关系史无前例的冒犯。然而，尽管芬斯坦在新闻发布会上对此提出了强烈、愤怒的控诉，但此举并未受到任何惩罚。

布伦南任命了一个调查小组对这些指控进行调查。该小组五名成员中的三名都是中央情报局官员，其他两人也是向来对中央情报局友好的人士。经过一番短暂的“调查”之后，中央情报局免除了自己的任何责任，并用惯常的鼓动技巧宣称，整起事件不过是个“误会”。[3] 与之形成鲜明对比的是，中央情报局总监察长巴克利（David

1 布鲁克：“内部战争”，第46页。

2 布鲁克：“内部战争”，第48页。

3 马泽蒂、阿普佐：“参议院对电脑的搜查证明中央情报局官员是清白的”

Buckley）早先曾表示，中央情报局入侵参议院情报特别委员会调查人员电脑以及向司法部控告该委员会的行为是不当的。巴克利很快就遭到了抹黑和排挤，只得选择辞职。

尽管遭到了中央情报局的反对，2015年参议院情报特别委员会关于酷刑的报告还是产生了重大影响，参议院以78比21的投票结果禁止美国在未来使用任何不在《美国陆军战地手册》（*The U.S. Army Field Manual*）许可目录中的审讯手段。

喜忧参半

参议院情报特别委员会前主席洛克菲勒曾经将中央情报局对该委员会关于审讯手段的调查的反应称为“对国会监督职能的极大破坏”。[1]但在一定程度上，国会情报委员会也要为此前对中央情报局酷刑审讯和国家安全局元数据项目听之任之而负责。轻易地接受海登所谓“敲敲肚皮而已”的说辞（以及伊朗门丑闻期间轻信国家安全顾问麦克法兰于80年代否认“事业”这一秘密组织存在的言论）是一个严重的错误。监督者必须更加警觉，通过听证会上经过发誓的证词来探寻真相，并通过传票这一有力的手段获取关键文件和证词，直到确信弄清全部事实为止。

此外，正如好几位中央情报局前局长所言，一旦得知了关于审讯情况的信息后，国会情报委员会“错过了参与塑造这一项目的机会，他们无法达成共识。行政部门只得单独采取行动，只是把相关信息汇报给国会委员会”。[2]记者伊格纳休斯（David Ignatius）也同意这一看法。他承认参议院情报特别委员会的报告“极具价值”，但也认为该委员会从未直面“自己未能更加有效地监督此类行为这一失职”。伊格纳休斯质问道：“我们现在意识到，国会议员应该实行严格的监督，但是他们真的这样做了吗？他们提出获得更多信

（接上页）（CIA Officers Are Cleared in Senate Computer Search），《纽约时报》，2015年1月15日。

1　2014年12月9日，对参议院的评论。

2　特内特等人：“前中央情报总监：审讯拯救了生命”（Ex-CIA Directors: Interrogation Saved Lives），《华尔街日报》，2014年12月10日。

息的要求了吗？他们施加严格的约束了吗？他们对审讯手段的细节提出质问了吗？”答案是：“没有。”[1]法学学者格伦农（Michael Glennon）质问道：“这些情况发生时，参议院情报特别委员会做什么去了？”[2]他还可以再补充一句：众议院常设情报特别委员会做什么去了？这两个委员会都不曾探访富有争议的中央情报局海外秘密监狱。

与此同时，参议院情报特别委员会在面临重重阻力和行政部门的不合作态度（例如，在中央情报局的怂恿下，白宫以行政特权为由，阻挠参议院情报特别委员会获得多达9000页的相关文件）而坚持完成调查的态度为自己赢得了好评。关于酷刑审讯的报告无疑有缺陷。如果两个党派都能参与其中，其质量将进一步提高。共和党人本可以促成这样的局面，但他们却早早地放弃了调查，试图因此来放缓调查的进度，或是令其名声扫地。参议院情报特别委员会的共和党成员有大量机会将自己的不同意见加入最终报告中，在他们认为民主党人的调查偏离了目标时就阐明自己的意见。在这个意义上，参议院情报特别委员会的共和党成员的做法帮了中央情报局的倒忙。只有勇气可嘉的参议员斯诺（Olympia Snowe）表现出了超脱党争之外的精神和与民主党同事一道探寻真相的意愿。

批评者指责参议院情报特别委员会的民主党成员在报告中令道德上对酷刑的反对压倒了对于这些手段有效性的客观评估。参议院情报特别委员会的民主党成员不同意这种看法，他们认为自己的目标仅仅是阐述事实。[3]无论如何，事实确实表明，就如同国家安全局元数据项目的效果总是被情报官员——乃至参议员芬斯坦——夸大

1　伊格纳休斯（David Ignatius）：“关于酷刑的报告的一大弱点”（The Torture Report’s One Glaring Weakness），《华盛顿邮报》，2014年12月11日。一名中央情报局资深官员曾表示，议员希望了解审讯项目的详情，但他们声称遭到了误导的说法是“可笑的，虚假的……我可以告诉你，我很难接触到我想要向其汇报的那些议员。他们现在想要了解真相了，当初可不是这样”。对格雷尼尔（Robert Grenier）的采访，PBS电视台节目，2014年12月9日。

2　2015年10月20日，格伦农在情报机构可问责性会议上的评论。

3　泽加特：“关于酷刑的报告特刊”，第25页。该委员会的民主党成员在情报机构可问责性会议上否认该报告带有偏见。

一样，这些手段也不太有效。[1]

这一悲哀剧情的问责英雄芬斯坦总结了报告所体现出的精神："我们不是纳粹德国。我们不用酷刑折磨人。我们不对人施加183次水刑，导致他们几乎停止呼吸。我们不将他们关在棺材一样的小隔间里，让他们贴墙站上100个小时。"[2]海登轻蔑地认为她的观点只是"感情用事"，但对此感到愤慨的不只有芬斯坦一人。在越南战争期间也曾遭受过酷刑的麦凯恩同样表示："这不是关于我们敌人的问题，这是关于我们自己的问题。"[3]

二、情报机构可问责性的"冲击理论"

正如上述对情报机构可问责性经历的不同阶段的考察所表明的，国会情报委员会在监督方面的表现在冷战期间及之后有着很大波动。许多观察者对这种状况做出了点评。例如，在彻奇委员会展开调查

1 芬斯坦："充满警觉的国家安全局保护了美国"（NSA's Watchfulness Protects America），《华尔街日报》，2013年10月13日。在一场参议院的听证会上，芬斯坦曾表示支持国家安全局元数据搜集项目，她叹息称"9·11"事件前美国对"基地"组织的了解是"多么少啊"。她还表示："他们会追逐我们的，我认为我们需要随时避免另一场袭击的发生。"施瓦茨（Mattathias Schwartz）："谁能够控制国家安全局的监视项目？"（Who Can Control NSA Surveillance?），《纽约客》，2015年1月23日。

2 芬斯坦："中央情报局不能不顾法律"，第6页。

3 普菲夫纳："关于酷刑的报告特刊"，第23页。曾是共和党总统候选人的麦凯恩表示，自己"完全赞同这份报告"。斯莱奇（Matt Sledge）、麦考利夫（Michael McAuliff）："中央情报局酷刑报告获得了参议院情报特别委员会的批准"（CIA Torture Report Approved by Senate Intelligence Committee），《赫芬顿邮报》，2012年10月13日。就连布伦南最终也表示反对在未来继续动用水刑。他说："只要我还是中央情报局局长，无论总统说些什么，我都不会下达动用水刑的命令。他们需要另找他人来下达这一命令。"2016年7月13日，布伦南在布鲁金斯学会发表的公开评论。不过，身为共和党总统候选人的特朗普却表示，作为总司令，自己将对恐怖主义嫌疑人动用水刑，"我还将使用严厉得多的手段"。布鲁克："关塔那摩失败"（The Guantanamo Failure），《纽约客》，2016年8月1日，第34页。

的多年之前，兰森（Ransom）就曾指出，情报机构的可问责性是“时断时续的、间歇性的，大体上无足轻重的”。[1] 即使在 1975 年实行了新的监管制度之后，研究这一话题的学者仍然发现，近年来这一问题并未受到太多重视。[2] 主要原因在于国会的性质：议员的首要目标是赢得连任，他们通常更愿意把时间花在通过法案和筹集竞选资金上，而不是从事冗长乏味的监督工作，就更不必提对情报机构的监督工作了。对秘密行动的审查总是在委员会的闭门会议中进行，不向公众公开。缺少公众的参与，议员就很难通过这些活动挣得名声，而这一点对于议员争取连任正是至关重要的。[3]

对 1975 年后情报机构可问责性的考察表明，存在着“刺激与回应”这一周期性的模式。一次重大的情报丑闻或失职——即一次“冲击”——会使得监督机构从敷衍了事变为严加监督。这段时期过后，监督行为仍然比较严格，会催生旨在杜绝情报机构不当行为的立法和改革措施。随后是冲击周期的第三阶段，即回归敷衍塞责的阶段。政治学家麦卡宾斯（McCubbins）和施瓦茨（Schwartz）用“警察巡逻”和“消防员灭火”这两种比喻的说法来区分议员对于监督工作不同的尽职程度。[4]“巡逻”指的是对行政机构定期进行检查：用

---

1 兰森：“秘密情报机构与国会”（Secret Intelligence Agencies and Congress），《社会》（*Society*），1975 年第 123 卷，第 33 至 36 页。

2 阿伯巴赫：《保持关注：国会监管的政治》（*Keeping a Watchful Eye: The Politics of Congressional Oversight*），华盛顿特区：布鲁金斯学会，1990 年；迪林（Christopher J. Deering）：“警报与巡逻：外交和国防政策领域的立法机构监督”（Alarms and Patrols: Legislative Oversight in Foreign and Defense Policy），坎贝尔（Colton C. Campbell）、雷（Nicol C. Rae）、斯塔克（John F. Stack）：《国会与外交政策的政治》（*Congress and the Politics of Foreign Policy*），上萨德尔河：普伦蒂斯-霍尔出版社，2003 年，第 112 至 138 页；约翰逊：“总统、议员和间谍：美国的情报可问责性”（Presidents, Lawmakers and Spies: Intelligence Accountability in the United States），《总统研究季刊》（*Presidential Studies Quarterly*），2004 年 12 月，第 34 卷，第 828 至 837 页。

3 梅休（David Mayhew）：《选举联系》（*The Electoral Connection*），纽黑文：耶鲁大学出版社，1974 年。

4 麦卡宾斯（Matthew D. McCubbins）、施瓦茨（Thomas Schwartz）：“遭到忽视的国会监督：巡逻与消防”（Congressional Oversight Overlooked:

手电筒查看某个阴暗的房间，轻轻地晃动门锁，注视着街道上的一举一动。相较之下，“消防”是在灾难发生后进行应急反应：当警报响起时跳上消防车，试图扑灭大火。一位国会议员近来也使用了类似的比喻。众议院政府改革监督委员会主席瓦克斯曼（Henry A. Waxman）指责共和党在监督方面不尽职时表示：“没有巡逻的警察。这时，罪犯就格外愿意犯罪。”[1]

有时候，消防过后，密集的巡逻可能会持续数月时间。如果最初的冲击足够重大，引发媒体的持续关注，甚至会持续数年时间。但一旦“火情”平息并推行了改革措施，议员就又会对情报机构的行动持听之任之的态度，即少巡逻，乃至不巡逻。（见图 5.3，即展示了这一规律。）

要想达到“冲击”的程度，对于情报机构失职和行为不当的指控必须获得媒体的持续报道，至少需要连续几天登上头条。例如，在 1974 年，《纽约时报》不同寻常地从 6 至 12 月对中央情报局进行了连续报道，共发表了 200 多篇文章。光是在 12 月，就有 9 篇关于中央情报局的文章登上了头条，在当时这是史无前例的。这些报道大多都是负面的，引发了公众、国会乃至总统对于中央情报局国内间谍丑闻的强烈反应。在伊朗门丑闻爆发前夕，《纽约时报》在 1986 年 10 至 11 月发表了 11 篇关于情报机构在尼加拉瓜的行动可能滥用职权的头条报道，为联合委员会在 1987 年对该丑闻展开调查铺平了道路。

在对情报行动展开调查方面，国会比媒体有更大的权力，包括财力、发出传票的权力和提出弹劾的权力。但媒体进行监督的意愿似乎更强，这部分是出于对利润的追逐，即通过揭露政府的丑闻和失职来销售更多的报纸。光是媒体连篇累牍的报道还不足以令国会议员进入“消防模式”。例如，小布什政府时期未经授权的监听行

（接上页）Police Patrols and Fire Alarms），《美国政治学杂志》（*American Journal of Political Science*），1984 年第 28 卷，第 165 至 179 页。

1　谢农（Philip Shenon）：“作为新的‘值勤警察’，议员开始巡逻了”（As New “Cop on the Beat”, Congressman Starts Patrol），《纽约时报》，2007 年 2 月 6 日。

规 律

偶尔巡逻* >情报冲击（丑闻 / 失职）和改革>密集地消防>密集地巡逻>偶尔巡逻

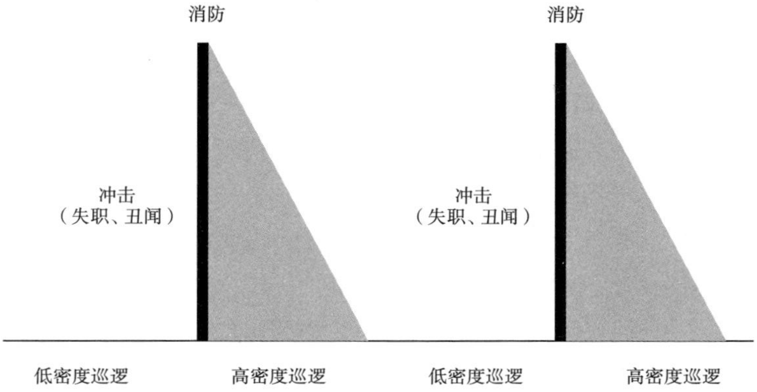

* 由于无法挣得名声和提高连任的可能，议员便不会重视监督职责，这使得失职或丑闻更容易爆发。

图 5.3 1975 至 2006 年国会情报监管者的冲击与反应周期
来源：约翰逊：“国会情报机构可问责性的‘冲击’理论”，
约翰逊主编：《情报研究手册》，纽约：劳特利奇出版社，
2007 年，第 343 至 360 页

为和中央情报局动用酷刑的行为获得了媒体的大量关注，但国会并未对其进行大规模的调查。美国依然感到可能遭受恐怖袭击的威胁，在这样的氛围下，对上述行为的调查也就无从展开了。国会监督者的个人性格等因素，尤其是国会情报委员会主席的个人立场和政府中意见的分歧，也可能决定某次冲击是否会演变成为重大的“消防”事件。[1]

---

1 约翰逊、库岑斯基（John C. Kuzenski）、格尔纳（Erna Gellner）：“对国会调查的研究：研究策略”（The Study of Congressional Investigations: Research Strategies），《国会与总统》，1992 年秋季刊，第 19 卷，第 138 至 156 页。关于媒体对情报机构失误与丑闻的报道和国会的“消防”反应之间的关系，见约翰逊：“情报冲击、媒体报道与国会可问责性（1947—2012）”（Intelligence Shocks, Media Coverage and Congressional Accountability, 1947-2012），《情报史杂志》（*Journal of Intelligence History*），2014 年 1 月，第 13 卷，第 1 至 21 页。

（一）情报冲击

自从国会在1974年底开始严肃地执行监督职能以来，议员一共在重大调查上花费了约六年时间。这些调查是五起重大的情报争议或冲击引发的（见下文和表5.1）。剩下的时间——这部分时间占据了大多数——则用于“巡逻”。有时巡逻是严格的（例如参议院情报特别委员会关于酷刑的报告），但大多数情况下只是漫不经心的。

冲击之一　1974年国内间谍丑闻

作为对中央情报局国内间谍丑闻的回应，美国政府设立了彻奇、派克和洛克菲勒三个调查委员会。这些委员会的调查结果催生了参议院情报特别委员会和众议院常设情报特别委员会、1978年《外国情报监控法案》（要求监听行为需获得授权）和1980年《情报监督法案》（严格地要求一切重大情报行动都需要在事前告知国会）。[1]

冲击之二　1986年伊朗门丑闻

对伊朗门丑闻进行调查的伊努耶-汉密尔顿委员会揭露了国家安全委员会和数名中央情报局官员进行的非法情报行为。[2]其调查结果催生了1989年《中央情报局总监察长法案》，设立了负责向国会汇报中央情报局不当行为的总监察长一职，以及1991年《情报监督法案》，该法案明确了秘密行动的定义并收紧了其批准程序。

冲击之三　1994年阿姆斯事件这一反情报失职

作为对阿姆斯叛国行为的回应，国会设立了一个总统-国会委员会对其进行调查，即由前国防部长阿斯平和布朗牵头的阿斯平-布朗委员会。美国的情报机构在非洲之角地区的失职导致了数名美国士兵死亡，这使得华盛顿感到有必要对情报界展开重大调查。阿斯平-布朗委员会发布的报告呼吁对情报机构进行广泛的改革，尤其强调

1　约翰逊：《重访调查季：彻奇委员会与美国情报机构的对峙》；施瓦茨、胡克：《无制约和不平衡：恐怖时代的总统权力》。

2　伊努耶-汉密尔顿委员会报告。

应该加强中央情报总监的职权和向公众公布年度情报预算的数目。[1]

冲击之四 2001年“9·11”事件

情报机构未能就“9·11”事件发出预警这一失职促使国会设立了一个联合调查委员会（格雷厄姆–戈斯委员会），随后又设立了调查范围更加广泛的基恩委员会，对此展开调查。[2] 此外，众议院常设情报特别委员会还在向公众发布的报告中，批评了中央情报局在世界各地的人力情报工作，着重指出该机构在重点区域缺少优质情报“资产”。[3]

冲击之五 2003年在伊拉克并不存在的大规模杀伤性武器

2002年10月，《国家情报评估》对伊拉克是否拥有大规模杀伤性武器这一问题做出的错误判断，促使国会设立了西尔伯曼–罗布委员会，对这一失职展开调查。[4] 此外，参议院情报特别委员会也对此展开了调查。参议院的调查关注的是中央情报局的失误，但并未审视克林顿和小布什政府对于这些情报的糟糕应用。[5]

国家安全局元数据项目和中央情报局动用酷刑行为本应成为冲击之六和冲击之七，但发生恐怖袭击的威胁削弱了议员和白宫对此展开调查的意愿。许多高级官员感到，安全比自由和隐私更加重要，至少目前是这样。

如表5.1所表示，国会在1974至2016年共进行过十八次重大的情报改革。这其中的十一次都源自重大调查，即消防行动；另外七次不是重大调查的结果，而是源自巡逻行动。在这七次改革中，第

1 《为21世纪做准备：对美国情报的评估》和阿斯平–布朗委员会报告，1996年3月1日。关于阿斯平–布朗委员会的工作，见约翰逊：《地平线上的威胁：冷战后美国对于安全的追求的内部叙述》。

2 格雷厄姆–戈斯委员会报告和基恩委员会报告。

3 2005年《情报授权法案》，第23至27页。

4 西尔伯曼–罗布委员会报告。

5 罗伯茨委员会报告。

年份	刺激	监管者的回应	回应的目的
1974	国内间谍丑闻	《休斯-瑞恩法案》	对秘密行动施加控制
1976—1977	国内间谍丑闻	设立国会情报委员会，发表重要报告	加强可问责性
1978	国内间谍丑闻	《外国情报监控法案》	规定电子监视行为需要获得授权
1980	国内间谍丑闻	《情报监督法案》	加强监管
1980	巡逻	《情报信息程序法案》	放宽情报司法程序
1982	巡逻	《情报身份法案》	保护情报官员或特工
1984	巡逻	《中央情报局信息法案》	限制以信息自由为由的申请
1987	伊朗门	重要报告	改善情报监督
1989	伊朗门	《中央情报局总监察长法案》	改善中央情报局内部监督
1991	伊朗门	《情报监督法案》	进一步加强监管
1996	阿姆斯事件	设立中央情报总监助理职位，发布重要报告	改善情报界的管理，加强反情报工作
1997	巡逻	《情报授权法案》	对中央情报局利用记者从事情报活动的行为施加控制
1998	巡逻	《情报界吹哨人保护法案》	加强对吹哨人的保护
2001	“9·11”事件	《爱国者法案》，对“基地”组织和塔利班开战，增加反恐资金	监视恐怖主义嫌疑人，针对“基地”组织和塔利班发动准军事攻击
2004	“9·11”事件	重要报告	改善人力情报和分析工作
2004	“9·11”事件，伊拉克大规模杀伤性武器失误	《情报改革与反恐法案》	加强反恐工作和情报界的协调工作，设立国家情报总监一职
2008	巡逻	《外国情报监控法案修正案》	支持国家安全局元数据收集项目
2015	巡逻	《美国自由法案》	为国家安全局的行动提供防御措施

表 5.1　1974 至 2016 年的刺激及国会监管者的回应

一次改革允许法官在涉及情报界的诉讼中，通过摄像机对任何相关机密文件进行审阅，从而使得情报界在诉讼中能够更加容易地将机密保护起来。第二次改革是 1982 年《情报身份法案》，该法案源自议员达成的这一共识：需要严惩未经授权暴露美国情报官员或情报“资产”姓名的行为。[1] 第三次改革对根据《信息自由法案》向情报机构提出要求的做法施加了限制，尤其涉及与中央情报局秘密行动有关的情况。第四次和第五次改革的内容分别是，要求情报界在动

1　《美国公共法案》。

用新闻人员开展情报行动时向国会汇报，以及改善了爆料程序。[1] 第六次和第七次改革分别通过了支持国家安全局元数据项目关键内容的法案（2008 年《外国情报监控法案修正案》），以及为抵御国家安全局的入侵行为提供了新的防卫措施（2015 年《美国自由法案》）。这些源自巡逻行动的改革固然重要，但不如源自消防行动的五次改革全面和深入。这些改革包括《休斯-瑞恩法案》《外国情报监控法案》及 1980 年、1991 年《情报监督法案》。这些源自情报冲击的重大改革凸显了一系列与对情报机构实行有效问责相关的根本问题。接下来将对这些问题加以探讨。

三、关于情报机构可问责性的关键问题

（一）谁应该知情？

当下关于立法机构应该如何在保持对情报机构尊重的情况下对其进行监督的争论，围绕着几大重要问题展开。第一个问题是，国会中哪些人应该知情？1974 年之前，只有军事服务和拨款委员会下属一个小规模的次级委员会中的少数议员可以知情——如果中央情报总监愿意告诉他们一些信息，或是议员本身有意愿了解一些情况。如今国会中知情者的范围扩大了，国会情报委员会的成员以及拨款、军事、外交和司法委员会中的某些成员也被包括在内。此外，在某些紧急情况下，国会中的前四号领导人（分别来自共和党与民主党）也可以知情。不过，情报官员仍在试图绕过这些规则，有时候只是在委员会主席旁耳语一番——特纳在博兰担任参议院情报特别委员会主席早期就是这么做的，直到博兰对在这种情况下自己对情报行动实际上能够了解多少心生怀疑为止。

其他时候，情报官员或许会试图将关于关键决策的汇报对象局限为国会的前四号领导人，以及国会的两个情报委员会中分别来自

1 1999 年《情报授权法案》，斯奈德：《中央情报局与国会的关系》，第 71 至 72 页。

两党的领导人，共计八人；有时候，甚至进一步局限为四人，即只包括国会的两个情报委员会中分别来自两党的领导人（或者只包括国会的前四号领导人）。[1]将汇报对象局限为四人的做法纯粹出自行政部门之手，自从1980年以来，历任总统，无论来自哪个党派，都在采取这种做法，例如小布什政府就试图将国家安全局元数据项目和中央情报局动用酷刑的情况仅仅汇报给少数议员。没有任何法律条文允许这种做法。此外，值得一提的是，根据规定，只有在少数紧急情况下，才应将汇报对象限定为八人。然而，2002年，小布什政府将关于未经授权的监听行为的情况仅仅汇报给了国会中的八名议员，而且内容都十分简短。未经授权的监听行为在2005年被《纽约时报》曝光了。

情报官员还常常试图确保在向国会中的四名或八名议员就秘密行动进行汇报时，不会有其他幕僚在场。这是一项聪明的战略，因为议员自己通常都没有时间，也不具备专业知识，因而无法对秘密行动进行深究，而有经验的幕僚可能替议员提出严肃的反对意见。正如凯瑟琳·克拉克（Kathleen Clark）所指出的，行政部门会向没有幕僚陪伴的八名议员进行汇报，随后便声称自己的行动获得了国会的支持，就好像这八名议员足以代表整个国会情报委员会——更不必提整个国会了——似的。[2]有时候，国会情报委员会中的幕僚抱着党派之见、缺少监管经验，或是关于情报工作的知识有限。优秀的幕僚是至关重要的，因为议员往往过于忙碌，无法对中央情报局等情报机构提出的主张的细节进行深究。一名在多年时间里观察过中央情报局与国会关系的前中央情报局官员总结称：“总是由幕僚率先提出质问。归根结底，需要找到对的人，为他们提供优厚的报酬，让他们留下来。”[3]

1 康明（Alfred Cumming）：“关于敏感秘密行动的提示：国会的监管选项”（Sensitive Covert Action Notifications: Oversight Options for Congress），《国会研究报告》（*CRS Report for Congress*），2009年7月7日，第1至12页。

2 克拉克：“开放的新时代？奥巴马时代情报机构向国会的汇报”，第1至20页。

3 2010年5月28日，与本书作者的电子邮件通信。

克拉克总结称，“奥巴马政府延续了小布什政府拒绝向国会充分披露情报相关信息的做法。”[1] 例如，奥巴马政府有时就将秘密行动的汇报对象局限为八名国会议员。需要指出的是，1980 年、1991 年《情报监督法案》意图在于令行政部门只是在少数紧急情况下才将汇报对象局限于八名议员，随后——“几天之后”，意思是 48 小时后——这八名议员就应向国会情报委员会全体成员汇报相关情况。国会应该重拾这一标准，坚持要求当真的需要将汇报对象限定为八名国会议员时，必须有少数几名资深和了解情报工作的幕僚在场，而且国会情报委员会全体成员必须得知汇报对象已被局限为八名议员这一信息。

有时候情报机构愿意告知信息的议员数量甚至会降为零，中央情报局间谍丑闻、国家安全局未经授权的监听行动和中央情报局的暗杀计划等情况显然就是这样。任职时间最长的中央情报总监杜勒斯（1953 至 1961 年在任）曾说过，他感到这有必要向一人吐露真相，即总统——前提是如果他询问。[2] 杜勒斯在另外一个场合曾将自己愿意告知真相的人选增添了一人：“我会对监管委员会胡说八道，但我会对主席说真话——前提是如果他想知道。”[3]

与之形成鲜明对比的是，1980 年、1991 年《情报监督法案》要求国会情报委员会全体成员（以及少数幕僚）都得知相关信息，而不是将汇报对象局限为其中少数几名成员。然而，国会情报委员会必须坚持提出这一要求，否则情报官员就会绕开这一规定。[4] 多年来，这两个委员会已经证明了自己是可以信任的，几乎从来没有发生过

---

1 克拉克：“开放的新时代？奥巴马时代情报机构向国会的汇报”，第 13 页。

2 兰森：“国会、合法性与情报界”（Congress, Legitimacy and the Intelligence Community），旧金山：西部政治学协会年会论文，1976 年 4 月 20 日。

3 布拉登（Tom Braden）：“中央情报局哪里错了？”（What's Wrong with the CIA?），《周六评论》（*Saturday Review*），1975 年 4 月 5 日，第 14 页。

4 在担任中央情报总监期间，帕内塔曾表示：“我不希望仅仅向国会中的四名成员汇报，即仅仅向国会中两党的领导人汇报。我认为——我在任命听证会上也这样表示过——告知情报委员会全体成员情报工作的进展情况，是十分重要的。”2009 年 5 月 18 日，在太平洋国际政策理事会问答环节的言论。

重大的泄密事件——要比行政部门泄露的信息少得多。此外，在漫长的历史中，国会从未像水门事件中的尼克松政府那样，在地下室里安插管子工。[1]

关于中央情报总监向国会进行汇报这一情况，一起著名的争议事例发生在赫尔姆斯担任中央情报总监期间。1973年，当在参议院外交委员会作证时，赫尔姆斯被问及中央情报局是否参与了推翻智利阿连德政府的秘密行动。他给出了否定的答复，但这种说法并非事实。当议员就赫尔姆斯的具有误导性的回复提出抱怨时，司法部向赫尔姆斯提出了作伪证的指控。在接下来讨价还价的过程中，赫尔姆斯同意接受行为失当这一指控，被处以2000美元罚款，并逃过了两年的牢狱之灾。赫尔姆斯仍旧认为自己的做法是恰当的，因为在他看来，中央情报局开展的行动并非政变，而是阻止阿连德当选。此外，赫尔姆斯坚持认为，他只是在履行尼克松赋予他的保密职责。然而，最终结果却是，国会议员遭到了误导（尽管有些人从其他渠道得知了真相）。赫尔姆斯本可以不向议员撒谎，而是像涉及秘密行动时的通常做法那样，声称自己无法在公开场合谈论这一问题，但是很乐于在闭门会议上将在拉丁美洲或其他地区开展秘密行动这一问题解释清楚。

---

1 1987年9月4日，宪法学者伯格在美国政治学协会年会上的评论。“管子工”指的是尼克松政府中试图通过对政治对手采取非法监视手段来阻止秘密遭到泄露的一群人，这是水门事件的一部分。国会情报委员会最为严重的泄密事件来自众议院常设情报特别委员会成员托里切利（Robert G. Torricelli）。1995年，他在某次中央情报局的绝密汇报中得知该机构在危地马拉的一名情报“资产”是个谋杀嫌犯，有可能杀害了某名美国公民的丈夫。托里切利向克林顿写信表示抗议，但他后来承认自己还将这一信息透露给了媒体，试图希望以此向中央情报局施压，令其解雇这名情报“资产”以及其他有过侵犯人权记录的外国特工。无论他的理由多么合理，托里切利都违反了“不得披露”这一至关重要的情报规则。此外，他的行为还令有些人对国会在处理机密信息时的可靠性产生了怀疑。众议院常设特别情报委员会的领导层严厉地批评了托里切利，但并未采取进一步的行动。第二年，托里切利竞选新泽西州参议员成功。然而，2002年，他却因为资金筹措过程中的不合规行为而放弃了竞选连任，这些行为自从他1996年首度竞选参议员以来一直困扰着他。

（二）何时应向国会汇报？

另外一个核心问题在于，情报机构应在何时向国会汇报自己的行动？1974年之前，这一问题的答案是：当情报官员有此意愿时。随着《休斯-瑞恩法案》的出台，当涉及秘密行动时，这一问题的答案变成了“汇报将及时进行”，在就该法案进行投票前，对这一条文的理解是“24小时之内”。1980年《情报监督法案》篇幅不长，但效力很强。该法案对这一问题的回答变成了“事前”（紧急情况下除外，此时可以将汇报对象局限为国会中的八名成员，但在一两天之后就必须对国会情报委员会全体成员进行全面的汇报）。事前汇报取代了事后汇报，而且监督机构的权力也极大地加强了。如今议员可以在事前对某个行动提出反对意见。例如，众议院常设情报特别委员会主席彼得·胡克斯特拉（Peter Hoekstra）就曾经直接向小布什表达过对某次秘密行动的反对意见。据说小布什听取了他的批评，对该行动进行了调整。[1]

1991年《情报监督法案》保留了这一要求，但在就该法案进行投票前明确了这一点：将汇报对象局限为八名议员的紧急情况的持续时间可以达到48小时，但不能超出这一时间。此后，就需要向国会情报委员会全体成员进行汇报。[2]在盖茨出任中央情报总监的任命听证会上，他在作证时表示，如果向国会汇报时超出规定时间几天，自己就会强烈考虑辞去中央情报总监一职。[3]

（三）哪些信息应该汇报？

这一问题显而易见同样重要。1974年之前，汇报的内容完全由中央情报总监决定。《休斯-瑞恩法案》要求对重大秘密行动进行

---

1 索拉根（Mike Soraghan）：“雷耶斯在情报机构汇报一事上支持佩洛西”（Reyes Backs Pelosi on Intelligence Briefings），《国会山报》，2009年5月1日，第1页。

2 《国会记录》（*Congressional Record*），第126卷，第20部分。

3 《国会季刊年鉴》（*Congressional Quarterly Almanac*），第47卷，第482页。

汇报。1980 年《情报监督法案》明确表示，国会希望了解“一切”重大情报活动。直到今天，规定依然如此，尽管常常遭到行政部门的无视。

（四）哪些机构应该进行汇报？

围绕着十六个情报机构中的哪些必须向议员进行汇报——如果将国家情报总监办公室算作一个机构，而不是行政办公室，就是十七个情报机构——展开进一步的争论。1974 年之前，这一问题的答案是，无论汇报的频率如何，都应由中央情报局进行，因为中央情报总监的办公室位于中央情报局总部里。1974 年之后，随着《休斯-瑞恩法案》的出台，白宫被要求就情报行动向国会进行汇报——至少当涉及秘密行动时；秘密行动则需要获得总统的批准。1980 年《情报监督法案》进一步强调，所有情报机构以及其他“实体”如果参与了情报行动，就都应该向国会汇报相关信息。这一宽泛的规定将国家安全委员会也包含在内。在里根政府时期，国家安全委员会成员无视这一规定，开展极端机密的伊朗门秘密行动，从而引发了巨大的争议。国家安全委员会认为自己并不是情报界的一员，因此不受该规定的约束。但在该法案出台的 1980 年，这样的解读并不是《情报监督法案》的原意。1987 年，调查伊朗门丑闻的伊努耶-汉密尔顿委员会的多数成员再度拒绝了这种解读。

（五）议员在委员会中的任期应有多长？

对于了解为何国会对情报机构缺乏有效监管这一问题而言，国会情报委员会任期限制这一因素也很重要，在 1977 年设立时，众议院常设情报特别委员会将其成员的任期限定为四任（八年），主席和少数派领导人任期则为十年。之所以施加这样的限制，是为了通过频繁的人员更替来确保其不会被情报机构同化——在其他政策领域，国会议员被相关机构同化的现象是司空见惯的。出于同一动机，参议院情报特别委员会对其成员也施加了相同的任期限制，直到 2005 年才决定出于增加经验和相关知识的考虑延长任期。近年来，众议院常设情报特别委员会同样废除了任期限制。如今，这两个委员会的成员都有更多时间去成为情报事务的真正专家。当然，也可能因此而遭到同化。

（六）应该由谁通过立法？

国会通过授权性法案和相应拨款法案的通常规则并不适用于情报领域。拨款委员会常常不顾国会情报委员会的意见，单独与情报机构达成协议。例如，国会情报委员会对近来的某些卫星项目进行了严厉批评，但在情报机构的成功游说下，拨款委员会还是为其提供了资金。[1]更加令人不安的是，深陷党争之中的国会情报委员会由于共和党与民主党成员之间严重的意见分歧，在21世纪初的数年间都无力通过任何授权性法案。这种局面导致国会情报委员会履行监管职能的能力遭到了严重质疑。鉴于这种情况，参议院中的领导人在“9·11”委员会在2004年得出国会对情报界的监管运转不良这一结论后，委派政府事务委员会（而不是参议院情报特别委员会）负责对情报界进行改革。在一位资深观察家看来，这是“情报委员会历史上的最低谷”。[2]近年来，两个情报委员会每年都能通过授权性法案，但严重的党争依旧存在，有关酷刑的报告发布前后的争斗就是一个典型案例。要想解决这一困境，最为显而易见的方案就是由国会领导人来选派能够搁置党争、精诚合作的情报委员会主席和少数派领导人。在华盛顿乃至全国都深陷于党争之中的当下，要做到这一点，绝非普普通通的成就。

（七）由谁负责？

最后，国会中由谁为情报事务负责这一问题也是一团乱麻。参众两院的下列委员会都对情报相关事务享有管辖权：拨款委员会、外交委员会、司法委员会、武装服务委员会、国土安全委员会、参

1 杰尔：“据说新间谍计划包括卫星系统”。

2 基贝对斯奈德的采访，“国会对情报机构的监督：答案也是问题的一部分吗？”，第27页。

议院情报特别委员会和众议院常设情报特别委员会（当下这两个委员会仅仅对中央情报局和国家情报总监办公室享有全权）。如此多的委员会势必会引发混乱，也会造成各级情报官员的时间和精力浪费。俗话说得好：三个和尚没水吃。议员们可能都以为其他委员会应负责处理某些事务，结果导致压根没有人对该事务负责。例如，泽加特就曾指出，20 世纪 90 年代末的联邦调查局反恐改革一部分由国会情报委员会负责，另一方面由司法委员会负责，结果双方都指望对方采取行动。[1]

理想的解决方案是令国会情报委员会肩负起对于情报事务更加广泛的管辖权，并由政府问责办公室和某个外部特别小组为其提供帮助（第六章将对这一建议进行探讨）。司法委员会将和情报委员会一道审查与联邦调查局和《外国情报监控法案》相关的事务，因为这些事务与国内法律问题紧密相关。不过，总体而言，当下对情报事务享有管辖权的其他机构的负担已经够重了，就不必再增添情报事务这一重担了（何况他们常常忽视这一职责）。[2] 此外，国会情报委员会中的数名成员也在其他委员会中任职，因此在适当的情况下，他们可以向这些委员会汇报与情报事务相关的信息。

需要强有力的国会领导层，才能将更多情报事务的管辖权赋予情报委员会，而且天时和地利等条件也是必不可少的。不过，1975 至 1977 年，参议院情报特别委员会和众议院常设情报特别委员会的设立也遭到了强有力的反对，但这些势力最终还是在情报监督工作必须经历全面改革这样一种在国会乃至美国洋溢着的情绪面前败下阵来了。如果意愿足够，亟须的改革是能够发生的。

1　泽加特在参议院情报特别委员会听证会上的证词，2007 年 11 月，第 47 页。

2　参议院武器服务委员会成员麦凯恩曾对“9·11”委员会表示，要是武器服务委员会花了十分钟考察年度情报预算，就十分不错了。魏斯曼：“民主党人对‘9·11’委员会的关键建议表示拒绝”（Democrats Reject Key 9/11 Panel Suggestion），《华盛顿邮报》，2006 年 11 月 30 日。基贝：“国会对情报机构的监督：答案也是问题的一部分吗？”，第 30 页。

四、议员作为情报事务监督者所扮演的角色

1974年至今，为在情报机构的效力和公民自由之间保持平衡而进行的实验经历了反反复复和起起伏伏，监督对秘密权力的滥用时而严厉（在重大冲击发生后），时常却有名无实。自从1974年以来，国会议员在履行对情报机构的监督职责时，总是扮演了四种角色中的一种："鸵鸟"、"啦啦队员"、"吸柠檬水者"和"卫士"。根据环境和潮流的变化，有些议员则会在这四种角色间来回摆动。

情报机构监督者也可以扮演其他角色。例如，在阿斯平–布朗委员会进行调查期间，该委员会成员埃克森（James Exon）甚至很少出席会议和听证会，就更不必提阅读报告、问询证人、出差考察美国的海外情报行动或是像其他同事那样开展各种工作了。埃克森出席了该委员会的首次会议。在调查过程中，当基辛格（前国务卿）这位名人前来作证时，他再度出席了一次秘密会议。最后，当报告完成、委员会成员受邀前往白宫向总统克林顿和副总统戈尔汇报时，他又现身了一次。人们可以将埃克森扮演的角色命名为"草原土拨鼠"，因为他就像这种小动物一样偶尔才会将脑袋从地底下探出来。

还有一种角色是"睡着的看门犬"，例如前文提到的那位反对"国会行动"的议员；或是"斗犬"，例如曾"撕咬"中央情报总监特纳的众议员阿斯平、马佐利。一名曾负责中央情报局与国会情报委员会联络工作的资深情报官员还向我提出了另外一些角色类型，例如"爱炫耀的运动员"，即为了政治利益而抨击情报机构的政客；或是"黄鼠狼"，即为了逃避责任而对自己早已了解的情况故作震惊状的议员。

不过，在此还是只用"鸵鸟"、"啦啦队员"、"吸柠檬水者"和"卫士"这四种角色来对国会情报委员会中的情报机构监督者加以描绘。

（一）鸵鸟

情报机构监督者的第一种类型是"鸵鸟"。这种议员对情报机

		对于情报支持的责任 低	对于情报支持的责任 高
对于情报评估的责任	低	（一） 鸵鸟	（二） 啦啦队员
	高	（三） 吸柠檬水者	（四） 卫士

图 5.4　国会情报监督者扮演的角色

构采取听之任之的态度（见图 5.4）。1974 年的国内间谍丑闻爆发前，几乎所有议员都是“鸵鸟”型监督者。这方面的一个典型例子是在 1981 年成为参议院情报特别委员会主席的戈德沃特。他此前曾是彻奇委员会成员。在彻奇委员会中，他在 1976 年对设立参议院情报特别委员会投了反对票。讽刺的是，他日后却成了该委员会的主席。他对彻奇委员会建议实行的 98 项改革大多都表示反对，包括加强司法部门对国内监听行为的监督，以及对中央情报局的秘密行动召开更加广泛的国会听证会。戈德沃特对 1975 年之前的监管体制十分满意：仅仅由武装服务委员会和拨款委员会中少数几个与情报工作相关的下属委员会偶尔对秘密行动加以审查。[1]

（二）啦啦队员

情报机构监督者的第二种类型是“啦啦队员”。此类议员不像“鸵鸟”型监督者那样将脑袋埋在沙子里，而是为情报机构大声摇

1　巴雷特：“冷战早期国会对中央情报局的监管（1947—1963）”（Congressional Oversight of the CIA in the Early Cold War, 1947-1963），约翰逊主编：《战略情报：防止秘密权力滥用的措施》（*Strategic Intelligence, Vol. 5: Safeguards against the Abuse of Secret Power*），韦斯特波特：普雷格出版社，2007 年，第 1 至 18 页；约翰逊：《美国的秘密权力：民主社会中的中央情报局》；兰森：《情报建制》。

旗呐喊。“啦啦队员”感兴趣的主要是推进情报行动、支持情报预算和主张在国内外对可疑的敌人展开秘密行动。在听证会上，“啦啦队员”常常抛出友好而简单的问题，令作证的情报官员能够轻而易举地做出回答。[1]在新闻发布会上，“啦啦队员”表现得就如同情报机构的辩护律师一般，不断提及这些机构那些不为公众所了解的成就，歌颂情报人员的英雄事迹，严厉斥责报道了泄密信息的记者危害国家安全，并警告称如果情报机构遭到多管闲事的议员掣肘，美国就可能再度遭受“9·11”那样的袭击。“啦啦队员”的这些言论常常是真的，情报机构的确取得了成就，有时也会做出英雄事迹，也曾避免过恐怖袭击。然而，“啦啦队员”的观点完全倒向一边，对情报机构亟须改革的不当行为缺乏批判性。博兰在1977年就任众议院常设情报特别委员会首任主席时就扮演了“啦啦队员”的角色。他常常咽下对某些秘密行动的怀疑情绪，表达对情报机构的支持，希望以此表明自己的委员会是值得信赖、负责任的情报机构监督者。

（三）吸柠檬水者

情报机构监督者的第三种类型是“吸柠檬水者”。这一词汇源自克林顿对某些吹毛求疵的经济学家的称呼。“吸柠檬水者”的观点和“啦啦队员”一样片面，但走向了另一个极端。在“吸柠檬水者”看来，情报机构的一切行为都是不值得的。在他们看来，情报机构本质上就是不道德的：拆开并阅读他人的信件，存储电话通话记录和社交媒体信息，窃取文件，颠覆外国政府，甚至用无人机或毒药杀人。怀疑论“吸柠檬水者”还指控称情报机构是无能的，他们指出在艾森豪威尔政府和肯尼迪政府时期，中央情报局屡次尝试也无力除掉暗杀名单上的外国领导人，苏联解体和“9·11”事件都出乎

1　关于议员在公开听证会上对情报机构官员提问的频率和严肃性，见约翰逊：“和中央情报局踢皮球：国会对战略情报的监管”（Playing Ball with the CIA: Congress Supervises Strategic Intelligence），彼得森（Paul E. Peterson）主编：《总统、国会与美国外交政策的制定》（*The President, the Congress and the Making of American Foreign Policy*），诺曼：俄克拉何马大学出版社，1994年，第49至73页。

情报机构的预料之外，在伊拉克也没有发现他们言之凿凿的大规模杀伤性武器。[1]在有些最为极端的“吸柠檬水者”看来，只存在一种解决方案：解散中央情报局和其他情报机构。例如，1996年，参议院情报特别委员会的一名受到尊敬的成员莫伊尼恩就因对中央情报局没能预测到苏联解体而深感不满，于是呼吁解散该机构。[2]

（四）卫士

情报机构监督者的第四种类型是“卫士”。这一角色最为符合1975年情报机构改革者的期望。1985至1987年担任众议院常设情报特别委员会主席的汉密尔顿曾表示，理想的情报机构监督者应该“既是伙伴，又是批评者”。[3]众议院常设情报特别委员会的另一名成员迪克斯（Norm Dicks）也曾说过：“监督情报界就如同做一名好的父母一样，需要恩威并施。”[4]

作为情报机构的伙伴，议员必须就维持强有力的情报机构对于国家安全的意义对公众进行教育。如果在国会中缺少捍卫者，那么情报机构的秘密行动和庞大预算就难以获得公众支持。然而，要想实施有效的监管，议员还必须是批评者，必须发现、承认并纠正情报机构的错误。这一角色富有挑战性，首先要求议员客观，并且能够指出存在问题的行为（对过于敏感的行动，可以在闭门会议上指出）。汉密尔顿十分接近于这一理想的角色。在担任众议院常设情报特别委员会主席期间，他常常召开会议，密切关注幕僚和其他情

1　对这些失职情况的记录，见魏纳：《灰烬的遗产：中央情报局史》；泽加特：《盲目的间谍活动：中央情报局、联邦调查局与“9·11”事件的起源》。

2　莫伊尼恩：“我们还需要中央情报局吗？国务院可以取代它”。

3　戴维斯（Ann Davis）：“共和党掌控下的参议院预计将减少对反恐战争的监管”（GOP-Controlled Senate Expected to Give Less Scrutiny to War on Terror），《迈阿密先驱报》，2002年11月7日。

4　2003年10月15日，诺兰（Cynthia Nolan）在华盛顿特区进行的采访。见“更加完善的监督：情报监督与改革”（More Perfect Oversight: Intelligence Oversight and Reform），约翰逊主编：《战略情报：防止秘密权力滥用的措施》，第126至127页。

报机构提供的备忘录与报告，追踪媒体提出的对于情报机构不当行为或失职的指控，花费了大量时间审查预算，并且与情报专业人员进行交流。

然而，就连汉密尔顿也不免在20世纪80年代中期的伊朗门丑闻上犯错。当国家安全委员会向他保证自己没有参与此类非法行动时，汉密尔顿和国会情报委员会的其他领导人一样，轻信了这些言论。[1] 当与之相反的传言已经四起时，轻信永远是错误的，需要的是展开更加正式的调查。

五、情报机构可问责性的动态特征

在任期内，国会情报委员会成员有时会扮演上述角色中的多种。图5.5展示了这种在不同角色间来回变换的情况。例如，博兰在1977至1980年是情报机构的坚定支持者，由此摆脱了对中央情报局持严厉批评态度的派克委员会给人们留下的不良印象。进入20世纪80年代后，博兰又开始从“啦啦队员”向“卫士”转变。到了1982年，他对时任中央情报总监凯西在尼加拉瓜开展的反对桑地诺主义政权的秘密行动愈发感到不安。他和受民主党控制的国会的多数成员一道得出了这样的结论：对尼加拉瓜港口和输电线路的破坏行为——以及其他极端的准军事行动——是对尼加拉瓜桑地诺主义政权构成的极小威胁的过度回应。博兰提出并主导通过了七项以他的名字命名的修正案，对上述行动施加了限制。

到了众议院常设情报特别委员会主席任期即将结束的1985年，博兰与凯西的关系进一步恶化了。博兰先是从“啦啦队员”变成了“卫士”，随后又变成了彻底的“吸柠檬水者”。如图5.5所示，他最初处于第二格，随后移动到了第四格，最终停留在了第三格。就博兰这一案例而言，促使他改变态度的因素有两个：第一，他认为里根

1　2008年4月9日，汉密尔顿对本书作者的评论；伊努耶-汉密尔顿委员会报告。

鸵鸟	啦啦队员
戈德沃特（1981—1983 年） 谢尔比（1997—1998 年）	博兰（1977—1980 年） 戈德沃特（1985 年） 格雷厄姆（2001 年）
吸柠檬水者	**卫士**
戈德沃特（1984 年） 博兰（1982—1985 年） 谢尔比（1999—2004 年） 格雷厄姆（2002—2004 年）	博兰（1981 年） 阿斯平（1977—1982 年） 马佐利（1977—1982 年） 罗宾逊（1977—1982 年） 汉密尔顿（1985—1987 年）

图 5.5　1977 至 2004 年国会情报监管者扮演的角色

政府在中美洲的行动反应过度了；第二，凯西这名咄咄逼人、傲慢的新任中央情报总监丝毫不隐藏自己对于国会的蔑视之情。凯西曾这样解释自己对于情报监督工作的看法：“国会的任务就是远远地滚开。”[1] 政策（在尼加拉瓜的准军事行动）和个性（凯西的暴躁脾气与对国会的不屑态度）这两大因素促使博兰从“啦啦队员”变成了“吸柠檬水者”。

戈德沃特的转变历程甚至更加曲折。在担任参议院情报特别委员会主席的前两年里（1981 至 1983 年），他几乎一直将脑袋埋在沙子里。此时，他就如同“鸵鸟”一般，对凯西和情报机构毕恭毕敬。他给出的理由是，必须相信情报机构在冷战这样艰巨的环境中是尽职尽责的。这和 1975 年之前主导着情报监督工作的那种听之任之的态度如出一辙。

1984 年，凯西完成了几乎不可能完成的任务：他凭借一己之力将这只最为可靠的“鸵鸟”，变成了最为激烈的“吸柠檬水者”。之所以会发生这样激烈的变化，是因为凯西在参议院情报特别委员会作证时给出了误导性的证词。当被问及中央情报局是否破坏了尼加拉瓜的港口时，凯西坚决表示“没有”。事后披露的真相表明，

1　1984 年 6 月 11 日，凯西与本书作者的对话。

凯西只是在玩弄文字游戏。中央情报局没有破坏尼加拉瓜的港口，而是破坏了港口内的码头。这种伎俩激怒了戈德沃特，他的自尊心压倒了对于情报界的盲目顺从。戈德沃特向《华盛顿邮报》寄去了一封信，严厉斥责凯西玩弄的花招："归根结底就是一句话：我被激怒了！"[1]然而，随着戈德沃特对于凯西的怒气渐渐消散，他在参议院情报特别委员会主席任期剩下的日子里，又从"吸柠檬水者"变成了一名"啦啦队员"（不过，并未变回"鸵鸟"）。

关于情报机构监督者角色转化的另外一个例子发生于"9·11"事件前后那段时期。谢尔比（Richard C. Shelby）最初在 1987 年以民主党人的身份当选议员。八年之后，随着美国南部变得日益保守，他和大多数来自南部的同事一道转投共和党。1997 至 2001 年，他曾担任参议院情报特别委员会主席。谢尔比起初摇摆于"鸵鸟"和"啦啦队员"这两种角色之间，对于情报界的工作感到十分满意。然而，这样的乐观情绪很快就消退了。1998 年，当印度进行了核试验之后——中央情报局曾预测这一事件不会发生——谢尔比通过电话向中央情报总监特内特就情报工作的这一失职提出了质问。特内特的回应是："参议员先生，我们毫无头绪。"据说这一令人不安的答复令谢尔比对特内特是否称职产生了怀疑。[2]

1999 年 4 月 26 日，特内特未邀请谢尔比出席乔治·布什情报中心的落成仪式（国会以唯一一名成为总统的中央情报总监的名字为其命名）。这样的轻蔑之举导致两人关系更加恶化。最终在"9·11"事件发生后，谢尔比得出了这样的结论：特内特未能就该事件发出足够的警告，中央情报总监必须走人。[3]谢尔比在卸任参议院情报特

1　给编辑部的信，《华盛顿邮报》，1984 年 4 月 11 日。这封信写于 1984 年 4 月 9 日。

2　赖森（James Risen）：《战争国家：中央情报局与小布什政府秘史》（*State of War: The Secret History of the CIA and the Bush Administration*），纽约：自由出版社，2006 年，第 9 页。

3　谢尔比（Richard C. Shelby）："'9·11'事件与美国情报界势在必行的改革：补充观点"（September 11 and the Imperative of Reform in the US Intelligence Community: Additional Views），参议院情报特别委员会报告，2002 年 12 月 10 日，第 135 页。

别委员会主席后，又以少数派领导人的身份在该委员会待了三年。在此期间，他对特内特和情报机构的批评越来越严厉。就谢尔比这一案例而言，情报机构在“9·11”事件上的失职，加之被排除在乔治·布什情报中心落成仪式邀请名单之外的个人恩怨，使得这名曾经的“啦啦队员”变成了一名“吸柠檬水者”。

同样，在谢尔比之后担任参议院情报特别委员会主席的格雷厄姆（2001至2002年在任），也经历了从“啦啦队员”（2001年）到“吸柠檬水者”（2002至2004年）的转变，原因还是参议院情报特别委员会主席与中央情报总监（依旧是特内特）的个人恩怨。这一次，程序上的龃龉令格雷厄姆心生怨气，认为这是对他个人的冒犯。[1]

在“9·11”事件发生后，格雷厄姆和众议院常设情报特别委员会主席戈斯一道成为对与“9·11”事件相关的情报机构失职展开调查的联合委员会的主席。当听证会开始之后，格雷厄姆和特内特在该委员会的职权和程序等问题上很快爆发了冲突。格雷厄姆要求特内特对该委员会所做的说明务必简要，特内特却滔滔不绝地说个没完，据媒体报道，他的语气“显然带有轻蔑之情”。[2] 当遭受质疑时，特内特总是会表现得无比固执。他还拒绝将格雷厄姆认为公众应当知情的重要文件解密。此外，特内特还不断为联合委员会制造麻烦：拒绝为联合委员会提供与“9·11”事件相关的基本文件，在最后关头拒绝让情报官员按原计划前往联合委员会作证，甚至临时取消自己出席闭门听证会的计划。特内特的信条似乎就只有李尔王在女儿考狄利娅被杀时说的那句台词：“绝不，绝不，绝不，绝不，绝不。”

无论是参议员，还是委员会主席，都不愿受到这样的待遇。随着特内特对联合委员会的工作横加阻挠，格雷厄姆也开始了从“啦啦队员”到“吸柠檬水者”的转变。面对着特内特持续不断的干扰和轻侮，格雷厄姆终于爆发了，指控中央情报总监“妨碍公务”，

1 有关格雷厄姆的回忆录，见格雷厄姆、努斯鲍姆：《情报很重要：中央情报局、联邦调查局、沙特阿拉伯和美国反恐战争的失败》。

2 古根海姆（K. Guggenheim）：“特内特捍卫中央情报局在‘9·11’事件之前的行为”（Tenet Defends CIA’s Pre-9/11 Efforts），《华盛顿邮报》，2002年10月17日。

做出了“不可接受”的举止。[1] 当行政部门拒绝将联合委员会报告中厘清了“9·11”恐怖分子和沙特阿拉伯政府之间令人不安的关系的一章解密之后，格雷厄姆变得更加愤怒了。[2]

六、寻找卫士

要想成为一名富有成效的情报机构监督者，需要花费大量时间，

1 刘易斯（Neil A. Lewis）：“参议员坚持认为中央情报局在隐瞒关于伊拉克的报告”（Senator Insists CIA Is Harboring Iraq Reports），《纽约时报》，2002 年 10 月 4 日。

2 格雷厄姆、努斯鲍姆：《情报很重要：中央情报局、联邦调查局、沙特阿拉伯和美国反恐战争的失败》。曾担任中央情报局局长的布伦南对此评论称：“‘9·11’委员会展开了联合调查，得出了约 28 页的结论，并且将调查工作坚持到了底。他们得出了非常明确的判断：没有证据表明，沙特阿拉伯政府作为机构，或是沙特阿拉伯官员作为个人，曾为‘基地’组织提供财政支持。”但他并未提及，政府之外的沙特阿拉伯富翁——这些人与沙特阿拉伯王室有着紧密的联系——是否为策划“9·11”事件的恐怖分子提供过财政支持。见 NBC 电视台新闻，2016 年 5 月 1 日。在经过奥巴马政府的解密和略加删减后，众议院常设情报特别委员会终于发表了 28 页长的报告。这份文件揭露了“9·11”事件中的劫机者和沙特阿拉伯官员之间的某些联系。根据对这份文件进行报道的《纽约时报》表示，这是一系列“会晤和可疑的巧合”，以及表明沙特阿拉伯王室成员通过中间人与这些恐怖分子进行接触的证据。不过，在《纽约时报》看来，这些证据并不能明确表明沙特阿拉伯政府参与了“9·11”事件。见马泽蒂：“关于‘9·11’事件的文件认为，沙特阿拉伯试图阻挠美国对‘基地’组织采取行动”（In 9/11 Document, View of Saudi Effort to Thwart US Action on al-Qaeda），《纽约时报》，2016 年 7 月 16 日。不过，不同的人可以对这份长 28 页的文件做出不同的解读，格雷厄姆对此仍心存疑虑。他认为：“这份文件十分有力地说明，沙特阿拉伯是‘9·11’事件中的劫机者获得支持的来源。”见《彭博商业新闻》，2016 年 7 月 15 日。华盛顿近东政策研究院研究这一问题的专家亨德森（Simon Henderson）认为，相关证据不足以证明沙特阿拉伯王室直接资助了发动“9·11”事件的恐怖分子。然而，“毫无疑问，沙特阿拉伯官方的资金最终流入了这些恐怖分子的口袋”。见亨德森：“关于沙特阿拉伯在‘9·11’事件中的角色，我们知道些什么”（What We Know about Saudi Arabia’s Role in 9/11），《外交政策》（*Foreign Policy*），2016 年 7 月 18 日。

进行大量研究，并且还无法为自己挣得名声。因此，对旨在再度当选的议员而言，这样做并无吸引力。这些议员通常会认为，把时间花在筹措竞选资金和推动受到媒体密切关注的立法上要划算得多。然而，谁来关心未来可能引发比“9·11”事件更加严重的袭击的情报失职呢？如果议员对情报工作的程序、情报机构之间信息共享的可靠性（尤其是在中央情报局和联邦调查局之间），以及情报搜集与分析工作的质量进行了更加严格的审视，是否就能够避免“9·11”事件以及建立在萨达姆拥有大规模杀伤性武器这一错误假设基础上的伊拉克战争呢？面对关于为何自己因忙于筹措资金而未能通过严格的听证会和预算审查来改善情报工作质量这一问题，国会议员对选民要做何解释呢？

“卫士”被 1975 年的情报机构改革者普遍认为是情报机构监督者最为理想的角色，因为它在对情报机构的支持和通过严格的审查避免情报机构失职与出现丑闻的坚决态度之间达成了平衡。为了实现这一目标，应该如何鼓励国会议员将更多的时间花费在对情报机构的严格审查上呢？应该为国会议员提供何种激励，使得情报可问责性更受重视呢？

要想实现对于情报机构更加有效的监管，可以考虑以下举措：第一，令出色地履行了情报机构监督者职能的议员更受认可。令其更受认可的形式可以包括改善福利，例如加大办公室的面积。令其停车更加方便，或是为其提供更多的旅行和人事津贴。第二，令媒体对情报监管工作加强报道。第三，由公民团体向为听证和预算审查工作投入了大量时间和精力的议员颁发“年度情报机构监督者”的奖项，对其辛勤工作做出表彰。[1] 第四，令学术界更加关注国会中不恪尽职守的情况，唤起公民对于情报机构可问责性的重视。

有人也许认为，已经存在对于情报机构监管工作的强有力激励

1　主流报纸很少在头版发表关于情报监督的文章，但当这种情况发生时，这有助于促进公众对于政府这一至关重要职能的认识。例如，见施米特、罗德（David Rohde）：“两份报告抨击了国务院在伊拉克安全问题上发挥的作用：监督工作失职了”（2 Reports Assail State Dept. Role on Iraq Security: Oversight Is Faulted），《纽约时报》，2007 年 10 月 23 日。

因素。首先，情报机构的可问责性将决定美国公民面对国内间谍丑闻时能够获得何种保护。此外，改善情报工作，从而帮助美国在未来免遭恐怖袭击或是避免错误情报导致伊拉克战争这样的情况重演，这对于议员来说也可以成为一项强有力的激励因素。关于国会对情报机构的监督工作，前中央情报总监盖茨曾表示：

> 如果不是国会提出的尖刻问题、争论和批评，那么白宫还会批准某些疯狂的、糟糕的计划。当国会被蒙在鼓里时，事实上，这样的计划的确被批准了。此类计划几乎总是会让涉事总统懊悔不已。[1]

尽管这些强有力的理由足以促使议员担负起“卫士”这一角色，但大多数观察家认为，就对情报机构的监督而言，大多数议员的工作有很大的改善余地。正如前参议员、彻奇委员会成员哈特（Gary Hart）所强调的：“公共利益和坚持不懈对于推动改革而言是必不可少的。”[2]对情报机构的监管这一职责在国会遭到了忽视，除非美国公民提出加强监督的要求，否则情况就会一直如此。

1　盖茨：《走出阴影》，第 559 页。

2　哈特（Gary Hart）：《精彩的一战：对一名美国改革者的教育》（*The Good Fight: The Education of an American Reformer*），纽约：兰登书屋，1993 年，第 144 页。

第六章　国家安全情报

——国家的盾牌与暗剑

本书审视了国家安全情报的三大核心维度：组织、使命（情报搜集与分析、秘密行动、反情报）和问责。这三大核心维度的每一个对于西方国家在与反对其自由和开放社会原则的各种势力的斗争中取得胜利都是至关重要的。

要想在这场斗争中取得胜利，国家安全情报绝不是唯一乃至最重要的要素。这场斗争中最为重要的要素是西方国家的武力，即通过军事实力击退黑暗势力——从美国历史早期的非洲海盗，到 17 至 20 世纪的专制君主，到 20 世纪上半叶的德国、意大利和日本，再到冷战期间的共产主义挑战，以及如今的恐怖分子——对自由发起的进攻。[1] 对于捍卫西方国家而言，同样重要的是富有成效的公共外交行为，即通过培育自由媒体、公正审判、竞争选举和国际事务中的公正立场来增进软实力，从而吸引其他国家。除了成为其他国家的榜样之外，还需要通过提供援助、开办联合企业、签署贸易协定和分享技术等方式帮助贫穷的国家发展经济。同样重要的是向酷刑、非常规引渡、秘密监狱和非法情报行动说“不”，这些做法抹去了西方国家与其敌人之间的差别。[2]

1　卡恩充分说明了这一点。“情报的崛起”（The Rise of Intelligence），《外交事务》，2006 年 9/10 月，第 85 卷，第 125 至 134 页；基根：《战争情报》。

2　关于软实力的优点，见约瑟夫·奈：《软实力：世界政治中的成功之道》（*Soft Power: The Means to Success in World Politics*），纽约：公共事务出版社，2004 年。关于公共外交，见洛德（Kristin M. Lord）：《美国之声：21 世纪的美国公共外交》（*Voices of America: US Public Diplomacy for the 21st Century*），华盛顿特区：布鲁金斯学会，2008 年 11 月。关于加强美国在各方面的外交政策，见约翰逊：《美国外交政策与世界领导地位的挑战：权力、原则与宪法》（*American Foreign Policy and the Challenges of World Leadership: Power, Principle and the Constitution*），纽约：牛津大学出版社，2015 年。

不过，作为西方国家的盾牌和暗剑（秘密行动和反情报），国家安全情报依然能够发挥重要作用。国家安全情报提供的信息有助于增加在战场上面对反对西方国家的势力时获胜的机会，二战期间的中途岛战役和近来的海湾战争都证明了这一点。国家安全情报还有助于发现阿姆斯和汉森那样隐藏在西方国家内部的内鬼（人们当然会希望未来发现内鬼的速度能更快一些）。国家安全情报可以误导敌人，诺曼底登陆之前的欺骗行动就证明了这一点。国家安全情报提供的洞见可以促成更加高效的外交行动和更加公正的贸易关系。从卫星发现的大规模坟墓，到渗透进人口贩卖网络的特工发回的报告，国家安全情报还可以揭露侵犯人权的事件。

国家安全情报常常被称为“第一道防线”，但其作用还不止于此。除了充当西方国家的耳目之外，国家安全情报还可以充当西方国家的心灵，检测西方国家是否足以抵御自由之敌的攻击，并坚守自己的宪政原则，即保持情报机构的可问责性。简短的最后一章将对这些维度加以概述，并对要想确保国家安全情报发挥西方国家的盾牌和暗剑这一作用、构成对外交和经济手段的有力补充，进而保护和推进西方国家的利益所面对的重大挑战加以强调。

一、作为组织的国家安全情报

支离破碎、无法为决策者提供有助于其做出良好决策的全面信息的情报机构，对西方国家是毫无作用的。但西方国家也不希望情报机构变得过于强势，进而扼杀了情报机构内部的竞争性和不同意见，或是超出立法机构的监督之外。理想情况下，情报机构应整合良好，其主管掌握着人事任免权，并就整个情报界的预算和项目进行协调，与此同时受到司法、立法和行政部门监督者的有力制衡。

（一）装点门面的国家情报总监

美国的情报机构距离这一理想状态相去甚远。国家情报总监这一职位是软弱的，对于其他十六个情报机构的权力有限，是既不掌握人事权力、也不掌握预算权力的“领导人”。除了加强情报机构的可问责性之外，最为紧迫的改革措施莫过于更加有效率地将整个情报界整合起来。这要求设立一个真正的国家情报总监职位，取代如今这个由受到误导的国会在 2004 年情报改革期间设立的虚假的国家情报总监职位。

（二）水平与垂直整合

组织方面的另外一大挑战在于从水平与垂直两方面推进情报机构的整合。水平整合指的是通过联邦政府将各个情报机构的培训、电脑和信息共享整合起来。垂直整合指的是将联邦政府、州政府和地方政府整合起来。在低级别的政府层面上，反恐和执法官员身处潜在恐怖袭击的第一线，这些地方的城市和交通设施是恐怖袭击的首要目标。但目前地方级别的官员很少能够获得及时、高质量的情报，尽管朝着在主要大城市建立“情报融合中心”已经迈出了试探性的步伐。通过这种做法，联邦和地方分析师将聚集在一起，就数据以及对潜在恐怖袭击和其他犯罪行为的洞见展开交流。[1]

（三）相互关系

另外一项挑战还在于建立两类良好的关系：第一类是各个西方国家内部的关系；第二类是各个西方国家之间的关系。内部关系包括改善决策者和情报分析师之间的专业关系，后者应为前者提供及时、重要的信息和洞见。决策者和情报分析师之间常常缺乏协调。政府部门内部情报关系官员的设立有助于向各个情报机构及时、准确地汇报决策者对于情报信息的需求。如果不改善二者之间的关系，那么情报官员就有可能变得无足轻重，无法向决策者提供可靠的事实和评估。

1　国家安全执行局：《国内安全：直面变化的威胁，以确保公共安全与公民自由》（*Domestic Security: Confronting a Changing Threat to Ensure Public Safety and Civil Liberties*），华盛顿特区，2015 年 2 月至 2016 年 2 月。

各个西方国家之间的关系甚至更加难以改善，因为这需要克服难免存在的安全和文化壁垒。但“责任共享”这一原则很有说服力。世界经历了“全球化”这一重大改变，新的通信和运输手段促使各个国家史无前例地融合了起来。在全球化的同时，各种威胁也有可能迅速扩散，影响到广大的地区。例如，尼日利亚的犯罪行为；阿富汗的海洛因；朝鲜的武器扩散问题；躲藏在巴基斯坦山区的“基地”组织恐怖分子；来自非洲丛林的疫情；欧洲、亚洲和美国等地酸雨导致的生态环境变化。过去只会影响本地的问题，如今则会影响所有人。没有哪个国家能够独力解决这些问题，能够获得应对这些自由面临的挑战所需要的全部信息和资源。然而，通过加强合作、共享信息、针对黑暗势力展开更具侵略性的情报行动——包括秘密行动和反间谍活动——西方国家能够增加自己取胜的机会。

美国、英国和其他西方国家已经表明，在联合国和北约框架内能够有效共享情报。[1]此外，欧洲在建立欧洲情报机构方面也取得了一定成功。这些都表明通过情报共享和击退暴力的与反民主的势力——无论是好战的独裁者、毒贩、人口贩子、污染环境者，还是恐怖组织——这一共同追求，情报机构可以帮助西方国家团结起来。

二、作为一系列使命的国家安全情报

情报搜集与分析、秘密行动和反情报这三大使命都面临着诸多挑战。

（一）情报搜集与分析

规划与指导

情报生产者常常并不知道身居高位者为了解决问题需要哪些信

1　格尔曼：“美国曾通过联合国对伊拉克军队采取间谍活动”（US Spied on Iraqi Military via UN），《华盛顿邮报》，1999 年 3 月 2 日；约翰逊：《炸弹、漏洞、毒品和恶棍：情报与美国对安全的追求》，第 170 至 171 页。

息。从组织上改善决策者与情报分析师之间的关系，即在二者之间架设信息桥梁，是加强决策者与情报分析师互相了解的必要条件，但并非充分条件。情报消费者和生产者之间还需要进行更多直接对话，更加经常地召开会议，就情报工作的优先事项展开讨论。此外，定期的非正式聚会也有助于改善决策者和情报官员之间的友谊、信任和亲密关系，而这种关系对于情报机构的顺畅运转是至关重要的。不过，双方在处理与各种威胁和机遇相关的事实和评估等问题时都需要保持客观性。

情报搜集

凭借着令人眼花缭乱的各种仪器和触手可及的各种数据，辅以卫星和无人机制造商的游说（这些厂商已经成为艾森豪威尔在 1959 年的告别演说中曾警告过的“军工复合体”的一部分），技术情报工作常常获得大多数情报预算。对于技术情报的关注常常以牺牲人力情报和公开情报为代价。然而，世界上的大量情报工作目标需要动用各种情报手段，因此需要为其提供充沛的资金，从而能够通过协调一致和融合的方式，来尽可能全面地描绘出世界的状况。亟须投入更多资源的是海外的非正式情报职位。这些职位比大使馆的鸡尾酒宴会更适合于遇见和招募恐怖分子等西方国家的非传统敌人。

情报处理

西方国家情报工作最为突出的特征莫过于搜集来的情报远远超过了情报机构消化、翻译和理解的能力。每隔四到六小时，国家安全局都会搜集相当于整个国会图书馆容量的信息。[1] 西方国家面临着“大海捞针”这一问题，而且大海和针的数量还在呈指数般增长。只有当西方国家对于应该搜集哪些信息变得更加聪明，对于“大海捞针”这一过程更加迅速时，这一问题才能得到解决。这方面的进展有赖信息技术的发展和外语翻译手段的改善。

1　研究国家安全局的专家艾德（Matthew Aid）做出的评论：“关于安全情报和互联网的专家小组”（Panel on Security Intelligence and the Internet），渥太华：加拿大安全与情报研究协会国际会议，2009 年。

情报分析

对于提升情报分析能力而言，至关重要的是将最为出色的智力人才——在大学里接受过有助于了解世界事务的良好教育的男、女学生——招募进西方国家的情报机构。和负责招募情报“资产”的情报官员一样，能说（从朝鲜到伊拉克）热点地区“战略语言”——例如波斯语、阿拉伯语和普什图语——的人才也尤为珍贵。

为了促进情报工作的全面融合，需要加强对不同情报机构分析师的联合培训，从而催生这些分析师之间持久的纽带，进而加强各个情报机构之间的沟通与信息共享。将在不同机构之间定期轮岗作为情报人员晋升的激励因素，也能起到类似的效果。这些做法虽然已经开始使用，但其范围仍然十分有限。此外，机构内部的协同办公也应该获得更多支持（中央情报局近来就意识到了这一点，开始为此投入更多精力）：通过打破行动人员和分析师之间的壁垒，使得他们能够密切地进行合作，从而发挥各自的特长，对外国的事件和状况做出准确的评估。同样迫在眉睫的是，通过 A 队和 B 队竞争或是由中立的外部专家进行预先评估等方式，鼓励对情报报告提出批评性意见。此外，情报界的不同意见需要被清晰地标注出来，以引起决策者的关注。正如中央情报总监特内特和总统小布什之间的事例所表明的，急于获得好消息和一致意见的白宫有时会将珍贵的不同意见弃之不顾。

情报传达

接下来就是情报工作中最为艰巨的一环：建立与决策者之间的良好关系——这种关系对于情报信息的传达是必不可少的，与此同时在为其提供信息和洞见时需要保持绝对中立。情报官员需要与决策者保持良好的关系，但必须置身华盛顿政治之外，必须理解情报生产者对于情报消费者保持诚实和中立的重要性。如果越过了这条界限，情报官员就有被政治化的危险，为符合政府的政治目标而对情报加以歪曲。保持中立是情报工作的首要原则。如果背离了这条原则，情报官员就成了又一名政策吹鼓手，而无论哪个西方国家早就有了许许多多的政策吹鼓手。

（二）秘密行动

当美国决策者考虑采取秘密行动时，他们应当牢记前中央情报总监韦伯斯特提出的一系列方针。根据这些方针（第三章），这些有争议的秘密行动应该遵守美国法律，与美国外交政策目标和传统价值观相一致，在被公之于众时应该能够被美国公民所接受。此外，不应针对其他西方国家采取秘密行动，而应该与其联手，通过秘密行动打击共同的敌人。

归根结底，西方国家只有在深思熟虑之后才应采取那些最为严重的秘密行动，并牢记睿智的观察者多年来一直提出的建议："只有在绝对必要时，才应该动用这一选项。"西方国家领导人还应该意识到，最为严重的那些秘密行动是与西方国家的价值观背道而驰的，会对西方国家相对于恐怖分子和独裁者占据的道德高地构成威胁。只有"基地"组织、"伊斯兰国"和塔利班才应该成为此类秘密行动的目标，而且即使在这样做时，西方国家也应该避免伤及无辜平民、破坏动植物，或是导致西方情报人员做出恐怖分子那样的野蛮行为。

（三）反情报

反情报工作的成功有赖于情报人员的警惕性。有着酗酒和过度开销等可疑行为的情报人员，最有可能是向外国情报机构或恐怖组织通风报信的内鬼。美国和欧洲从过去数十年情报机构的失职中吸取了大量教训，并且采取了加强防卫的措施，例如在阿姆斯东窗事发后更加仔细地监视雇员的银行账户情况。尽管毫无疑问还会发生阿姆斯或是金·菲尔比这样的事件，但只要对安全和反间谍工作更加重视，就能更加迅速地发现内鬼。

三、国家安全情报和问责的重要性

大多数西方国家都在进行加强情报机构问责的实验。然而，在这方面呈现出令人不安的退步迹象。在美国，最明显的例子是伊朗门丑闻，国会对“9·11”事件前情报机构失职的失败调查，“9·11”事件发生后小布什政府采取的未经授权的监听、元数据搜集和酷刑等行为，以及国会情报委员会在21世纪头十年里碌碌无为的状况。“冲击与反应”这一循环不断上演，但国会议员对于可能发挥“断路开关”作用的专心致志的高强度“巡逻”工作从未给予足够重视。不过，尽管新的情报机构监督体制不时地会令人感到失望，但立法、司法和行政部门对情报机构的监督还是要强于1975年之前。

要想逆转对情报机构监管方面的退步状况，可以从理清国会各个委员会错综复杂的管辖权限做起。司法、外交、武装服务和拨款委员会的负担已经足够沉重，因此应该将监督几乎所有情报活动的管辖权都交给国会情报委员会（联邦调查局和外国情报监控法庭的事务仍由司法委员会负责）。这样一来，各个委员会之间权责的划分就会更加清晰了。

不过，最大的挑战还在于唤起国会情报委员会成员的“卫士”本能。要想做到这一点，就需要在国会中设立新的激励措施，用更多津贴、更大的认可和赞誉奖励那些尽忠职守的情报机构监督者。不过，对于这些议员是否尽到了监督情报机构的职责，公众才是最终裁决者。如果公民都为那些尽职尽责的“卫士”投票，如果记者对议员的监管行为多加报道，如果学者就监督在美国政治中的重要作用——正如《联邦党人文集》中所说的那样——进行普及教育，如果总统和国家情报总监对可问责性是如何通过激发政府情报机构内部的争论来强化国家安全情报的加以说明，那么议员就会更愿意扮演“卫士”的角色。

这些旨在真正加强情报机构可问责性的举措可能只是异想天开。或许国会并不具备足够的勇气，来实行这些必要的变革；或许金钱对于美国政治体制如此重要，以至于为重新当选而筹措资金及军工情复合体的游说会使得议员甘居“鸵鸟”或“啦啦队员”的角色；严格的消防之后是无精打采的巡逻，这或许就是美国和其他西方国家的宿命。但归根结底，西方国家的公民需要向自己的公务员提出更多的要求。

四、由公民构成的情报顾问团

要想应对本书探讨过的这些挑战，西方国家需要再度鼓起强化其国家安全情报能力的决心（见表 6.1）。改善情报机构的可问责性也是其部分内容。国会需要帮助监管情报机构。这并不是说议员问责情报机构的努力完全是失败的。自从彻奇委员会设立那天起，国会议员便起草了数部值得称赞的《情报监督法案》，并制定了相应的方针。然而，国会议员仅仅凭借自己的力量是无法充分履行监督情报机构这一职责的。谋求连任的压力实在太大了，耗费了他们过多的时间。但尽管背负着这样的压力，国会情报委员会的成员所取得的成就依然令人尊敬。此外，情报界的规模也太大了，其行动既复杂又分散，在没有协助的情况下，议员要想对其加以监督十分困难。国会情报委员会成员需要一个新创建的、独立的、常设的情报审查团体助其一臂之力。

参议院情报特别委员会将自己的职责分成了四大块：回应日常事件、召开任命听证会、起草法案和展开重大调查。尽管还要承担其他职责和筹措竞选资金，但国会情报委员会的成员们可以履行前三项责任。但就第四项责任而言，国会情报委员会的成员需要获得帮助。因为正如“9·11”委员会的调查和参议院情报特别委员会关于酷刑的报告所表明的，重大调查是既费时又费力的。

由公民构成的情报顾问团可以为国会议员提供必要的协助。[1] 该团体可以由九名成员组成，辅以数名幕僚和专家。其成员可以这样产生：两人由参议院情报特别委员会任命（委员会主席和少数派领袖各任命一人），两人由众议院常设情报特别委员会任命（与参议院情报特别委员会的任命方式相同），两人由最高法院任命（其中

1　富有思想的中央情报局前情报官员、中东事务专家皮勒（Pual R. Pillar），曾独立地宣传过由独立的外部情报专家团协助参议院情报特别委员会和众议院常设情报特别委员会履行其监督职责这一想法。皮勒：《情报与美国外交政策：伊拉克、“9·11”事件和误入歧途的改革》（*Intelligence and US Foreign Policy: Iraq, 9/11 and Misguided Reform*），纽约：哥伦比亚大学出版社，2011 年。

<table>
<tr><th colspan="3">关注点</th><th>主要建议</th></tr>
<tr><td colspan="3">组织</td><td>赋予国家情报总监预算和人事全权，扩充情报机构内部的关系部门，加强西方国家之间的双边和多边关系，加强协同办公这一实践</td></tr>
<tr><td rowspan="8">任务</td><td rowspan="8">搜集与分析</td><td>规划</td><td>加强情报生产者和消费者之间正式与非正式的对话</td></tr>
<tr><td>搜集</td><td>加强人力情报工作，尤其是以非情报身份开展工作的情报人士</td></tr>
<tr><td>处理</td><td>加强各部门电脑的水平整合，加强各州和地方执法与情报官员的垂直整合，加强数据转移工作</td></tr>
<tr><td>分析</td><td>令分析工作更具竞争力，强调不同意见（包括摘要或关键评估等内容），加强研究性情报的生产</td></tr>
<tr><td>传播</td><td>更加有效地推销情报产品，专注于特定情报，告知分析师和情报经理有关政治化的危险并提高其对此类行为的警觉</td></tr>
<tr><td>秘密行动</td><td>更加有的放矢，只在绝对必要时才采取这种行动，避免对其他西方国家采取此类行动，拒绝采取极端选项</td></tr>
<tr><td>反情报</td><td>更加关注这一遭到忽视的任务，在招募时及其后都加强培训工作，不断升级电脑防火墙以免受网络攻击，对所有人员都加强安全检查</td></tr>
<tr><td>可问责性</td><td>为密集“巡逻”的“卫士”提供更多的激励，坚持要求像 1980 年《情报监督法案》规定的那样，将所有重大情报行动都充分、及时地汇报给国会情报委员会</td></tr>
</table>

表 6.1 美国国家安全情报改革议程

一人由首席大法官任命，另一人由反对党任命的最资深法官任命），两人由总统任命，最后一人是人事主任，由排名前五的国际关系和公共事务学院院长通过投票产生（白宫的情报监督理事会负责监督投票）。由公民构成的情报顾问团成员任期为五年，可以连任一次。其成员将推选出一名主席，负责该组织的协调工作。

由公民构成的情报顾问团成员是全职的——四名议员除外，他们同时仍然要履行议员的责任。由公民构成的情报顾问团中的议员需要对情报事务感兴趣，才能担负起双重责任，并且应该来自相对而言安全的选区。国会对于由公民构成的情报顾问团事务的参与是至关重要的，这可以为该组织提供连续性。最能吸引情报界关注的莫过于国会的拨款权了。

由公民构成的情报顾问团、国会情报委员会和政府可问责性办公室将作为情报监督团队精诚合作。由公民构成的情报顾问团主席和国会情报委员会主席一道，将成为情报监督工作的三驾马车。由公民构成的情报顾问团的作用在于为国会情报委员会的工作提供补充，而不是重复或干扰其工作。当国会情报委员会被“鸵鸟”和“啦啦队员”左右时，中立、不受党争影响的由公民构成的情报顾问团将担负起“卫士”的职责。

由公民构成的情报顾问团将向公众发布年度报告，并且向国会情报委员会、国会领导人和白宫发布经过解密的报告。由公民构成的情报顾问团还将召开听证会（每年至少召开数次公开听证会），必要时展开调查（具有发传票和提出藐视本组织的指控的权力），接手国会情报委员会没有时间或意愿承担的研究工作（例如对国会下令完成的各种情报报告的质量进行评估，对此国会无法给出中肯的意见），并且向公众披露任何违反了美国法律或社会规范的间谍活动。

由公民构成的情报顾问团或许听上去像一个精心构思的产物，美国的自由和隐私需要保护。中央情报局国内间谍丑闻（“混沌行动”）、联邦调查局未经授权的监听行为（“反间谍行动”）、国家安全局元数据项目（“三叶草行动”）和中央情报局动用酷刑（“尖塔行动”）等行为，难道不应该在付诸实施前就遭到制止吗？猪湾行动等存在问题的秘密行动，难道不应该受到更严格的审视吗？与“9·11”事件和伊拉克大规模杀伤性武器相关的糟糕的情报分析工作难道不应该加以改善吗？对于这些问题，答案显然应为“是”。然而，只凭借国会情报委员会的力量，无论其成员工作多么努力，这样的改变都是无法发生的。由公民构成的情报顾问团不应该成为一个过于复杂、为情报界增添更多负担的新组织，而是应该为国会情报委员会分担繁重的调查任务——繁忙的议员常常无法对这些任务加以妥善处理。

五、公民的责任

学者们常常说：“我不在乎政府是否对我采取间谍活动，我没有什么好隐藏的。”他们——以及所有美国公民——都应该反思这种与美国的立国原则背道而驰的态度。我们都应该记得中央情报局国内间谍丑闻、联邦调查局未经授权的监听行为、国家安全局元数据项目和中央情报局动用酷刑等行为。情报机构的这些过分之举应该令所有美国公民意识到，就连我们的政府在过去也曾动用情报机构对付过合法示威，并且只是因为某些官员不喜欢某些公民的举止或言论，就摧毁了他们的生活。正如赫斯顿所言，在这些官员眼中，“某个手持反对派候选人竞选标语的孩子被与手持炸弹的孩子等同了起来”，而这样的情况在未来也仍有可能发生。在西方国家生活的责任之一就是积极地要求自己的宪法自由获得保护，只选举那些发誓要严肃对待情报机构可问责性这一问题的总统、参议员和众议员。美国以及其他西方国家的公民，都必须为自己的自由而战，否则就会失去自由。

致　谢

很高兴，我要感谢我的国家安全情报知识的源泉，也就是：本书引用的许多作品的作者；回应了我自从 1975 年以来无休止的提问和采访要求的诸多情报界人员；莱斯·阿斯平（Les Aspin）、芬克莱·彻奇（Frank Church）、威克·福勒（Wyche Fowler）和沃尔特·蒙代尔（Walter F. Mondale，在卡特政府时期曾担任副总统）等立法者，他们对于国会山的观点提供了睿智的建议。本书还受益于我本人在 20 世纪 70 至 90 年代担任参议院、众议院和白宫幕僚这些工作机会。我还想表达对露易丝·奈特博士（Dr. Louise Knight）的感激，她最初向我提出了为政体出版社写作此书的建议。她是一位出色的编辑，我对她的指导和友情深表感激。政体出版社的内卡内·塔纳卡·加尔多斯（Nekane Tanaka Galdos）也提供了很大的帮助，他在此次第 2 版筹备过程中提供的指导极具价值；还要感谢莎拉·丹西（Sarah Dancy）细致的编辑工作。此外，我还想感谢玛丽·米尔沃德（Marie Milward）和詹姆斯·博德斯中校（Lieutenant Colonel James Borders）对我研究的协助和提供的洞见，他们都是佐治亚大学国际关系博士；感谢佐治亚大学国际关系系主任马库斯·克雷帕斯（Markus M. L. Crepaz）的支持和鼓励。和往常一样，我最需要感谢的还是丽娜·约翰逊（Leena Johnson），在很长一段快乐的岁月里，她是我富有洞察力的“家中编辑”和妻子；还要感谢我的女儿克里斯汀·斯瓦蒂（Kristin E. Swati）、女婿贾米尔·斯瓦蒂（Jamil Swati），他们总是富有感染力和判断力。他们的鼓励和坚定的支持使得我的写作生涯变得容易了许多。

缩略词表

简 称	全 称	名 称
ATC	air traffic control	空中交通管制
BENS	Business Executives for National Security	国家安全事务执行局
CA	covert action	秘密行动
CAS	Covert Action Staff	秘密行动人员
CASIS	Canadian Association of Security and Intelligence Studies	加拿大安全与情报研究协会
CE	counterespionage	反间谍
CHAOS	cryptonym (codename) for CIA domestic spying operation	中央情报局“混沌行动”
CI	counterintelligence	反情报
CIA	Central Intelligence Agency	中央情报局
CIAB	Citizens' Intelligence Advisory Board (proposed)	公民情报顾问团
CIG	Central Intelligence Group	中央情报小组
COCOM	combatant commander (Pentagon)	战斗指挥官
COINTELPRO	FBI Counterintelligence Program	联邦调查局“反间谍行动”
comint	communications intelligence	通信情报
COS	Chief of Station (the top CIA officer in the field)	站长
CTC	Counterterrorism Center (CIA)	反恐中心
D	Democrat	民主党人
DA	Directorate of Administration	行政局
DBA	dominant battle field awareness	主导性战场意识
DC	District of Columbia (Washington)	哥伦比亚特区
DCI	Director of Central Intelligence	中央情报总监
DCIA or D/CIA	Director of the Central Intelligence Agency	中央情报局局长
DDI	Deputy Director for Intelligence	情报副主任
DDNI	Deputy Director of National Intelligence	国家情报副总监
DDO	Deputy Director for Operations	行动部副主任
DEA	Drug Enforcement Administration	缉毒局
DHS	Department of Homeland Security; also Defense Humint Service (DoD)	国土安全部或国防人力情报
DI	Directorate of Intelligence (CIA)	情报部
DIA	Defense Intelligence Agency	国防情报局

简 称	全 称	名 称
DIAC	Defense Intelligence Agency Center	国防情报局中心
DNC	Democratic National Committee	民主党全国委员会
DNI	Director of National Intelligence	国家情报总监
DO	Directorate of Operations (CIA), also known at times earlier in the CIA's history as the Clandestine Services and the National Clandestine Services	行动部
DoD	Department of Defense	国防部
DS	Directorate of Support	支持部
DS&T	Directorate for Science and Technology (CIA)	科技部
elint	electronic intelligence	电子情报
FBI	Federal Bureau of Investigation	联邦调查局
FISA	Foreign Intelligence Surveillance Act	《外国情报监控法案》
FISA Court	Foreign Intelligence Surveillance Court	外国情报监控法庭
GAO	Government Accountability Office (U.S. Congress)	政府问责办公室
geoint	geospatial intelligence	地空情报
GID	General Intelligence Directorate (the Jordanian intelligence service, also known as the Mukhabarat)	约旦情报总局
GPS	Global Position Service	全球卫星定位系统
GRU	Soviet Military Intelligence	苏联军事情报机构"格鲁乌"
HPSCI	House Permanent Select Committee on Intelligence	众议院常设情报特别委员会
humint	human intelligence (espionage assets)	人力情报
IC	Intelligence Community	情报界
ICBM	intercontinental ballistic missile	洲际弹道导弹
IG	Inspector General	总监察长
imint	imagery intelligence (photography)	图像情报
INR	Bureau of Intelligence and Research (Department of State)	国务院情报与研究局
ints	intelligence collection methods (as in "sigint")	情报搜集手段
IOB	Intelligence Oversight Board	情报监督委员会
IRBM	Intermediate-range ballistic missile	远程弹道导弹
IRTPA	Intelligence Reform and Terrorism Prevention Act	《情报改革与反恐法案》
ISA	Inter-Services Intelligence; also International Studies Association	巴基斯坦情报局或国际研究协会
ITT	International Telephone and Telegraph	美国国际电话电报公司
I&W	indicators and warning	信号与警告
JENNIFER	Codename for CIA Soviet submarine retrieval operation in the 1970s (also known as Project AZORIAN)	中央情报局打捞苏联潜艇行动的代号
KGB	Soviet Secret Police and Foreign Intelligence: Committee for State Security	克格勃
KJ	Key Judgment (NIE executive summary)	关键评估

简 称	全 称	名 称
KSM	Khalid Sheikh Mohammed, the Al Qaeda terrorist said to have masterminded the 9/11 attacks	哈立德·谢赫·穆罕默德
MAGIC	Allied codebreaking operations against Japan in WWII	二战期间盟军破译日军密码的行动代号
MASINT	measurement and signature intelligence	指标与标记情报
SS	Security Service (MI5)	英国国家安全局（军情五处）
MINARET	cryptonym for NSA warrantless telephone taps against Americans	国家安全局“尖塔行动”
MIP	Military Intelligence Program	军事情报项目
SIS	Secret Intelligence Service (MI6)	英国秘密情报局（军情六处）
MRBM	medium-range ballistic missile	中程弹道导弹
NCA	National Command Authority	国家指挥局
NCS	National Clandestine Service	国家秘密行动
NCTC	National Counterterrorism Center	国家反恐中心
NGA	National Geospatial Intelligence Agency	国家地理空间情报局
NIC	National Intelligence Council	国家情报委员会
NIE	National Intelligence Estimate	国家情报评估
NIM	National Intelligence Manager	国家情报经理
NIO	National Intelligence Officer	国家情报官员
NIPF	National Intelligence Priorities Framework	国家情报优先框架
NIP	National Intelligence Program	国家情报项目
NOC	non-official cover	以非情报身份执行任务的情报人员
NPIC	National Photographic Interpretation Center	国家图片解读中心
NRO	National Reconnaissance Office	国家侦察局
NSA	National Security Agency	国家安全局
NSC	National Security Council	国家安全委员会
NSI	National Security Intelligence	国家安全情报
NSL	national security letter	国家安全密函
OBE	overtaken by events	时过境迁
OC	official cover	以情报身份执行任务的情报人员
ODNI	Office of the Director of National Intelligence	国家情报总监办公室
OLC	Office of Legal Counsel (Justice Department)	法律咨询办公室
OPEC	Organization of Petroleum Exporting Countries	石油输出国组织
osint	open-source intelligence	公开来源情报
OSS	Office of Strategic Services	战略服务办公室
PDB	President's Daily Brief	《总统每日简报》
PDD	Presidential Decision Directive	总统决策指示

简 称	全 称	名 称
PFIAB	President's Foreign Intelligence Advisory Board (as of 2008, PIAB)	总统外交情报顾问委员会
phoint	photographic intelligence	图像情报
PIAB	President's Intelligence Advisory Board	总统情报顾问委员会
PM	ops paramilitary operations	准军事行动
PRISM	Codename for controversial NSA sigint program targeting, without a court warrant, suspected terrorists – including some Americans (post-9/11)	棱镜项目
RFE	Radio Free Europe	自由欧洲电台
R	Republican	共和党人
RL	Radio Liberty	自由电台
SA	special activities	特别行动
SAM	surface-to-air missile	地对空导弹
SCIF	sensitive compartmented information facility	敏感信息隔离设施
SDO	support to diplomatic operations	对外交行动的支持
SecDef	Secretary of Defense	国防部长
SHAMROCK	cryptonym for NSA program to read international cables from and to American citizens (pre-1975)	国家安全局"三叶草行动"
sigint	signals intelligence	信号情报
SLBM	submarine-launched ballistic missile	从潜艇上发射的弹道导弹
SMO	support to military operations	对军事行动的支持
SNIE	Special National Intelligence Estimate	《国家情报特别评估》
SOG	Special Operations Group (CIA)	特别行动小组
SOVA	Office of Soviet Analysis (CIA)	苏联分析办公室
SR-21	U.S. spy plane (see U-2)	美国间谍飞机
SSCI	Senate Select Committee on Intelligence	参议院情报特别委员会
STELLARWIND	generic cryptonym for controversial NSA warrantless wiretaps and metadata collection programs (post-9/11)	国家安全局未经授权的监听和元数据搜集项目
SVR	Foreign Intelligence Service of the Russian Federation (KGB successor)	俄罗斯对外情报局
Techint	technical intelligence	技术情报
Telint	telemetry intelligence	远程情报
TIARA	tactical intelligence and related activities	战术情报及相关行动
TIMBER	SYCAMORE CIA PM operation against Syria	中央情报局针对叙利亚的准军事行动
TOR	Terms of Reference (for NIE drafting)	调查范围
215	Code number for NSA communications metadata program targeting U.S. citizens (post-9/11)	国家安全局元数据搜集项目
UAE	United Arab Emirates	阿拉伯联合酋长国
UAV	unmanned aerial vehicle (drone)	无人机

简 称	全 称	名 称
USIA	United States Information Agency (Department of State)	美国信息局
U-2	CIA spy plane (with later Air Force Variations known as the A-12 and the SR-71)	中央情报局间谍飞机
VC	Viet Cong	越共
WMD	weapons of mass destruction	大规模杀伤性武器
YAF	Young Americans for Freedom (student group)	争取自由青年美国人联盟

延伸阅读

Absher, K.M., Desch, M.C., and Popadiuk, R. *Privileged and Confidential: The Secret History of the President's Intelligence Advisory Board*. Lexington: University Press of Kentucky, 2012.

Aid, M.A. *The Secret Sentry: The Untold History of the National Security Agency*. New York: Bloomsbury, 2009.

Aldrich, R.J. *The Hidden Hand: Britain, America and Cold War Secret Intelligence, 1945–1964*. London: John Murray, 2001.

Allen, M. *Blinking Red: Crisis and Compromise in American Intelligence After 9/11*. Washington, DC: Potomac Books, 2013.

Aspin–Brown Commission. *Preparing for the 21st Century: Appraisal of U.S. Intelligence, Report of the Commission on the Roles and Capabilities of the United States Intelligence Community*. Washington, DC: Government Printing Office, March 1, 1996.

Bamford, J. *The Puzzle Palace*. Boston, MA: Houghton Mifflin, 1984.

Bar-Joseph, U. "The Professional Ethics of Intelligence Analysis," *International Journal of Intelligence and Counterintelligence* 24 (Spring 2011), pp. 22–43.

Barrett, D.M. *The CIA and Congress: The Untold Story from Truman to Kennedy*. Lawrence: University Press of Kansas, 2005.

Barron, J. *Breaking the Ring*. Boston, MA: Houghton Mifflin, 1987.

Barry, J.A. "Covert Action Can Be Just," *Orbis* 37 (Summer 1993), pp. 375–90.

Betts, R.K. "Fixing Intelligence," *Foreign Affairs* 81 (January–February 2002), pp. 43–59.

Betts, R.K. *Enemies of Intelligence: Knowledge and Power in American National Security*. New York: Columbia University Press, 2007.

Born, H., Johnson, L.K., and Leigh, I., eds. *Who's Watching the Spies? Establishing Intelligence Service Accountability*. Washington, DC: Potomac Books, 2005.

Burrows, W.E. *Deep Black: Space Espionage and National Security*. New York: Random House, 1986.

Business Executives for National Security (BENS). *Domestic Security: Confronting a Changing Threat to Ensure Public Safety and Civil Liberties* (Washington, DC, February 2015, and February 2016 update).

Byrne, M. *Iran–Contra: Reagan's Scandal and the Unchecked Abuse of Presidential Power*. Lawrence: University Press of Kansas, 2014.

Central Intelligence Agency. *Factbook on Intelligence*. Washington, DC: Office of Public Affairs, 1991.

Chapman, P. *How the United Fruit Company Shaped the World*. Edinburgh: Canongate, 2008.

Church Committee. *Alleged Assassination Plots Involving Foreign Leaders: An Interim Report*. S. Rept. No. 94-465. Washington, DC: U.S. Government Printing Office, November 20, 1975.

Church Committee. *Final Report. Select Committee to Study Governmental Operations with Respect to Intelligence Activities*. U.S. Senate, 94th Cong., 2nd. Sess. (1976).

Church, F. "Covert Action: Swampland of American Foreign Policy," *Bulletin of the Atomic Scientists* 32 (February 1976), pp. 7–11.

Clapper, J.R., Jr. "Luncheon Remarks, Association of Former Intelligence Officers," *The Intelligence*, AFIO newsletter, McLean, Virginia (October 1995), p. 3.

Clapper, J.R., Jr. "The Role of Defense in Shaping U.S. Intelligence Reform," in L.K. Johnson, ed., *The Oxford Handbook of National Security Intelligence*. New York: Oxford University Press, 2010, pp. 629–39.

Clark, R.M. *The Technical Collection of Intelligence*. Washington, DC: CQ Press, 2011.

Clarke, R.A. *Against All Enemies: Inside America's War on Terror*. New York: Free Press, 2004.

Cohen, W.S., and Mitchell, G.J. *Men of Zeal*. New York: Penguin Press, 1988.

Colby, W.E., and Forbath, P. *Honorable Men: My Life in the CIA*. New York: Simon and Schuster, 1978.

Cole, D. and Dempsey, J.X. *Terrorism and the Constitution*. New York: The New Press, 2006.

Coll, S. *Ghost Wars*. New York: Penguin Press, 2004.

Commission on Government Secrecy. *Report*. Washington, DC: U.S. Government Printing Office, 1957.

Corson, W.R. *The Armies of Ignorance: The Rise of the American Intelligence Empire*. New York: Dial, 1977.

Cradock, P. *Know Your Enemy*. London: John Murray, 2002.

Crill, G. *Charlie Wilson's War*. New York: Grove Press, 2003.

Crumpton, H.A. *The Art of Intelligence: Lessons from a Life in the CIA's Clandestine Service* (New York: Penguin, 2012).

Daugherty, W.J. *Executive Secrets: Covert Action and the Presidency*. Lexington: University Press of Kentucky, 2004.

Farson, A.S., Stafford, D., and Wark, W., eds. *Security and Intelligence in a Changing World*. London: Frank Cass, 1991.

Fisher, L. *The Constitution and 9/11: Recurring Threats to America's Freedoms*. Lawrence: University Press of Kansas, 2008.

Fisher, L. *Defending Congress and the Constitution*. Lawrence: University Press of Kansas, 2011.

Ford, H.P. *Estimative Intelligence: The Purposes and Problems of National Intelligence Estimating*. Lanham, MD: University Press of America, 1993.

Freedman, L. "The CIA and the Soviet Threat: The Politicization of Estimates, 1966–1977," *Intelligence and National Security* 12 (January 1997), pp. 122–42.

Garthoff, D.F. *Directors of Central Intelligence as Leaders of the U.S. Intelligence*

Community, 1946–2005. Washington, DC: Center for the Study of Intelligence, Central Intelligence Agency, 2005.

Garthoff, R.L. *Soviet Leaders and Intelligence: Assessing the American Adversary during the Cold War*. Washington, DC: Georgetown University Press, 2015.

Gates, R.M. "The CIA and American Foreign Policy," *Foreign Affairs* 66 (Winter 1987–88), pp. 215–30.

Gates, R.M. *From the Shadows*. New York: Simon and Schuster, 1996.

Gelb, L.H. "Should We Play Dirty Tricks in the World?" *New York Times Magazine* (December 21, 1975), pp. 10–20.

Gill, P. and Phythian, M. *Intelligence in an Insecure World*, 2d edn. Cambridge: Polity, 2012.

Gill, P., Marrin, S., and Phythian, M., eds. *Intelligence Theory*. London: Routledge, 2009.

Glennon, M.J. *National Security and Double Government*. New York: Oxford University Press, 2015.

Goldsmith, J. *The Terror Presidency*. New York: Norton, 2007.

Goodman, M.S. *Spying on the Nuclear Bear: Anglo-American Intelligence and the Soviet Bomb*. Stanford, CA: Stanford University Press, 2007.

Graham, B., with Nussbaum, J. *Intelligence Matters: The CIA, the FBI, Saudi Arabia, and the Failure of America's War on Terror*. Lawrence: University Press of Kansas, 2008.

Greenberg, K.J. *Rogue Justice: The Making of the Security State*. New York: Crown, 2016.

Greenwald, G. *No Place to Hide: Edward Snowden, the NSA, and the U.S. Surveillance State*. New York: Henry Holt, 2014.

Gusterson, H. *Drone: Remote Control Warfare*. Boston, MA: MIT Press, 2016.

Hamilton–Inouye Committee. *Report of the Congressional Committees Investigating the Iran–Contra Affair*. U.S. Senate Select Committee on Secret Military Assistance to Iran and the Nicaraguan Opposition and U.S. House of Representatives, Select Committee to Investigate Covert Arms Transactions with Iran, S. Rept. 100-216 and H. Rept. 100-433, 100th Cong., 1st Sess. (November 1987).

Hayden, M.V. *Playing to the Edge: American Intelligence in the Age of Terror*. New York: Random House, 2016.

Helms, R.M., with Hood, W. *A Look Over My Shoulder: A Life in the Central Intelligence Agency*. New York: Random House, 2003.

Herman, M. *Intelligence Power in Peace and War*. Cambridge, UK: Cambridge University Press, 1996.

Herman, M. "Ethics and Intelligence After September 2001," *Intelligence and National Security* 19 (Summer 2004), pp. 342–58.

Hitz, F. *The Great Game: The Myth and Reality of Espionage*. New York: Knopf, 2004.

Hughes, T.L. "The Power to Speak and the Power to Listen: Reflections in Bureaucratic Politics and a Recommendation on Information Flows," in T. Franck and W. Weisband, eds., *Secrecy and Foreign Policy*. New York:

Oxford University Press, 1974, pp. 13–41.
Hughes, T.L. *The Fate of Facts in a World of Men: Foreign Policy and Intelligence-Making*, Headline Series, No. 233. Washington, DC: Foreign Policy Association, 1976.
Hulnick, A.S. "The Intelligence Producer–Policy Consumer Linkage: A Theoretical Approach," *Intelligence and National Security* 1 (May 1986), pp. 212–33.
Hulnick, A.S. *Fixing the Spy Machine: Preparing American Intelligence for the Twenty-First Century*. Westport, CT: Praeger, 1999.
Hulnick, A.S. "What's Wrong with the Intelligence Cycle?," in L.K. Johnson, ed., *Strategic Intelligence, Vol. 2: The Intelligence Cycle*. Westport, CT: Praeger, 2007, pp. 1–22.
Immerman, R.H. *The CIA in Guatemala: The Foreign Policy of Intervention*. Austin: University of Texas Press, 1982.
Inderfurth, K.F., and Johnson, L.K., eds. *Fateful Decisions: Inside the National Security Council*. New York: Oxford University Press, 2004.
Jeffreys-Jones, R. *The CIA and American Democracy*. New Haven, CT: Yale University Press, 1989.
Jeffreys-Jones, R. *In Spies We Trust: The Story of Western Intelligence*. New York: Oxford University Press, 2013.
Jervis, R. *Why Intelligence Fails: Lessons from the Iranian Revolution and the Iraq War*. Ithaca: Cornell University Press, 2010.
Johnson, L.K. *A Season of Inquiry: The Senate Intelligence Investigation*. Lexington: University Press of Kentucky, 1985.
Johnson, L.K. *America's Secret Power: The CIA in a Democratic Society*. New York: Oxford University Press, 1989.
Johnson, L.K. *Secret Agencies: U.S. Intelligence in a Hostile World*. New Haven, CT: Yale University Press, 1996.
Johnson, L.K. *Bombs, Bugs, Drugs, and Thugs: Intelligence and America's Quest for Security*. New York: New York University Press, 2000.
Johnson, L.K. "Bricks and Mortar for a Theory of Intelligence," *Comparative Strategy* 22 (Spring 2003), pp. 1–28.
Johnson, L.K. "Congressional Supervision of America's Intelligence Agencies: The Experience and Legacy of the Church Committee," *Public Administration Review* 64 (January/February 2004), pp. 3–14.
Johnson, L.K. "Educing Information: Interrogation, Science and Art," *Studies in Intelligence* 51 (December 2007), pp. 43–6.
Johnson, L.K. "A Framework for Strengthening U.S. Intelligence," *Yale Journal of International Affairs* 1 (Winter/Spring 2007), pp. 116–31.
Johnson, L.K., ed. *Handbook of Intelligence Studies*. New York: Routledge, 2007.
Johnson, L.K. *Seven Sins of American Foreign Policy*. New York: Longman, 2007.
Johnson, L.K., ed. *Strategic Intelligence*, 5 vols. Westport, CT: Praeger, 2007.
Johnson, L.K. "Glimpses into the Gems of American Intelligence: The *President's Daily Brief* and the National Intelligence Estimate," *Intelligence and National Security* 23 (June 2008), pp. 333–70.

Johnson, L.K., ed. *The Oxford Handbook of National Security Intelligence*. New York: Oxford University Press, 2010.
Johnson, L.K., ed. *Intelligence: Critical Concepts in Military, Strategic & Security Studies*, Vols. I–IV, New York: Routledge, 2011.
Johnson, L.K. *The Threat on the Horizon: An Inside Account of America's Search for Security after the Cold War*. New York: Oxford University Press, 2011.
Johnson, L.K. "James Angleton and the Church Committee," *Journal of Cold War Studies* 15 (Fall 2013), pp. 128–47.
Johnson, L.K., ed. "An *INS* Special Forum: Implications of the Snowden Leaks," *Intelligence and National Security* 29/6 (December 2014), pp. 793–810.
Johnson, L.K. "The Myths of Covert Action," *Virginia Policy Review* 7 (Winter 2014), pp. 5–64.
Johnson, L.K. *American Foreign Policy and the Challenges of World Leadership: Power, Principle, and the Constitution*. New York: Oxford University Press, 2015.
Johnson, L.K., ed. *Essentials of Strategic Intelligence*. Santa Barbara, CA: ABC-CLIO/Praeger, 2015.
Johnson, L.K. *A Season of Inquiry Revisited: The Church Committee Confronts America's Spy Agencies*. Lawrence: University Press of Kansas, 2015.
Johnson, L.K. "Congress and the American Experiment in Holding Intelligence Agencies Accountable," *Journal of Policy History* 28/8 (2016), pp. 494–514.
Johnson, L.K., and Wirtz, J.J., eds. *Intelligence and National Security: The Secret World of Spies*, 4th edn. New York: Oxford University Press, 2014.
Johnston, P. "No Cloak and Dagger Required: Intelligence Support to UN Peacekeeping," *Intelligence and National Security* 12 (October 1997), pp. 102–12.
Kaag, J. and Kreps, S. *Drone Warfare*. Cambridge, UK: Polity, 2014.
Keller, William W. *Democracy Betrayed: The Rise of the Surveillance Security State*. Berkeley, CA: Counterpoint, 2017.
Lowenthal, M.M. "The Policymaker–Intelligence Relationship," in L.K. Johnson, ed., *The Oxford Handbook of National Security Intelligence*. New York: Oxford University Press, 2010, pp. 437–51.
Lowenthal, M.M. *U.S. Intelligence: Evolution and Anatomy*, 2nd edn. Westport, CT: Praeger, 2015.
Lowenthal, M.M. *Intelligence: From Secrets to Policy*, 7th edn. Washington, DC: CQ Press, 2017.
Lowenthal, M.M., and Clark, R.M., eds. *The 5 Disciplines of Intelligence Collection*. Los Angeles: Sage/CQ, 2016.
MacEachin, D.J. *CIA Assessments of the Soviet Union: The Record vs. the Charges*. Langley, VA: Center for the Study of Intelligence: Central Intelligence Agency, 1996.
Macrakis, K. *Prisoners, Lovers, & Spies: The Story of Invisible Ink from Herodotus to al-Qaeda*. New Haven, CT: Yale University Press, 2014.
Mangold, T. *Cold Warrior: James Jesus Angleton, the CIA's Master Spy Hunter*. New York: Simon & Schuster, 1991.

Marrin, S. "Evaluating the Quality of Intelligence Analysis: By What (Mis)Measure," *Intelligence and National Security* 27 (December 2012), p. 896–912.

Martin, D. *Wilderness of Mirrors*. New York: Harper & Row, 1980.

Masterman, J.C. *The Double-Cross System in the War of 1939 to 1945*. New Haven, CT: Yale University Press, 1972.

Mayer, J. *The Dark Side: The Inside Story of How the War on Terror Turned into a War on American Ideals*. New York: Doubleday, 2008.

Mazzetti, M. *The Way of the Knife: The CIA, a Secret Army, and a War at the Ends of the Earth*. New York: Penguin, 2013.

Miller, R.A., ed. *US National Security, Intelligence and Democracy: From the Church Committee to the War on Terror*. New York: Routledge, 2008.

Millis, J.L. "Our Spying Success Is No Secret," Letter to the Editor, *New York Times* (October 12, 1994).

Mondale, W.F., Stein, R.A., and Fisher, C. "No Longer a Neutral Magistrate: The Foreign Intelligence Surveillance Court in the Wake of the War on Terror," *Minnesota Law Review* 100/6 (June 2016), pp. 2251–312.

Murray, W., and Gimsley, M. "Introduction: On Strategy," in W. Murray, A. Bernstein, and M. Knox, eds., *The Making of Strategy: Rulers, States and War*. New York: Cambridge University Press, 1994, pp. 1–23.

Nolte, W. "Keeping Pace With the Revolution in Military Affairs," *Studies in Intelligence* 48 (2004), pp. 1–10.

Nye, J.S., Jr. "Peering into the Future," *Foreign Affairs* 77 (July/August 1994), pp. 82–93.

Phythian, M., ed. "An *INS* Special Forum: The US Senate Select Committee Report on the CIA's Detention and Interrogation Program," *Intelligence and National Security* 31/1 (January 2016), pp. 8–27.

Phythian, M., and Gill, P. *Intelligence in an Insecure World*, 2nd edn. London: Routledge, 2012.

Pillar, P.R. *Terrorism and U.S. Foreign Policy*. Washington, DC: Brookings Institution, 2003.

Pillar, P.R. "The Perils of Politicization," in L.K. Johnson, ed., *The Oxford Handbook of National Security Intelligence*. New York: Oxford University Press, 2010, pp. 472–84.

Pillar, P.R. *Intelligence and U.S. Foreign Policy: Iraq, 9/11, and Misguided Reform* (New York: Columbia University Press, 2011).

Posner, R.A. *Not a Suicide Pact: The Constitution in a Time of National Emergency*. New York: Oxford University Press, 2009.

Powers, T. *The Man Who Kept the Secrets: Richard Helms and the CIA*. New York: Knopf, 1979.

Prados, J. *Safe for Democracy: The Secret Wars of the CIA*. Chicago: Ivan R. Dee, 2007.

Prados, J. *The Family Jewels: The CIA, Secrecy, and Presidential Power*. Austin: University of Texas Press, 2013.

Ranelagh, J. *The Agency: The Rise and Decline of the CIA*, rev. edn. New York: Simon & Schuster, 1987.

Ransom, H.H. *The Intelligence Establishment*. Cambridge, MA: Harvard University Press, 1970.
Reisman, W.M., and Baker, J.E. *Regulating Covert Action*. New Haven: CT: Yale University Press, 1992.
Richelson, J. *America's Eyes in Space: The U.S. Keyhole Spy Satellite Program*. New York: Harper and Row, 1990.
Richelson, J. *The Wizards of Langley: Inside the CIA's Directorate of Science and Technology*. Boulder, CO: Westview Press, 2001.
Richelson, J. *The U.S. Intelligence Community*, 5th edn. Boulder, CO: Westview Press, 2008.
Risen, J. *State of War: The Secret History of the CIA and the Bush Administration*. New York: Free Press, 2006.
Roosevelt, K. *Countercoup: The Struggle for the Control of Iran*. New York: McGraw-Hill, 1981.
Rusk, D. Testimony, Hearings, Government Operations Subcommittee on National Security Staff and Operations, U.S. Senate (December 11, 1963).
Rusk, D. *As I Saw It*, as told to R. Rusk and edited by D. Papps, New York: W.W. Norton, 1990.
Russell, R.L. *Sharpening Strategic Intelligence*. New York: Cambridge University Press, 2007.
Schwarz, F.A.O., Jr. "The Church Committee and a New Era of Intelligence Oversight," *Intelligence and National Security* 22 (April 2007), pp. 270–97.
Schwarz, F.A.O., Jr. "Intelligence Oversight: The Church Committee," in L.K. Johnson, ed., *Strategic Intelligence, Vol. 5: Intelligence and Accountability, Safeguards against the Abuse of Secret Power*. Westport, CT: Praeger, 2007, pp. 19–46.
Schwarz, F.A.O., Jr. *Democracy in the Dark: The Seduction of Government Secrecy*. New York: Free Press, 2015.
Schwarz, F.A.O., Jr., and Huq, A.Z. *Unchecked and Unbalanced: Presidential Power in a Time of Terror*. New York: The New Press, 2007.
Scott, L., and Jackson, P. "The Study of Intelligence in Theory and Practice," *Intelligence and National Security* 19 (Summer 2004), pp. 139–69.
Shane, S. *Objective Troy: A Terrorist, a President, and the Rise of the Drone*. New York: Duggan Books, 2015.
Sharp, D.H. *The CIA's Greatest Covert Operation: Inside the Daring Mission to Recover a Nuclear-Armed Soviet Sub* (Lawrence: University Press of Kansas, 2012).
Shorrock, T. *Spies for Hire: The Secret World of Intelligence Outsourcing*. New York: Simon & Schuster, 2008.
Sims, J.E. "Decision Advantage and the Nature of Intelligence Analysis," in L.K. Johnson, ed., *The Oxford Handbook of National Security Intelligence*. New York: Oxford University Press, 2010, pp. 389–403.
Snider, L.B. *The Agency and the Hill: CIA's Relationship with Congress, 1946–2004*. Washington, DC: Central Intelligence Agency, 2008.
Stuart, D.T. *Creating the National Security State: A History of the Law that Transformed America*. Princeton, NJ: Princeton University Press, 2008.
Tenet, G., with Harlow, B., Jr. *At the Center of the Storm: My Years at the CIA*.

New York: HarperCollins, 2007.
Theoharis, A. *Chasing Spies*. Chicago: Ivan R. Dee, 2002.
Travers, R.E., "Waking Up on Another September 12th: Implications for Intelligence Reform," *Intelligence and National Security* 31/5 (August 2016), pp. 746–61.
Treverton, G.F. *Covert Action: The Limits of Intervention in the Postwar World*. New York: Basic Books, 1987.
Treverton, G.F. "Estimating beyond the Cold War," *Defense Intelligence Journal* 3 (Fall 1994), pp. 5–20.
Treverton, G.F. *Intelligence in an Age of Terror*. New York: Cambridge University Press, 2009.
Turner, M.A. *Why Secret Intelligence Fails*. Dulles, VA: Potomac Books, 2005.
Turner, S. *Secrecy and Democracy: The CIA in Transition*. Boston, MA: Houghton Mifflin, 1985.
Turner, S. *Burn before Reading: Presidents, CIA Directors, and Secret Intelligence*. New York: Hyperion, 2005.
U.S. Commission on the Roles and Responsibilities of the United States Intelligence Community (the Aspin–Brown Commission). *Preparing for the 21st Century: A Appraisal of U.S. Intelligence*. Washington, DC: U.S. Government Printing Office, 1996.
Wallace, R., and Smith, H.K., with Schlesinger, H.R. *Spycraft: The Secret History of the CIA's Spytechs from Communism to Al-Qaeda*. New York: Dutton, 2008.
Waller, D. *Disciples*. New York: Simon & Schuster, 2015.
Warner, M. *The Rise and Fall of Intelligence: An International Security History*. Washington, DC: Georgetown University Press, 2014.
Weiner, T. *Legacy of Ashes: The History of the CIA*. New York: Doubleday, 2007.
Weiner, T., Johnston, D., and Lewis, N.A. *Betrayal: The Story of Aldrich Ames, An American Spy*. New York: Random House, 1995.
Weissberg, J. *An Ordinary Spy*. New York: Bloomsbury, 2008.
Westerfield, H.B., ed. *Inside CIA's Private World: Declassified Articles from the Agency's Internal Journal, 1955–1992*. New Haven, CT: Yale University Press, 1995.
Wilford, H. *The Mighty Wurlitzer: How the CIA Played America*. Cambridge, MA: Harvard University Press, 2008.
Wirth, K.E. *The Coast Guard Intelligence Program Enters the Intelligence Community: A Case Study of Congressional Influence on Intelligence Community Evolution*. Washington, DC: National Defense Intelligence College, 2007.
Wirtz, J.J. *The Tet Offensive: Intelligence Failure in War*. Ithaca, NY: Cornell University Press, 1991.
Wise, D. *Nightmover*. New York: Random House, 1992.
Wise, D. *Spy: The Inside Story of How the FBI's Robert Hanssen Betrayed America*. New York: Random House, 2002.
Wise, D., and Ross, T. *The Invisible Government*. New York: Random House, 1964.

Woodward, B. *Plan of Attack*. New York: Simon & Schuster, 2004.
Wyden, P. *Bay of Pigs: The Untold Story*. New York: Simon & Schuster, 1979.
Zegart, A.B. "Cloaks, Daggers, and Ivory Towers: Why Academics Don't Study U.S. Intelligence," in L.K. Johnson, ed., *Strategic Intelligence, Vol. 1: Understanding the Hidden Side of Government*. Westport, CT: Praeger, 2007, pp. 21–34.
Zegart, A.B. *Spying Blind: The CIA, the FBI, and the Origins of 9/11*. Princeton, NJ: Princeton University Press, 2007.